Ohne Gnade

Helmut Ortner

OHNE GNADE

Eine Geschichte der Todesstrafe

Mit einem Nachwort von Prof. Dr. Thomas Fischer

nomen

INHALT

»Die Todesstrafe ist für den größten Teil der Zuschauer weiter nichts als ein blutiger Aufzug, ein Menschenopfer, ein Schauspiel für Müßige und etliche die Veranlassung eines mit Unwillen vermischten Mitleidens. Diese beiden Leidenschaften beschäftigen den Zuschauer weit mehr, als dass sie ihm den heilsamen Schrecken einjagen sollten, welchen die Gesetze durch Lebensstrafen zu bewirken suchen.«

Cesare Beccaria, 1764

»Ich bin zu dem Schluss gekommen, dass Hinrichtungen zwecklos sind. Sie sind lediglich ein antiquiertes Relikt eines primitiven Verlangens nach Rache, das es sich einfach macht und die Verantwortung für die Rache auf andere überträgt.«

Albert Pierrepoint
Englischer Henker, 1974

»Die Todesstrafe rettet Leben!«

George W. Bush
US-Präsident, 2000

PROLOG

Auge um Auge, Zahn um Zahn

Im Mai 2019 feierte Deutschland sich selbst. Das Grundgesetz wurde siebzig. Und tatsächlich durften die Deutschen diesen Geburtstag mit Freuden feiern. Grundrechte wie Pressefreiheit, Demonstrationsfreiheit, Versammlungsfreiheit, Anspruch auf ein faires Gerichtsverfahren, auch Religionsfreiheit – alle diese und andere Grundrechte sind alles andere als selbstverständlich. Die Deutschen können sich glücklich schätzen – und sollten die Grundrechte schützen. Auch Artikel 102: „Die Todesstrafe ist abgeschafft". Auch das ist keine Selbstverständlichkeit

Als das Hinrichten in Deutschland abgeschafft wurde, da dachten die allermeisten Deutschen noch anders. Laut einer 1949 von den *Stuttgarter Nachrichten* veröffentlichten Umfrage des Allensbach-Instituts befürworteten damals 74 Prozent der westdeutschen Bevölkerung die Todesstrafe. Viele fanden die Todesstrafe nicht per se schlecht, meinten aber, die Nazis hätten es damit in den zurückliegenden Jahren doch allzu arg getrieben.

Ein irritierendes Ergebnis, nur wenig Jahre, nachdem das „Tausendjährige Reich" unter Schutt, Schuld und Scham ein Ende gefunden hatte. Hatten die Nazis nicht genug barbarische Urteile gesprochen, immer öfter und immer schneller gegen Kriegsende, auch für immer geringere Vergehen? Hingerichtet wurde per Handbeil, Guillotine, Strang. Mehr als 16 000 Hinrichtungen insgesamt, ausgeführt von einem Dutzend ehrgeiziger Nazi-Henker, die gut dotiert ihr blutiges Handwerk bis zum bitteren Ende ausführten, so allein in der Hinrichtungsstätte Berlin-Plötzensee 2891 Exekutionen zwischen 1933 und 1945. Der Nazi-Staat mordete nicht nur an der Front. Der

Volksgerichtshof und Sondergerichte fällten Todesurteile, Scharfrichter und ihre Helfer vollstreckten – bis zum bitteren Ende.

Doch auch nach der „Stunde Null" wurde in Deutschland noch hingerichtet. Allein zwischen Kriegsende und der Gründung der Bundesrepublik wurden über 1000 Todesurteile verhängt, davon 128 in Gerichtssälen der Westzonen, wovon 24 dieser Urteile auch vollstreckt wurden. Die übrigen Todesurteile wurden von alliierten Gerichten gegen Kriegs- und NS-Verbrecher verhängt. So in den „Dachauer Prozessen", die zwischen 1945 und 1948 im Internierungslager Dachau stattfanden, wo sich bis Ende April 1945 das KZ Dachau befand. 1672 Personen waren aufgrund des Verfahrensgegenstandes „Konzentrationslagerverbrechen" angeklagt; 268 der insgesamt 426 verhängten Todesurteile wurden im Kriegsverbrechergefängnis im bayerischen Landsberg durch Hängen vollstreckt, einige vom vormaligen NS-Henker Johann Reichhardt, der nun für die amerikanischen Sieger Exekutionen durchführte. Von ihm wird in diesem Buch noch die Rede sein.

Im September 1948 kamen im Bonner Museum Koenig die Abgeordneten des Parlamentarischen Rates zusammen, um mit der Arbeit am Grundgesetz zu beginnen. Die Abschaffung der Todesstrafe wollten sie als sichtbares Zeichen im Sinne einer wiedergefundenen Humanität verstanden wissen. Freilich, nicht alle – vor allem konservativ-nationale Politiker – waren damit einverstanden. Das genaue Ergebnis ist nicht protokolliert. Historiker rekonstruierten aber später eine deutliche Mehrheit von 47 zu 15 Stimmen. Damit war die Todesstrafe abgeschafft. Das stand damals europaweit nur in den Verfassungen von San Marino und Island.

Einmal noch wurde vollstreckt: am Morgen des 18. Februar 1949. Der Raubmörder Richard Schuh war vom Landgericht Tübingen zum Tode verurteilt worden. Und in der DDR, wo die Todesstrafe bis 1981 per Guillotine oder „Nahschuss" 164 Mal vollstreckt worden war, wurde sie 1987 endgültig abgeschafft. Der letzte Todeskandidat, Werner Teske, war wegen „schwerwiegenden Landesverrats" am 26. Juni 1981 durch „unerwarteten Nahschuss in das Hinterhaupt" in Leipzig hingerichtet worden. Ob Ost oder West: Deutschland, einig Vaterland – die Todesstrafe ist abgeschafft.

Heute kann ein Staat nur dann Mitglied der EU sein, wenn er dem staatlichen Hinrichten abgeschworen hat. Eine übergroße Mehrheit der Deutschen lehnt – anders als 1949 – heute die Todesstrafe ab. Ein Grundgesetz ohne Artikel 102 ist undenkbar geworden.

Berlin, im April 2020: Jahr für Jahr gibt es eine sehr traurige Pressekonferenz in der deutschen Hauptstadt. Die Menschenrechtsorganisation Amnesty International legt ihren Bericht über Todesurteile und Hinrichtungen vor: eine irritierende Bilanz der Inhumanität, ein Dokument des Schreckens. Immerhin: der aktuelle Bericht für das Jahr 2019 beginnt diesmal mit einem Hoffnungsschimmer. Die Zahl der offiziell vollstreckten Todesstrafen ist im vergangenen Jahr im Vorjahresvergleich deutlich zurückgegangen. Von (mindestens) 690 Hinrichtungen im Jahr 2018 sank die Zahl auf 657. Doch beim Weiterlesen trübt sich der helle Schein der Statistik sogleich wieder. Auch wenn es weniger registrierte Hinrichtungen gab: das wahre Ausmaß der weltweiten Anwendung bleibt unbekannt. Es ist davon auszugehen, dass die mit Abstand meisten Hinrichtungen in China stattfanden. Zahlen gibt es keine, da diese Informationen als Staatsgeheimnis behandelt werden. China unberücksichtigt, fanden 86 Prozent der weltweiten Hinrichtungen in nur vier Ländern statt: Iran, Saudi-Arabien, Irak und Ägypten. Zusammenfassend bilanziert der Bericht: Am Ende des Jahres 2019 hatten 106 Länder (die Mehrheit der Staaten weltweit) die Todesstrafe im Gesetz für alle Verbrechen abgeschafft und 142 Länder (mehr als zwei Drittel aller Staaten weltweit) sie per Gesetz oder in der Praxis nicht mehr vollstreckt. Eine erfreuliche Tatsache. Darf man sich Hoffnung machen? Im letzten Kapitel dieses Buches wird darauf noch einmal detailliert Bezug genommen.

Um *staatliches Töten* – geschichtlich wie aktuell – geht es in diesem Buch. Es ist keine wissenschaftliche Studie, keine historisch stringente Abhandlung, keine politische Streitschrift. Gleichwohl will der Autor nicht verhehlen, dass er gegen die Todesstrafe ist: Sie ist barbarisch, anachronistisch – und wirkungslos. Unter den vielen Argumenten, die von Befürwortern der Todesstrafe vorgebracht werden, stehen Abschreckung und Schutz der Gesellschaft an oberster Stelle. Doch sind diese Gründe immer wieder angezweifelt worden. Das tatsächlich zentrale Motiv ist die Vergeltung, die Ansicht, *„dass nur der Tod die Sühne für gewisse Verbrechen sein kann. Das Gefühl, dass mildere Strafen unzureichend sind. Die Überzeugung, dass, wer schwerste Verbrechen begeht, dafür die äußerste Strafe erleiden muss: den Tod"*, wie Richard J. Evans konstatiert. In der Volkskultur – oder in *Volkes Meinung* – ist diese Einstellung zu allen Zeiten die vorherrschende.

Dieses Buch beschreibt und dokumentiert verschiedene Aspekte der Todesstrafe. Vom römischen *Carnifex* bis zur Giftspritze in amerikanischen

Todeszellen: Aberglaube, Gottesfurcht, Staatsmacht, Technikglaube, Humanitätsgedanke – die Geschichte der Todesstrafe ist immer auch eine Reformgeschichte. Einst eine öffentlich-sakrale Inszenierung – eine Versöhnung zwischen dem Sterbenden und seiner Seele und Gott –, ist es heute ein kollektives Vergeltungs- und Selbstreinigungsritual, das sich allenfalls über die Medien mitteilt.

Keine Frage: Die Technologie des 21. Jahrhunderts hat das Töten effizienter und hygienischer gemacht. Meist ein nüchterner Raum, darin ein schlichter OP-Tisch, so sieht die Hinrichtungskammer von heute in amerikanischen Hinrichtungsgefängnissen aus. Die Hände derjenigen, die den Schalter umlegen, damit das tödliche Gift in die Venen fließt, bleiben sauber. Die biblische Losung „Auge um Auge, Zahn und Zahn“ wird in die Tat umgesetzt, nicht wie in primitiven Stammeskulturen schmerzvoll, stinkend und laut, sondern durch eine Distanz-Technologie: anonym, steril, lautlos. „Das Problem scheint nicht mehr die Todesstrafe an sich zu sein, sondern sie möglichst ‚human‘ zu gestalten“, schreibt die US-Autorin Barbara Rose.

In den USA ist die Todesstrafe – so zynisch das klingen mag – Teil des politischen Arsenals, mit dem die Glaubenskriege ausgetragen werden. Das Recht des Staates, ein schweres Verbrechen mit der Hinrichtung des Täters zu sühnen – hier scheidet sich das liberale vom konservativen Amerika.

Mehr als 2500 Menschen warten in den Todeszellen der US-Bundesstaaten auf ihre Hinrichtung, in den nationalen Todestrakten zusätzlich 61 Verurteilte (2019). Präsident Obama hatte den Vollzug der Todesstrafe auf Bundesebene 2014 ausgesetzt. Bereits zuvor waren Hinrichtungen durch die Bundesregierung selten gewesen: seit der Wiedereinführung der nationalen Todesstrafe 1988 wurden drei zum Tode Verurteilte hingerichtet. Der bekannteste war der rechtsextreme Terrorist Timothy McVeigh, der 1995 bei einem Bombenanschlag in Oklahoma 168 Menschen tötete. Letztmals vollstreckt wurde die Todesstrafe auf Bundesebene 2003. Damals wurde ein Veteran der US-Armee wegen Mordes an einer Soldatin hingerichtet.

Obamas Moratorium ging zurück auf mehrere missglückte Hinrichtungen, bei denen die Verurteilten erst nach qualvollem Todeskampf starben. Der damalige Justizminister Holder forderte deshalb auch, die Strafvollzugsbehörden sollten Exekutionen nicht länger mit einer Mischung aus drei verschiedenen Giftstoffen durchführen, sondern mit einer Injektion des Präparats *Pentobarbital* durchführen. Dies sei mit der US-Verfassung vereinbar.

Von den massiven Problemen bei Hinrichtungen mit Giftstoffen wird auf den folgenden Seiten noch die Rede sein. Über die Methoden und Präparate, die einen „humanen" Tod der Verurteilten herbeiführen, wird weiterhin heftig diskutiert, mitunter mit bizarren Vorschlägen.

So hat der Generalstaatsanwalt von Oklahoma angekündigt, künftig Hinrichtungen mit Stickstoffgas durchführen zu wollen. Auch die US-Bundesstaaten Louisiana und Alabama denken über derartige Hinrichtungs-Methoden nach. „Die Exekution durch Gas ist eine barbarische Praxis, es gibt keinen Grund zu glauben, diese sei sicherer oder humaner als andere Verfahren", kritisiert der Menschenrechtler und Anwalt Dale Baich. Im Juli 2019 brachte Justizminister Barr die Wiederaufnahme auf die politische Agenda. Die Absicht steht im Widerspruch zur Entwicklung in den Bundesstaaten.

Beispiel Colorado: als 22. US-Bundesstaat schafft es die Todesstrafe für Straftaten ab, die ab dem 1. Juli 2020 zur Todesstrafe geführt hätten. Gouverneur Jared Polis hatte am 23. März 2020 die Gesetzesänderung unterschrieben und die verhängten Todesstrafen dreier Gefangener in lebenslange Haftstrafen umgewandelt. Er begründete die Gesetzesänderung damit, dass die Todesstrafe in Colorado niemals gerecht verhängt wurde und verhängt würde.

Mittlerweile haben 50 Bundesstaaten die Todesstrafe abgeschafft, die Zahl der Hinrichtungen ist von 98 im Jahr 1999 auf 22 im Jahr 2019 gesunken. Eine erfreuliche Entwicklung. Doch trotz Rückgang: noch immer ist die Hälfte der Amerikaner für die Vollstreckung der Todesstrafe. Das wissen auch Politiker, die gewählt werden wollen. Und das weiß auch Donald Trump, einer der glühendsten Anhänger der Todesstrafe.

Von archaischen Todesstrafen bis hin zur Giftspritze – die Bilanz ist ambivalent und es stellt sich die Frage: Ist eine Enthauptung in Saudi-Arabien barbarisch, eine Exekution mit einer Giftspritze „modern"? In den USA gilt der Tod durch eine Giftspritze tatsächlich als „moderne", weil „humane", weil „saubere" Hinrichtungsart, als wegweisender Fortschritt, als Akt der Humanität. Die Notwendigkeit der Todesstrafe wird von vielen US-Bürgern kaum angezweifelt, doch rechtsstaatlich-modern soll sie vollstreckt werden. Mit den grausamen Hinrichtungsritualen der Vergangenheit freilich sollen sie nichts mehr gemein haben – aber mit der Abschaffung der Todesstrafe tun sich einige Bundesstaaten in den USA noch immer schwer. Im zurückliegenden US-Wahlkampf trat nicht nur der Republikaner Donald Trump für die Beibehaltung der Todesstrafe ein.

Immerhin: Deren Gegner dürften es begrüßen, dass die USA erstmals seit 2006 nicht mehr zu den fünf Staaten mit den meisten Exekutionen zählen. Das ist allerdings nicht unbedingt Ausdruck eines Sinneswandels. In manchen Staaten wurden Hinrichtungen mit Klagen gestoppt, die sich auf die Vorschriften für Exekutionen bezogen. Und manche Bundesstaaten haben schlicht Probleme, Medikamente für Hinrichtungen zu beschaffen.

Tatsache ist: Ein Pharmaunternehmen nach dem anderen hat in den vergangenen Jahren die Lieferung von tödlichen Wirkstoffen gestoppt. Die Europäische Union hat den Export sogar verboten. Europa ist auf der Karte der Todesstrafen-Staaten ein nahezu vollständig weißer Fleck. Auch hier gab es eine jahrhundertelange Tradition staatlichen Tötens. Dies gehört der Vergangenheit an.

Um Versuche, die Todessstrafe jeweils „zeitgemäß“, „modern“ und „human“ zur Durchführung zu bringen, darum geht es auf den folgenden Seiten. Wenn dabei immer wieder das amerikanische Rechtssystem und seine Justiz Gegenstand der Betrachtung ist, dann auch deshalb, weil die USA die einzige westliche Demokratie sind, die bis heute in einigen ihrer Bundesstaaten an der Todesstrafe festhält. Präsident Trump hat sich wiederholt als glühender Verfechter der Todesstrafe geoutet, zuletzt als Befürworter für die Wiedereinführung der Todesstrafe auf Bundesebene ausgesprochen. Auch Terroristen und Drogendealer gehörten hingerichtet, forderte er mehrmals.

Dass die Todesstrafe nun auf Bundesebene wieder vollzogen werden soll, steht im Weg der Gut-Böse-Denklogik der Trump-Präsidentschaft. Die Wiederaufnahme von Hinrichtungen auch für Verurteilte in den Bundesgefängnissen stellt die USA auf eine Ebene mit China, Iran und Regimen ähnlicher Qualität, auch für den Preis, dass ihre rechtstaatliche Glaubwürdigkeit schweren Schaden nimmt.

Nicht nur hier wird sichtbar: Hinrichtungen sind nicht allein ein Instrument des Strafrechts, sondern immer auch Ausdruck der Gesellschaftsordnung und ihrer politischen, religiösen und juristischen Weltbilder. Oder deutlicher: des stillschweigenden Einverständnisses der Mehrheit der Bürger mit dem System staatlichen Tötens.

Aufklären will das Buch. Das ist das Mindeste.

Helmut Ortner,
im Juli 2020

EINLEITUNG

Wenn der Staat tötet – Das lange Warten des Troy Davis

Kurz bevor Troy Davis das Gift in die Armvenen gespritzt wird, hebt der 42-jährige Afroamerikaner, festgeschnallt auf der Liege der Exekutionskammer, noch einmal seinen Kopf. Seine Blicke wandeln durch den Raum. Ein letztes Mal will er seine Unschuld beteuern, den Anwesenden seiner Hinrichtung sagen, dass nicht er es war, der den Polizisten Mark Allen MacPhail erschossen hat: *„Ihr sollt wissen, dass ich nicht derjenige bin, der euren Sohn, euren Vater, euren Bruder getötet hat. Ich bin unschuldig. Ich hatte keine Waffen."* Wenige Sekunden später wirkt das Schlafmittel, dann das tödliche Gift. Am 21. September 2011 um 23.08 Uhr Ortszeit stirbt Troy Davis im Gefängnis von Jackson im US-Bundesstaat Georgia. Zwei Jahrzehnte hat Davis im Todestrakt auf seine Hinrichtung gewartet. Warten müssen.

Seine Hinrichtung war eine der umstrittensten der an fragwürdigen Exekutionen nicht armen US-Justizgeschichte. Nur aufgrund von Zeugenaussagen hatte ihn ein Geschworenengericht bereits 1991 wegen des Mordes an dem weißen Polizisten zum Tode verurteilt. Eine Tatwaffe, DNA-Spuren oder konkrete Beweise wurden nie gefunden. Dreimal stand das Vollstreckungsdatum fest, dreimal gelang es den Anwälten, Aufschub zu erwirken. Schließlich hatten sieben der neun Hauptbelastungszeugen ihre Aussagen zurückgezogen und erklärt, den Angeklagten nur auf Druck der Polizei belastet zu haben. Der achte Zeuge war psychisch krank und der neunte – letztlich einzig verbleibende Zeuge – war der zweite Hauptverdächtige für den Mord.

Trotzdem bestätigte Richter William Moore im August 2010 das Todesurteil: *„Der Fall ist zwar nicht vollkommen wasserdicht, die meisten Mitglieder* *einer Jury würden jedoch Mister Davis wieder wegen Mordes an dem Officer MacPhail verurteilen. Ein Bundesgericht kann sich nicht anmaßen, das Urteil einer Jury zu missachten, wenn die Unschuld des Angeklagten nicht zweifellos bewiesen ist.*"

Über lange Jahre hatte sich die Menschenrechtsorganisation *Amnesty international* für Davis' Begnadigung eingesetzt. Weltweit unterzeichneten fast eine Million Menschen eine Petition gegen die drohende Hinrichtung. Auch Abgeordnete der Europäischen Union, der ehemalige US-Präsident Jimmy Carter, ja selbst Papst Benedikt XVI. richteten Gnadenappelle an die US-Behörden. Ohne Erfolg. Troy Davis wurde mit Gift im Namen des Gesetzes aus dem Leben befördert, wie viele vor ihm. Und die Mehrzahl der Amerikaner war auch nach dieser Hinrichtung der Meinung, dass damit der Gerechtigkeit einmal mehr Genüge getan wurde. Schließlich gilt die *legale Injektion*, so der Fachbegriff für den Tod durch die Giftspritze, als die humanste aller Hinrichtungsmethoden – und als die modernste. „Modern" ist in diesem Zusammenhang, was als „human" angesehen wird. Im Zirkelschluss: Was als human gilt, was also den ethisch-kulturellen Standards einer Gesellschaft entspricht, das wird gerne als „modern" bezeichnet.

In den USA wird der Tod durch eine Giftspritze bis heute als moderne, weil humane, weil „saubere" Hinrichtungsart verstanden. Als wegweisender Fortschritt, als Akt der Humanität – trotz der Komplikationen und damit verbundenen Debatten, die es gibt, seit die USA keinen Nachschub mehr für ihren Giftspritzen-Cocktail von Pharmafirmen aus Europa bekommen. Nicht nur vor dem Hintergrund der skandalösen Vorkommnisse bei Giftspritzen-Exekutionen wird in den USA – wieder einmal – grundsätzlich über die Rechtmäßigkeit und Sinnhaftigkeit der Todesstrafe gestritten. Das gesamte Verfahren der angeblich so humanen und schmerzfreien Hinrichtungen steht damit mehr denn je in Frage.

Die Hoffnung war deshalb groß, als parallel zur Präsidentenwahl im November 2016 in gleich drei Bundesstaaten – Kalifornien, Nebraska und Oklahoma – die Bürger aufgerufen wurden, über die Zukunft der *Death Penalty* abzustimmen. Und das nur wenige Wochen nachdem das anerkannte *Pew Research Center* die Ergebnisse einer Studie veröffentlicht hatte, die Todesstrafen-Befürworter in der Minderheit sah: nur noch 49 Prozent der Befragten sprachen sich dafür aus. Ein Jahr zuvor waren es noch 56 Prozent gewesen – und noch 1994 hatten acht von zehn Amerikanern für die Todesstrafe plädiert.

Doch in allen drei Bundesstaaten fielen die Ergebnisse ernüchternd und eindeutig aus: In Kalifornien wurde die Todesstrafe beibehalten, in Nebraska wieder eingeführt – nachdem sie 2015 abgeschafft worden war. In Oklahoma stimmten die Bürger dafür, die Todesstrafe sogar in der Verfassung des Landes zu verankern. Ein herber Rückschlag für die Gegner der Todesstrafe, die in den letzten Jahren immerhin erreicht hatten, dass acht US-Bundesstaaten diese Strafe abschafften.

Vor allem in Kalifornien, wo seit 2006 wegen der anhaltenden Debatten über die Chemikalien für Giftspritzen niemand mehr hingerichtet worden war, bedeutete das Wählervotum einen Rückschritt. Eine knappe Mehrheit von 52,7 Prozent sprach sich für die Beibehaltung der Todesstrafe aus. Bei einer weiteren Abstimmung, ebenfalls im November 2016, wurde erneut ein Antrag, der darauf abzielte, die Todesstrafe durch eine lebenslange Haft ohne Bewährung zu ersetzen, mit deutlicher Mehrheit abgelehnt.

In Kaliforniens Gefängnissen warten 741 (Anfang 2017) zum Tode Verurteilte auf ihre Exekution. Landesweit waren es im Juli 2016 in den USA 2905 Verurteilte. Es folgen zahlenmäßig Florida (396) und Texas (254). Der Südstaat hält seit Jahren den Rekord, was die Vollstreckungen betrifft. Schon Rick Perry, von 2000 bis 2015 republikanischer Gouverneur, war darauf mächtig stolz. „Texas hat 234 Todeszellen-Insassen hingerichtet", bilanzierte der NBC-Moderator Brian Williams bei der Kandidaten-Debatte der Republikanischen Partei 2011. Damit habe Perry mehr Menschen exekutieren lassen „als sonst ein Gouverneur in modernen Zeiten". Und schon damals strahlte Perry über das ganze Gesicht. Auch dessen Nachfolger Greg Abbott, ebenfalls Republikaner, scheint fest entschlossen, den zweifelhaften Spitzenplatz zu verteidigen. Die Richter in Texas gelten als kompromisslose Hardliner: Seit 1982 wurden 538 Menschen hingerichtet (Dezember 2016). Ein trauriger, ein beschämender Rekord.

Ein Umdenken ist nicht zu erwarten: Am 7. März 2017, 23.06 Uhr Ortszeit, wurde der 44-jährige Rolando Ruiz in Huntsville mit der Giftspritze hingerichtet, nachdem er ein Vierteljahrhundert in der Todeszelle verbracht hatte. Weitere Exekutionen sind terminiert. Mit öffentlichen Protesten muss nicht gerechnet werden. In Texas bekennen sich rechtschaffene Bürger offen und gerne zur Todesstrafe. Wer als Politiker dort gewählt werden möchte, sollte als überzeugter Befürworter der Todesstrafe in Erscheinung treten, sonst ist er im Südstaat chancenlos. Der Wähler will, dass dem Rechtsfrieden Genüge getan wird, selbstredend „zivilisiert" und „human", ganz so, wie es die texanische Justiz vorgibt – mittels einer Giftspritze.

„Human" soll exekutiert werden – das beanspruchten alle Reformer, wenn es um die Neu- oder Weiterentwicklung von Hinrichtungsinstrumenten ging. Die ersten Überlegungen zur *„Humanisierung"* der Todesstrafe reichen weit zurück. Schon der Arzt Joseph-Ignace Guillotin legte im Dezember 1789 der französischen Nationalversammlung einen „Reformvorschlag zum Hinrichtungsproblem" vor. Daraufhin wurde in Frankreich die Enthauptung durch das Fallbeil, die Guillotine, bei der dem Verurteilten im Liegen der Kopf durch ein fallendes Beil abgetrennt wird, als einheitliche Hinrichtungsmethode festgelegt. Das „Prinzip der Gleichheit vor dem Tode" und die zuverlässige Tötung waren die ersten Folgen dieser „Humanisierung" der Todesstrafe. Die modernen Hinrichtungsmethoden sind deren Weiterentwicklung.

Während es bei der heutigen Diskussion über die Todesstrafe fast immer um deren Abschaffung geht, versuchten die Reformer seit dem Ende des 18. Jahrhunderts vor allem „humanere" Formen der Vollstreckung zu entwickeln. Zwar wurde die Notwendigkeit der Todesstrafe kaum angezweifelt, doch entsprachen die grausamen Hinrichtungsrituale der Vergangenheit nicht mehr den kulturellen Standards der Gesellschaft.

Von den archaischen Strafen bis zur Giftspritze – die Geschichte staatlichen Tötens ist immer auch eine, wenn auch ambivalente, gesellschaftliche Reformgeschichte. Es geht dabei nur vordergründig um die Achtung der Menschenwürde, die auch dem Delinquenten zugebilligt wird. Vor allem handelt es sich um den Versuch, die Hinrichtung für den Verurteilten und die Gesellschaft erträglicher zu gestalten. Ein Schlusspunkt eines zivilisierten juristischen Aktes soll es sein – für alle Beteiligten: für den Ankläger, der das Urteil gefordert hat; den Richter, der das Urteil verhängt; für den Henker, der das Urteil vollstreckt; die Augenzeugen, die der Hinrichtung beiwohnen müssen; die Angehörigen des Opfers und des Verurteilten. Ein besonderes Interesse staatlicher Definitionsmacht gilt der Art und Weise, wie eine Exekution in der Öffentlichkeit wahrgenommen wird.

In diesem Buch geht es um staatliches Töten. Zu allen Zeiten und in beinahe jeder menschlichen Gesellschaft wurde die Todesstrafe vollstreckt. So unterschiedlich die *Rituale* und *Instrumente* sind, die dafür entwickelt wurden, lassen sich doch Gemeinsamkeiten feststellen. So ist stets eine Legitimation erforderlich, um das staatliche Töten als unausweichliche Notwendigkeit erscheinen zu lassen, weil sonst der Gemeinschaft großes Übel drohe – sei es durch göttliche Vergeltung, sei es durch den Zusammenbruch der sozialen Ordnung. Gesetzestexte und Verurteilungsrhetorik haben sich ebenso geändert wie die Exekutionsmethoden und Hinrichtungsinszenierungen; geblieben ist der Glaube, etwas „Gerechtes" zu tun – im Namen des Volkes.

Eine zweite zentrale Fragestellung des Buches ist, wie sich die gesellschaftliche Wahrnehmung und Stellung der *Vollstrecker* des Todesurteils darstellt, wie ein Richter und Henker mit der persönlichen Schuld umzugehen vermag. Eine Möglichkeit, diese persönliche Schuld zu verringern, besteht darin, den Vorgang gewissermaßen zu *entpersönlichen*, die Hinrichtung durch die gesamte Gesellschaft vollstrecken zu lassen. Dieser Gedanke findet sich bereits in einer der ältesten Formen der Todesstrafe, der Steinigung, die nicht nur im Alten Testament Erwähnung findet, sondern in einigen Ländern mit islamischer Rechtsprechung – der Scharia – noch heute praktiziert wird. Doch nicht nur bei den archaischen Strafen zeigt sich der Doppelcharakter des Vollstreckers. Einerseits nimmt der Henker eine herausgehobene Rolle ein, andererseits agiert er als anonymer Schütze eines staatlichen Erschießungskommandos oder als Mitglied eines Exekutionsteams, das die letale Injektion (Giftspritze) vorbereitet, die unweigerlich zum Tod des Verurteilten führt.

Des Weiteren geht es um die immensen Kosten für das staatliche Töten. Sind diese überhaupt zu rechtfertigen? Allein Kalifornien muss mehr als 100 Millionen Dollar im Jahr für die Kosten der Todesstrafe aufbringen. Eine Untersuchung der amerikanischen Wissenschaftler Arthur Alarcon und Paula Mitchell ergab, dass im Pazifikstaat seit der Wiedereinführung der Todesstrafe im Jahr 1978 fast vier Milliarden Dollar für die *death penalty* ausgegeben wurden. Da seitdem 13 Verurteilte hingerichtet wurden, bezifferten die beiden Wissenschaftler die Kosten für jede Exekution auf über 300 Millionen Dollar. Die Kosten summieren sich unter anderem auch aufgrund der langen Wartezeit zwischen Verurteilung und Hinrichtung, die sich durch Berufungsverfahren in Kalifornien auf durchschnittlich 25 Jahre erstreckt.

Eine knappe Mehrheit von 51,1 Prozent votierte bei dem bereits zitierten Referendum dafür, die Todesstrafen schneller zu vollstrecken. Das spare der Allgemeinheit Kosten. Und auch hier machte Paula Mitchell eine einfache Rechnung auf: Selbst wenn jedes Jahr 30 Hinrichtungen in Kalifornien vorgenommen würden und lediglich 20 neue zum Tode Verurteilte hinzukämen, säßen 2040 noch immer 4755 Häftlinge in den Todestrakten der kalifornischen Gefängnisse. Für viele von ihnen bedeutet dies, dass sie noch lange Jahre, mitunter Jahrzehnte, in ihren Todeszellen auf den Tag ihrer Exekution warten werden – meist ohne Aussicht auf Begnadigung.

Schließlich thematisiert dieses Buch die *Inszenierung* der Todesstrafe. Öffentlich sichtbar oder medial verkündet, dient sie immer auch – und immer noch – der Abschreckung und der psychosozialen *Reinwaschung*. Sie funktioniert als säubernde, disziplinierende Projektionsfläche eigener Ängste und gesellschaftlicher Mitverantwortung. Früher brauchte es die öffentliche Hinrichtung, die grausame Zurschaustellung der Getöteten oder ihrer Körperteile. Es folgte die schrittweise Abschaffung der öffentlichen Hinrichtung. Heute setzen die Verkünder des strafenden Staates auf die Wirksamkeit moderner Medien: Journalisten berichten, Reporter interviewen, TV-Kanäle liefern die Bilder. Wer das Spektakel vor den Toren amerikanischer Gefängnisse je erlebt hat, weiß um die medienwirksame Dramaturgie des angekündigten Todes. Exekutionen faszinieren Menschen. Damals wie heute.

Drei Viertel der Menschheit leben in Staaten, die sich das Recht vorbehalten, ihre Bürger zu töten. Zur Legitimierung dieser Praxis werden die klassischen niederen Beweggründe der Rache oder Vergeltung angeführt – oder eine erhoffte Abschreckungswirkung, die allerdings noch keiner empirischen Untersuchung standhielt. Es gibt viele Statistiken zur Todesstrafe, sie beruhen auf Informationen von Menschenrechtsgruppen, Medienberichten und einigen wenigen offiziellen Zahlen. Die Menschenrechtsorganisation *Amnesty International* veröffentlicht jährlich die Zahlen weltweiter Hinrichtungen. Doch sie dürften allesamt unvollständig sein, da sie sich nur auf die zur Kenntnis gelangten Fälle beziehen. Die tatsächlichen Zahlen liegen mit Sicherheit höher. Aktuelle Statistiken werden am Ende dieses Buches genannt. Die Entwicklung ist erschütternd: In den zurückliegenden Jahren wurden in der Volksrepublik China die meisten Todesurteile vollstreckt, gefolgt von Iran, Saudi-Arabien, dem Irak und Pakistan – sowie den USA.

Vor allem die amerikanische Hinrichtungswirklichkeit ist für unsere europäische Rechtskultur irritierend. Ein Land, dessen Verfassung seinen Bürgern die Menschenrechte garantiert, ein Land, das sich gerne in der Vorbildrolle als intakte Demokratie sieht, das so selbstbewusst auf seine moralischen Werte verweist und das davon überzeugt ist, vom lieben Gott mit großem Wohlwollen betrachtet zu werden, dieses Amerika setzt als einzige westliche Demokratie noch immer auf die Todesstrafe.

So hatten die acht Richter des Supreme Court Ende 2016 einmal mehr über die Rechtmäßigkeit gleich mehrerer drohender Hinrichtungen zu entscheiden, darunter auch die des 45-jährigen Ronald Smith im Staatsgefängnis Montana, der sich mit seinem letzten Einspruch an das Verfassungsgericht gewandt hatte. Doch mit einer 4:4-Entscheidung wurde dieser abgelehnt. Smith wurde noch in derselben Nacht getötet, nach einem 35-minütigen, schmerzhaften Todeskampf, wie Zeugen berichteten.

Was in der letzten halben Stunde seines Lebens genau passierte, könnte nur Ronald Smith selbst sagen. Nur er könnte erzählen, was er dachte und fühlte, als das Gift in seinem Körper zu wirken begann, als das Beruhigungsmittel, das ihn einschläfern sollte, dies offenbar nicht tat. Vielleicht hatte er grauenvolle, brennende Schmerzen, vielleicht war er bei vollem Bewusstsein. Ronald Smith starb grausam – im Namen des Volkes.

Wie zuvor Troy Davis.

RITUALE

Die archaischen Strafen

Katalog des Tötens – Macht, Ehre und Tod

Beginnen wir vorne – ganz vorne. Mit einer ersten Reform. Es war der römische Kaiser Konstantin – genannt der Große –, der um das Jahr 320 nach Christus die *Kreuzigung* als Hinrichtungsritual abschaffte. Gerade hatte er sich dem bis dahin unterdrückten christlichen Glauben zugewandt, nun wollte er in frommer Ehrfurcht die durch den Kreuzestod des Religionsstifters geheiligte Hinrichtungsart nicht länger durch gemeine Verbrecher entweihen lassen. Es gibt kaum authentische Darstellungen von Kreuzigungen, keine detaillierten Beschreibungen, stattdessen viel Widersprüchliches. Bekannt ist, dass die Kreuzigung im gesamten Mittelmeerraum eine geläufige und häufig vollzogene Hinrichtungsart war, vorgesehen für nichtrömische Rebellen, Sklaven, Straßenräuber und ehrlose Gladiatoren. Erst später wurden auch römische Bürger ans Kreuz gehängt. Der schändliche Charakter der Strafe rührte von ihrer Besonderheit her: Der Hingerichtete durfte nach dem Tod nicht vom Kreuz genommen werden. Ein Begräbnis wurde ihm verweigert. Sein Leichnam blieb am Kreuz so lange hängen, bis er sich von selbst auflöste oder Vögel ihn schändeten. Ein Gekreuzigter wurde ständig bewacht, damit ihn seine Freunde oder Verwandten nicht vorzeitig vom Kreuz nehmen und beerdigen konnten.

Die römische Richtstätte, nahe dem heutigen Sankt-Laurentius-Tor, war von Knochen und Skeletten übersät, ein entsetzlicher Gestank hing über dem Platz. Ein Ort des Schreckens: bestimmt für niedrigste Verbrecher, gemieden von jedem ehrbaren römischen Bürger.

Während sich bei den sonstigen Todesstrafen trotz ritueller Abweichungen eine feste Vollzugsform herausbildete, blieb die Kreuzigung der Willkür der jeweiligen Henker überlassen. Es existierten kaum exakte Vorschriften, was bei einer Kreuzigung zu geschehen habe, wie der Delinquent zu behandeln sei, das Kreuz beschaffen sein müsse. Die Ursache mag darin zu finden sein, dass die Kreuzigung eine Sklavenstrafe war und die Gerichtsbarkeit damit bei seinem Besitzer lag. Dieser konnte mit ihm verfahren, wie er wollte: Er konnte ihn auspeitschen oder auch kreuzigen lassen. Niemandem hatte er darüber Rechenschaft abzulegen. Erst unter dem Cäsaren Claudius scheinen die Sklaven einen gewissen Schutz vor allzu großer Willkür genossen zu haben. Er ließ die Tötung eines Sklaven bestrafen, falls der Besitzer nicht einen ausreichenden Grund vorzuweisen hatte.

Die eigentliche Kreuzigung wurde vom Henker der Stadt Rom, dem *carnifex*, und seinen Knechten vorgenommen. Ob sie den Delinquenten mit Weidenruten an ein Kreuz banden oder ihn annagelten, in jedem Fall geriet der Verurteilte in eine Haltung extremer Wehrlosigkeit, in der er nicht nur Wind und Wetter, sondern selbst kleinsten Tieren hilflos ausgeliefert war. Auch die obligatorische Entkleidung nahm ihm jeglichen Schutz. Reduziert auf das nackte, hilflose Wesen, wurde er der Gottheit als Opfer dargeboten.

Die Kreuzigung war schon vor der römischen Zeit ein Menschenopfer – wahrscheinlich an die Gottheiten der Elemente, an den mächtigen Sonnengott oder an den Windgott. Der Missetäter, der durch seine Untat den Zorn der Götter geweckt und auf die ganze Gemeinschaft gelenkt hatte, musste aus dieser entfernt werden. Schon bei den Assyrern und Babyloniern war die Kreuzesstrafe bekannt, ebenso bei den Persern, Griechen und Karthagern. Auch wenn es unterschiedliche Vorläufer der Kreuzigung gab – etwa das Fesseln an einen Felsen oder Pfahl oder das Hängen an einem Baum –, das Strafziel, die Auslieferung des Delinquenten an die göttliche Macht der Elemente, war allen gemeinsam. Und noch eines setzte sich allerorten durch: Das strenge Tabu, das auf jeder Hinrichtung lag, verbot es, das Land durch verstreut stehende Pfähle und Hinrichtungsbäume zu verunreinigen. Schon früh bildete sich deshalb die Gepflogenheit heraus, einen bestimmten Ort für die Hinrichtungen zu wählen; einen öden Ort, an dem Wind und Wetter ungehindert toben konnten. Übrigens bezeichneten die Griechen das Kreuz immer als *stauros*, was nichts anderes als Pfahl bedeutet, und auch bei den Römern hieß es *arbor infelix*, der „Unglücksbaum", was beides deutlich auf seine Herkunft verweist.

Im Orient wurde der Pfahl dazu verwendet, den Delinquenten aufzuspießen. „Auf das Kreuz setzen" nannten antike Autoren diese bestialische Hinrichtungsart, bei der dem Verurteilten der zugespitzte Pfahl durch den

Anus in den Leib getrieben wurde. Danach richtete man den Pfahl auf und steckte ihn in die Erde. Die unglaubliche Quälerei fand erst ein Ende, wenn der Unglückliche von den natürlichen Elementen erlöst wurde. Warum aber ein Kreuz – woher kommt es? Im alten Ägypten galt es als Symbol des ewigen Lebens, in Herculaneum, dem von der Lava des Vesuvs im Jahre 79 nach Christus verschütteten Ort, wurde es schon früh als Wandzeichen entdeckt. Ein heidnisches Symbol? Erst das Christentum aber erfüllte es mit religiösem Gehalt: ein einfaches, sinnfälliges Zeichen, das Aufbruch und Nähe zu Gott symbolisiert. So ist eines der fürchterlichsten Hinrichtungsinstrumente zum Symbol von Liebe und Vergebung geworden.

Kreuz und *Galgen* stammen gewissermaßen von den gleichen Wurzeln. Schon im Altertum war das Hängen als Todesstrafe weit verbreitet, denn Bäume gab es überall. Hängen galt als ehrlos und schändlich, weshalb es im Mittelalter zur meistgebrauchten Todesstrafe für Diebe wurde. Wie häufig diese Strafe ausgesprochen und vollstreckt wurde, mag ein Beispiel erhellen: Als im Jahre 1471 in Augsburg die Gruben unter dem Galgen geöffnet wurden, fand man 250 Schädel von Gehenkten, während gleichzeitig noch 32 Diebe am Galgen hingen.

Zum Hängen gebrauchte man ein Hanfseil, mitunter eine Kette. An den Galgen wurden zwei Leitern angelegt, der Henker befestigte die Schlinge am Galgenhaken, dann stiegen er und der Verurteilte die Leitern hinauf. Oben angekommen, legte der Henker dem Verurteilten die Schlinge um den Hals, stieg herab und stieß die Leiter, auf welcher der Todeskandidat stand, um, so dass dieser frei in der Luft hing. Die Schlinge zog sich durch die Körperschwere zusammen, verschloss die Luftröhre und Blutgefäße, wodurch der Tod eintrat. Noch qualvoller war das Hochziehen am Galgen. Dem am Boden stehenden Verurteilten wurde die Schlinge eines längeren Seils um den Hals gelegt, das Seil über den Galgen geworfen oder durch den Galgenhaken geführt. Dann wurde der Delinquent von den Henkersknechten oder einem Pferd in die Höhe gezogen. Der Tod trat bei dieser Methode langsamer ein als beim Herabstoßen von der Leiter.

Während Enthauptete ein Begräbnis erhielten, mussten Gehängte häufig so lange am Galgen verbleiben, bis sie von allein hinunterfielen, also der Zersetzungsprozess so weit fortgeschritten war, dass der Körper zerfiel. Die heimliche Abnahme des Leichnams vom Galgen, z. B. durch Verwandte, war verboten und galt als Eingriff in das Strafritual, denn das Hängenlassen des

Leichnams am Galgen war Bestandteil der Strafe. Das war auch der Grund, weshalb Hängen als ehrlos und schändlich galt. Es gab weitere Strafverschärfungen, etwa das Aufhängen an den Füßen und das Hängen gemeinsam mit Hunden. Bei Ersterem wurde der Delinquent an den Füßen mit dem Kopf nach unten aufgehängt. Der Tod trat erst nach vielen Stunden, manchmal sogar erst nach Tagen ein. Das Hängen mit Hunden war eine schimpfliche Beigabe und sollte den schlechten Charakter des Verbrechers symbolisieren.

Der Galgen des Altertums war der Ast eines Baumes. Dafür benutzte man nach Möglichkeit abgestorbene, laubfreie Bäume. Nach den religiösen Vorstellungen der damaligen Zeit ging vom leblosen Baum lebenshemmende Kraft, also Kraft zum Töten, aus. Der zum Hängen auserwählte Baum galt als Opferbaum, denn der nordische Gott *Odin*, Windgott und Herr über Leben und Tod, starb an einem Baum. Auch das Kreuz, an dem Christus starb, war ein künstlich geschaffener Baum. Nach damaligem Glauben nahm der Baum oder Galgen alle geheimen Kräfte des Gehenkten in sich auf, die heiligen des Geopferten (Christus) wie die bösen des Verbrechers. Daraus ist auch die Furcht vor der Berührung des Galgens zu erklären, bestand doch die Gefahr, von den in ihm schlummernden bösen Kräften ergriffen zu werden.

Im Frühmittelalter wurde die Errichtung künstlicher Galgen von Kaiser Karl dem Großen angeordnet. Meist bestanden sie aus zwei senkrecht stehenden Pfosten mit einem Querholz darüber. Später wurden dreibeinige Galgen üblich. Drei senkrechte Pfeiler standen im Dreieck und waren durch Querbalken miteinander verbunden. Oft hatte der Galgen einen erhöhten steinernen Sockel als Unterbau, oder auch die Pfosten selbst waren Steinsäulen. Es gab auch Galgen, auf deren Querbalken nochmals ein Galgen aufgebaut war, für die verschärfte Strafe des Höherhängens. So wurde bei Aburteilung einer Räuberbande der Anführer an dem erhöhten Galgen gehenkt, seine Mittäter unter ihm.

Der Galgen war das Zeichen der Hochgerichtsbarkeit. Daraus mag es sich erklären, dass er weit sichtbar auf einer Anhöhe stand und besonders dauerhaft hergestellt war. Diese Sichtbarmachung diente auch der Abschreckung. Andere Standorte waren die Heerstraße oder die Wegscheide. Die Namen von Flurstücken oder Hügeln (Galgenwiese, Galgenberg) zeugen heute noch vom Standort des Galgens.

Die Errichtung des Galgens war Sache der Obrigkeit. Weil die Berührung des Galgens ehrlos machte, weigerten sich die Handwerker oft, die notwendigen Arbeiten auszuführen, da sie von ihren Zünften deshalb bestraft oder ausgeschlossen wurden. Es kam daher zu heute merkwürdig anmutenden Gebräuchen. Damit niemand wegen seiner Mitarbeit am Bau des Galgens von anderen verunglimpft werden konnte, hatten alle Gilden und Zünfte mitzuwirken. Unter den Klängen einer Musik zogen alle gemeinsam hinaus zur Richtstätte. Die Maurer und Zimmerleute machten zwar die Hauptarbeit, die anderen aber, z. B. die Kaufleute, leisteten symbolisch Hilfe durch Zureichen von Holz oder Steinen, selbst der Richter legte mit Hand an. Am Ende ging es zurück in die Stadt zu einem gemeinsamen Mahl. Zu den reinen Kosten für den Bau kamen somit auch die Kosten für das Mahl. Alte Abrechnungen belegen, dass die Nebenkosten für Musik und Essen häufig die eigentlichen Baukosten überschritten.

Als eine Variante des Galgens ist die *Garrotte* bekannt, ein Würgeeisen. Dieses Strafinstrument besteht aus einem Pfahl mit daran befestigtem Sitz und Fesselungsvorrichtungen sowie einer in Halshöhe angebrachten Eisenklammer. Der Verurteilte muss sich auf dem Sitzbrett niederlassen und wird angeschnallt. Dann legt sich die Eisenklammer um seinen Hals. Durch eine Schraubvorrichtung hinter dem Pfahl kann der Henker die Klammer anziehen, die den Delinquenten schließlich erwürgt. Die Garrotte war vor allem in Spanien und in den spanischen Kolonien in Gebrauch, aber auch in Portugal sowie einigen Ländern Mittelamerikas und auf den Philippinen. In Spanien war sie seit Anfang des 19. Jahrhunderts bis hinein in die allerjüngste Vergangenheit – während der Franco-Diktatur – die am häufigsten angewandte Hinrichtungsart.

Das *Hängen* ist die einzige und letzte der archaischen Hinrichtungsformen, die auch heute noch in zahlreichen Ländern praktiziert wird. In diesem Buch wird darauf noch verschiedentlich Bezug genommen.

Die Unterscheidung der *Enthauptung* vom *Hängen*, *Verbrennen*, *Ertränken* und *lebendig Begraben* bestand darin, dass nicht den Naturkräften die Tötung des Verbrechers überlassen wurde, sondern von menschlicher Hand gefertigten und geführten Instrumenten. Die alten Todesurteile verlangten bei Enthauptung ausdrücklich, dass aus dem Verurteilten zwei Stücke zu machen seien und beide Teile so voneinander getrennt werden sollten, dass ein Zwischenraum entstand, um sicherzustellen, dass der Tod auch wirklich eingetreten war. Das hierzu meistgebrauchte Instrument war das Schwert, seit dem 16. Jahrhundert in der Ausführung als Zweihänder. Seltener wurde das Beil verwendet. Die Hinrichtung mit dem Schwert verlangte dem Scharfrichter die höchste Fertigkeit ab. Mit einem einzigen Hieb musste er zwischen zwei Halswirbeln hindurchtreffen und den Kopf vom Rumpf trennen. Wie leicht konnte er danebentreffen und musste dann ein zweites Mal zuschlagen. Das Misslingen einer Enthauptung kam öfter vor, und die Rechtsordnungen rechneten auch damit, denn sie betonten häufig die Unverletzlichkeit des Henkers und stellten ihre Missachtung unter schwere Strafe.

Zeitgenössische bildliche Darstellungen von Hinrichtungen in früheren Zeiten geben einen weitaus besseren Einblick in die gehandhabte Praxis als überlieferte schriftliche Schilderungen. Sie zeigen meist folgendes Bild: Der Verurteilte kniet auf dem Erdboden oder auf einem besonderen Gerüst, die Hände gefesselt oder zum Gebet gefaltet. Das Hemd ist weit vom Hals weggezogen, der Nacken entblößt. Diese Entblößung geschah nicht nur aus der praktischen Erwägung, dass der Stoff die Wucht des Hiebes schwächen könnte, sondern auch aus rituellen Gründen. Kleider galten als persönlichkeitsverändernde Zusätze, welche die wahre Natur des Menschen verfälschen konnten. Sehr auffallend ist bei vielen Darstellungen die völlig freie Haltung des Verurteilten: kein Anbinden, kein Festhalten durch die Gehilfen des Scharfrichters. Ob dies nun von der außerordentlichen Willenskraft des Verurteilten oder von einem durch die vorher erlittenen Folterqualen völlig gebrochenen Lebenswillen zeugt, sei dahingestellt. Nach der erfolgten Enthauptung wurde früher regelmäßig, später häufig, der abgetrennte Kopf auf einer Stange oder an den Stadttoren aufgesteckt.

Der Marktplatz, an dem das Rathaus stand, wo Gericht gehalten und die Ehrenstrafen vollzogen wurden, war ursprünglich die Stätte der Enthauptung. Der Gedanke der Abschreckung mag hierbei vorherrschend gewesen sein. Auch später, als die Richtstätten außerhalb der Stadt lagen, wurden hin und wieder Enthauptungen auf dem Marktplatz vollzogen. Dies geschah vor allem in Zeiten des Krieges oder bei politischen Gegnern, weil im Schutz der Mauern die Exekution sicher vonstatten gehen konnte und ohne von Freunden des Verurteilten gewaltsam verhindert zu werden. Auch bei besonders verhassten Kapitalverbrechern fand die Enthauptung auf dem Marktplatz statt, um der Wut des Volkes ein Ventil zu verschaffen.

In späterer Zeit wurden die Richtstätten dann vor die Tore der Stadt verlegt. Häufig wurde auf freiem Feld eine gemauerte, erhöhte Plattform mit viereckigem oder rundem Grundriss errichtet. Eine Treppe führte entweder außen oder innen empor. Die Plattform hatte einen hölzernen oder steinernen

Fußboden, letzterer häufig mit Gras bewachsen. Hier konnte der Hinrichtungsakt für die Zuschauer gut sichtbar, aber ohne von diesen behindert zu werden, vollzogen werden. Die Plattform war groß genug, um neben dem Verurteilten und dem Scharfrichter auch die öffentlichen Zeugen und den Priester aufzunehmen. Eine solche Richtstätte wurde als *Rabenstein* bezeichnet, weil die Körper der Enthaupteten auf Räder gelegt und von den Raben zerhackt und zerfressen wurden. Auf dem Rabenstein wurden nur Enthauptungen, gelegentlich auch das Rädern vollzogen. Dort, wo keine besondere Richtstätte bestand, wurde unter dem Galgen enthauptet.

Das *Rädern*, eine Strafe, die ausschließlich an Männern vollzogen wurde, war von der germanischen Frühzeit bis in das 18. Jahrhundert gebräuchlich. Es galt als schimpflichste und ehrloseste Strafe und wurde nur bei Mord oder Majestätsverbrechen (Attentat auf den König o. Ä.) angewandt. Der Verbrecher wurde mit ausgestreckten Armen und Beinen auf den Boden gelegt. Hände und Füße wurden an Pflöcken festgebunden und unter die Glieder und den Körper kamen Hölzer, so dass er völlig hohl lag. Der Scharfrichter zerstieß ihm dann mit einem Rad sämtliche Glieder und das Rückgrat, wobei die Zahl der Stöße im Urteil vorgeschrieben war. Der Sterbende oder Tote wurde dann durch die Speichen des Rades geflochten, dabei kamen die Glieder einmal über und einmal unter die Speichen des Rades. Am Ende wurde das Rad auf einen Pfosten oder auf den Galgen gesteckt. Brach man beim Rädern zuerst die Knochen der Beine, dann die der Arme usw., trat der Tod sehr langsam ein und häufig lebte der Verbrecher noch, wenn er auf das Rad geflochten wurde. Es galt daher als Gnadenerweis, den ersten Stoß des Rades gegen den Hals zu führen. Ebenfalls eine Strafmilderung war es, wenn der Verurteilte vor dem Rädern gehenkt oder enthauptet wurde oder den Herzstoß erhielt. Dies konnte aber auch eine Zusammenfassung mehrerer Strafen bei mehreren verschiedenen Verbrechen sein (Kumulation). Bei jeder Hinrichtung wurde ein neues Rad verwendet, das neun oder zehn Speichen haben musste.

Verbunden mit der Todesstrafe des Räderns war auch häufig das *Schleifen*. Der Verurteilte wurde gefesselt auf eine Tierhaut oder ein Brett gelegt und von einem Pferd zur Richtstätte geschleift. Eine Strafverschärfung war es, wenn er unterwegs an bestimmten Plätzen mit glühenden Zangen in Brust, Arme oder Hüften gezwickt wurde.

Die Strafe des *Ertränkens* war im Mittelalter weit verbreitet. Hauptsächlich wurde sie bei weiblichen Rechtsverbrechern angewandt, doch auch an

Männern vollzogen. Gewöhnlich band man dem Verurteilten Hände und Füße zusammen und warf ihn von einer Brücke aus in den Fluss. Dort, wo kein Fluss vorhanden war, diente ein Weiher oder Teich als Richtstätte. War die Wassertiefe nicht genügend, wurde der Delinquent mit Stangen oder Gabeln so lange unter Wasser gedrückt, bis der Tod eintrat. Häufig verwendete man auch einen Sack, in den man als Beigabe Tiere steckte, z. B. Schlangen oder Hunde. Das Ertränken wurde auch in großen hölzernen Zubern vollzogen. Der Scharfrichter drückte den in einem Sack steckenden Verbrecher so lange unter Wasser, bis der Tod eingetreten war.

Eine im Mittelalter ebenfalls häufig angewandte Todesstrafe war das *Verbrennen*. Grundgedanke dieser Strafe war es, den Verbrecher, dessen Tat als besonders abscheulich erschien, völlig vom Erdboden zu vertilgen. Deshalb war diese Strafe in ihrer Ausführung auch sehr vielseitig und alles, was mit ihr zusammenhing, hatte seine Bedeutung. Feuer, eine der elementarsten Urgewalten, hatte reinigende Kraft und verzehrte alles Böse. Der dabei entstehende Rauch und mit ihm die Bosheit des Missetäters wurde vom Wind fortgetragen. Hexen verbrannte man deshalb meist auf Anhöhen, wo der Wind freien Zugang hatte. Auch die Asche des Verbrannten galt noch als gefährlich, darum überließ man es dem fließenden Wasser eines Flusses oder Baches, sie fortzuführen. So waren an der Vernichtung des Bösewichtes die drei Naturelemente Feuer, Wind und Wasser beteiligt.

Die Hinrichtung durch Verbrennen wurde je nach dem Tatbestand verschieden durchgeführt. Entweder wurde der Delinquent mit gebundenen Gliedern auf einen Scheiterhaufen gelegt, oder er wurde an einem Pfahl festgebunden und das Feuer um ihn herum gelegt, oder aber er wurde auf einer Leiter angebunden, hochgestellt und mit der Leiter in den voll auflodernden Scheiterhaufen gestoßen. Ein Gnadenerweis war es, den Missetäter vor dem Verbrennen zu erdrosseln oder ihm zur raschen Beendigung seiner Qualen ein Säckchen Schießpulver um den Hals zu binden. Es ist aber auch überliefert, dass Scharfrichter, die trotz ihres grausigen Handwerks mitunter humaner waren als Volk und Richter, den Todeskandidaten vor dem Verbrennen am Pfahl unauffällig erdrosselten oder durch einen Stich ins Herz töteten. Wurde der Delinquent vorher enthauptet oder erhängt und anschließend verbrannt, konnte das zwei Gründe haben: Entweder es war ein Gnadenerweis oder es wurden bei mehreren todeswürdigen Verbrechen mehrere Todesstrafen nacheinander vollstreckt.

Die Zunahme der Hexenprozesse in der zweiten Hälfte des 16. Jahrhunderts ließ die Scheiterhaufen in ganz Europa auflodern und das Verbrennen zur häufig angewandten Todesstrafe werden.

Das *Sieden* in Wasser, Wein oder Öl war seit Ende des 13. Jahrhunderts in fast allen Landes- und Stadtrechten als Strafe für Fälscher vorgesehen. Besonders auch an Ketzern wurde die Todesstrafe im siedenden Wasser vollzogen.

In den mittelalterlichen Rechtsgesetzen ist die Strafe des lebendig Begrabens nicht enthalten, die *Carolina* fordert sie nur für Kindsmord. Trotzdem fand diese Strafe Anwendung, und zwar hauptsächlich an Frauen und an Männern, die das Verbrechen der Unzucht begangen hatten. Wie diese Strafe genau vollzogen wurde, ist aus den vorhandenen Quellen nicht mit Sicherheit zu entnehmen. Mit Wahrscheinlichkeit ist jedoch Folgendes anzunehmen: Der Täter wurde lebend und gefesselt in eine am Galgen ausgehobene Grube gelegt und diese über ihm zugeschüttet. Um eine „Wiederkehr" des Gerichteten zu erschweren, legte man ihn, wie bei einem Selbstmörder, mit dem Gesicht nach unten und häufte über seinem Grab Dornengestrüpp auf. Lag der Delinquent auf dem Rücken, so steckte man ihm ein Rohr in den Mund, nicht um ein Atmen zu ermöglichen, sondern um der Seele die Möglichkeit zu geben, auszufahren (Seelenloch). In engster Verbindung zum *lebendig Begraben* stand das *Pfählen*. Nach dem Begraben wurde ein Pfahl in die Grube und durch den Gerichteten getrieben. Dies geschah einerseits wieder aus Aberglauben, um ein Wiederkehren des Toten zu erschweren, andererseits aber, um den Tod rasch eintreten zu lassen. Darüber hinaus hatte das Pfählen noch die Bedeutung einer spiegelnden Strafe für den Notzuchtverbrecher, wobei die Frau, welche Opfer seiner Tat war, die ersten drei Schläge ausführen durfte, den Rest erledigte der Henker. Lebendig Begraben und Pfählen gehörten aber nicht zu den oft angewandten Strafen und verschwanden mit dem Beginn der Neuzeit fast ganz aus dem Strafgebrauch.

Die Strafe des *Einmauerns* war ein Ersatz für die Hinrichtung und kann als Spätform des lebendig Begrabens angesehen werden. Besonders bei straffällig gewordenen Angehörigen höherer Stände wurde anstelle einer Todesstrafe aus Gnade auf Einmauern erkannt. Dies geschah, um der Familie die Schande der öffentlichen Hinrichtung und dem Verurteilten die Berührung mit dem Scharfrichter zu ersparen. Die Strafe wurde aber auch bei einfachen Leuten verhängt. Einmauern ist jedoch nicht wörtlich zu verstehen, dass also der Missetäter in einer Zelle eingemauert wurde, weder Essen noch Trinken erhielt und so einen qualvollen Tod erlitt, sondern als lebenslängliches Gefängnis. Dieses Gefängnis konnte eine Zelle am Haus des Scharfrichters sein, der den Gefangenen dann auch zu versorgen hatte, oder – bei Höhergestellten – ein Raum im eigenen Haus oder dem eines Familienmitgliedes. Die Familie hatte ihn dann bis an sein Lebensende zu versorgen. Gleich wo sich dieses Verließ befand, der Gefangene durfte es bis zu seinem Tod nicht mehr verlassen, war also eigentlich für seine Mitmenschen schon nicht mehr auf dieser Welt. Sehr selten fand, vom Gericht aus Gnade angeordnet, eine vorzeitige Freilassung statt, freilich immer verbunden mit der Auflage, das Land oder die Stadt zu verlassen und nie mehr wiederzukehren, andernfalls drohte die Todesstrafe.

Bei *Vierteilung* ist zwischen zwei Arten der Ausführung zu unterscheiden. Zum einen das Vierteilen bei lebendigem Leibe, zum anderen nach vorhergehender Tötung. Die ursprünglichste Form ist wohl die erstere. Die Alemannen vollzogen diese Strafe für Verräter mit der Axt. Bekannter war die Art der Vierteilung, bei der Arme und Beine jeweils an den Schweif eines Pferdes gebunden, die vier Pferde auseinandergetrieben und der Delinquent buchstäblich zerrissen wurde. Hierbei handelte es sich eigentlich um ein Zu-Tode-Schleifen. Gregor von Tours, Bischof und Historiker (540–594), beschreibt diese Tortur in *Gesta Francorum*, seinem wichtigsten Werk. Er berichtet hier von der Hinrichtung der Königin Brunehild, die am Schweif eines Pferdes gebunden, in Stücke gerissen wurde. Aber auch in der neueren Zeit fand diese grausame Todesart Anwendung, so 1757 bei der Hinrichtung des erfolglosen Königsattentäters Robert Daumiens in Paris.

Im Mittelalter und in der Neuzeit wurde diese Strafe aber fast immer nach vorheriger Tötung des Delinquenten vollzogen. Der Verbrecher wurde erst enthauptet, erhängt oder erdrosselt und dann anschließend in vier Teile zertrennt. Die Vierteilung war also Schlussakt einer Hinrichtung und galt als Strafverschärfung oder zweite Strafe bei Vorliegen mehrerer Delikte, die den Tod verdienten. Zeitgenössische bildliche Darstellungen zeigen die widerlich makabre Art und Weise solcher Vorgänge. Die vier Körperteile wurden dann zur Abschreckung an eigenen Galgen oder an Landstraßen aufgehängt, etwa in Frankfurt am Main im Jahre 1616 als Schlusspunkt des Fettmilchaufstandes.

Hatte ein Mensch mehrere, jedes für sich aber todeswürdige Verbrechen begangen, so enthielt das Urteil eine Aneinanderreihung von Strafen, also eine

Kumulation der Todesstrafen. Für jedes einzelne Delikt wurde also dem Gesetz entsprechend die dafür bestimmte Todesart ausgesprochen. Die Reihenfolge der Ausführung zu bestimmen war Sache des Gerichtes. Da jeder Mensch aber nur ein Leben hat, konnte letztlich auch nur eine der Strafen zum Tod führen. Die Schwere der begangenen Verbrechen mag für die Wahl der Reihenfolge der Strafen ausschlaggebend gewesen sein. Zum Verständnis der Kumulation von Todesstrafen hier ein willkürliches Kombinationsbeispiel: Der Verbrecher wurde zur Richtstätte geschleift, unterwegs mit glühenden Zangen gezwickt (Strafverschärfung), dann gerädert (für Mord), noch lebend auf das Rad gelegt und an einem beim Rad stehenden Galgen erhängt (für Diebstahl), anschließend mit Rad und Galgen verbrannt (für Sodomie) und schließlich wurde die Asche in den Fluss geworfen. Was dieser arme Sünder bis zu seinem endgültigen Tod am Galgen an Qualen erlitten hat, ist unvorstellbar.

Schließlich soll hier noch von einer Hinrichtungsart die Rede sein, die in die graue Vorzeit gehört, in eine Ära, als Menschen zu Steinen griffen, um den Missetäter und Friedlosen aus der Gemeinschaft zu vertreiben, weil er sich den Hass der Stammesangehörigen zugezogen hatte: die *Steinigung*. Getroffen von den Steinen brach der Verurteilte blutend zusammen und starb. Diese archaische Strafe hat bis heute ihren Platz im islamischen Recht, das von der altmosaischen Gesetzgebung stark beeinflusst ist. Gegenwärtig wird diese barbarische Hinrichtungsart im Iran, im Jemen sowie im Königreich Saudi-Arabien, in Pakistan und im Sudan praktiziert.

Im Juli 1982 verabschiedete der Iranische Rat das islamische Strafgesetzbuch. Als todeswürdige Verbrechen gelten seither unter anderem Mord, Vergewaltigung und Verstöße gegen Moralvorschriften wie Ehebruch, aber auch der wiederholte Konsum alkoholischer Getränke. Artikel 119 des islamischen Strafgesetzbuches bestimmt: „Die Steine, die bei der Steinigung verwandt werden, dürfen nicht so groß sein, dass die Person, wenn sie von einem oder zwei Steinen getroffen wird, stirbt; sie dürfen nicht so klein sein, dass man sie nicht mehr als Steine bezeichnen kann."

Auf diese Weise wird eine archaische Strafe bis in die Gegenwart ausgeführt. Eine der seltenen Schilderungen findet sich in dem Buch *Die gesteinigte Frau,* in dem der in Frankreich lebende Journalist Freidoune Sahebjam eine Steinigung beschreibt, die am 15. August 1986 in seinem Heimatland Iran an einer 35-jährigen Mutter von neun Kindern vollzogen wurde. Die Anklage: sie hatte Ehebruch begangen. Die Vollstreckung leitete der Bürgermeister, der zuvor das Urteil verkündet hatte: „Wir haben einstimmig beschlossen, dass die Schuldige Soraya Manoutchehri noch vor Ende dieses Tages gesteinigt werden soll, bis sie tot ist. Alles wird ordnungsgemäß durchgeführt, wie es der Koran gebietet und das Gesetz vorschreibt. Der allmächtige Gott befiehlt uns, Selbstjustiz zu üben, weil wir alle von diesem Weib beleidigt worden sind und weil ihre Angehörigen Rache fordern."

Sahebjam protokolliert das barbarische Geschehen. Auszüge:

„Auf ein Zeichen des Bürgermeisters packten die beiden Männer die junge Frau an den Armen, schleppten sie zu der Grube und ließen sie hineinsteigen. Ein Murmeln erhob sich unter den Zuschauern. Nun würde das Schauspiel, dessentwegen sie hergekommen waren, wahrhaftig beginnen. Aufgeregt blickten sie auf die wehrlose Frau.

Die Männer mit Schaufeln und Spaten begannen, die Grube, in der Soraya stand, wieder zuzuschütten. Sie war nun bis zu den Schultern eingegraben. Ihre Arme steckten in der Grube. Der Kopf des Opfers, von dem sie nur das auf der Erde ausgebreitete schwarze Haar sahen, war etwa fünfzehn Meter von den Männern entfernt.

Der Bürgermeister nahm einen Stein und reichte ihn dem Vater: ‚Ihnen, Herr, gebührt die Ehre, den ersten Stein zu werfen ... Bitte sehr ...'

Der Alte legte seinen Stock auf den Boden nieder und ergriff den Stein. Er sagte Gott Dank, streckte den Arm und schleuderte den Stein mit aller Kraft in Richtung auf seine Tochter. Dabei brüllte er: ‚Ya Allah! Da hast du's, Hure!' Er verfehlte sein Ziel. Ebrahim reichte ihm einen anderen Stein, und der Alte warf, seinen Hass hinausschreiend, ein zweites Mal auf seine Tochter. Viermal versuchte er sie zu treffen, ohne Erfolg. Rasend vor Wut, schrie er: ‚Gebt mir noch einen Stein, ich will ihr den Kopf einschlagen, ich schlage ihr den Kopf ein!'

Der Bürgermeister gab ihm zu verstehen, dass er die Kreidelinie auf keinen Fall überschreiten dürfe, denn das sei gegen das Gesetz Gottes. Nun kam Ghorban-Ali an die Reihe. Er hatte die Ärmel hochgekrempelt und vier Steine zu seinen Füßen aufgereiht. Er wartete auf das Zeichen des Bürgermeisters. ‚Du bist dran, mein Junge', sagte Ebrahim liebevoll. ‚Gott möge dir den Arm führen.'

Der ‚betrogene' Ehemann straffte seinen Arm und ließ ihn nach vorn schnellen. Der Stein flog zwanzig Zentimeter am Gesicht der Frau vorbei. Sie hatte nicht die geringste Schreckbewegung gemacht, nicht mit den Wimpern gezuckt. ‚Weiter, Ghorban-Ali, nur zu, das war gut ... gleich hast du sie, die Hündin ...', brüllten die Männer in der ersten Reihe.

Sorayas Mann griff nach dem zweiten Stein, wog ihn in der Hand und blickte auf das Publikum. Er sah aus wie ein Athlet im Stadion, der eine Bestleistung anstrebt. Erneut spannte sich sein Arm, und der Stein streifte den Kopf der Frau. Die Menge stieß ein enttäuschtes ‚Oh' aus, doch bevor sie Atem holen konnte, war schon der dritte Stein geworfen und traf die rechte Schulter der Verurteilten. Ein kaum hörbarer Laut entwich ihrem Mund, und für eine Sekunde schwankte ihr zierlicher Oberkörper.

Das Geschrei schwoll an, und die Männer applaudierten. Ghorban-Ali deutete ein Lächeln an, nahm den nächsten Stein, zielte noch sorgfältiger und warf. Diesmal traf er seine Frau am Haaransatz. Sorayas Kopf wurde nach hinten gerissen, die Stirn platzte auf. Blut strömte hervor. Ein Jubeln ging durch die Menge. Ohne es zu merken, waren die Dorfbewohner einige Schritte näher gekommen und hatten die Kreidelinie überschritten. ‚Geschafft! Ein Hoch auf Ghorban-Ali! Er hat sie getroffen, noch einmal, gibs ihr, dieser Nutte!' Nun nahmen die beiden Söhne des Opfers ihre Steine und warfen beide gleichzeitig. Nur ein einziger traf die bis zum Oberkörper eingegrabene Frau. Sie schluchzte auf, und ihr Kopf knickte hintenüber.

Nun war Scheich Hassan an der Reihe. Er nahm seinen Koran in die linke Hand und ergriff mit der Rechten einen großen Stein. Doch ehe er ihn warf, wandte er sich zu der Menge und sagte salbungsvoll: ‚Nicht ich werfe diesen Stein. Gott ist es, der meinen Arm lenkt. Er gibt mir seine Befehle, und ich räche unseren Imam für das schändliche Verbrechen, das dieses Weib begangen hat.' Die Menge applaudierte stürmisch ... Im Mittelpunkt des Kreidekreises hauchte Soraya ihr Leben aus. Kopf und Oberkörper waren nur noch ein Haufen blutigen Fleisches. Die johlende Menge ließ nicht von ihrem Opfer ab. Der Kreis hatte sich immer enger um Soraya geschlossen. Ihre Kopfhaut war eine einzige klaffende Wunde, Augen und Nase waren zerschmettert, der Kiefer gebrochen. Der Kopf baumelte wie eine groteske Karnevalsmaske an den Resten der rechten Schulter ... "

Soraya Manoutchehri war eine von acht Verurteilten, zwei Frauen und sechs Männern, die im Iran allein 1986 gesteinigt wurden. Seither sind in den islamischen Staaten weitere Todesurteile auf diese Weise vollstreckt worden.

Töten mit Gottes Hand – Vergeltung und Versöhnung

„Glauben Sie, dass es einen Menschen besser macht, wenn man ihn verbrennt?“, fragte Emmanuel Philibert, Herzog von Savoyen, den italienischen Inquisitor Antonio Michele Ghislieri, der sich als Papst Pius V. (1566–1572) durch seine besondere Grausamkeit und mörderischen Pogrome gegenüber „Feinden“ der katholischen Kirche auszeichnete und später, 1712, als Reformer heilig gesprochen wurde.

Ghislieri antwortete, dass die Scheiterhaufen der Inquisition der Menschheit Glaubenskriege mit ungleich mehr Todesopfern ersparten. Diese Antwort in Anlehnung an das Alte Testament, *nichts sei grausamer als Mitleid mit Gottlosen*, fasst die Einstellung der *heiligen Inquisition* – einer fanatischen Kirchenaufsichtsbehörde, würde man heute sagen – zusammen: Ihre Mitglieder und Verfechter bekämpften im Mittelalter und in der frühen Neuzeit nicht allein Ketzer, die sich gegen die Kirche vergingen, sondern auch Hexen, Zweifler und Zauberer mit heiligem Zorn. Die Urteilsvollstreckung, wie immer sie ausfallen mochte, wurde mit dem portugiesischen Wort „Autodafé“, (Werk des Glaubens), bezeichnet. Schwere Sünder wurden auf den Scheiterhaufen gezerrt und verbrannt. Das Böse verwandelte sich in Asche. Freilich: Verbrannt wurde auch *innerweltlich*. Hexenverbrennungen waren kein Privileg der Inquisition. Auch nicht das Foltern, um die Angeklagten zu einem Geständnis zu zwingen.

In der frühen Neuzeit war es beinahe alltäglich, in Indizienverfahren Folter anzudrohen oder mit Gottes Hand – nach Abstimmung und mit Genehmigung der Obrigkeit – Folter vorzunehmen. Die Überzeugung, dass Gott unmittelbar in die Gerichtspraxis eingreifen könne, war weit verbreitet. Bekannt waren die sogenannten *Hexenproben*, die vor allem zur Überführung einer Hexe dienten. Bei der Nadelprobe stach der Richter mit einer Nadel in ein Muttermal, trat kein Blut aus, galt die Schuld als erwiesen. Am bekanntesten ist die Wasserprobe: So wurden im westfälischen Lemgo 1583 drei Frauen ausgezogen und an Händen und Füßen so eng gebunden, dass sie sich nicht bewegen konnten. Danach wurden sie im Beisein etlicher tausend Menschen an einem Strick festgebunden ins Wasser geworfen. Als sie gleich wie ein Holz nicht umgehend untergegangen waren, galten sie als unschuldig. Das Wasser wollte die Sünder nicht haben.

War ein Angeklagter trotz gründlicher Verhöre, belastender Zeugenaussagen und zermürbender Kerkerhaft nicht zum Geständnis bereit, setzte man auf die Folter, die in aller Regel so lange gesteigert wurde, bis endlich ein Geständnis erzielt war. Sie war nicht so sehr Ausdruck eines unkontrollierten Sadismus der Foltergehilfen, sondern ein von allen öffentlichen Institutionen der Kirche und des Staates anerkanntes Mittel zur Wahrheitsfindung. Folter sollte das Böse im Menschen bezwingen – mit Gottes Hand und Segen. Erste Anwendung fand die Folter in den Ketzer- und Hexenprozessen, hier wurde sie zum entscheidenden Instrument im Kampf gegen den Satan. Schritt für Schritt drang sie dann in alle Verfahren gegen schwere Verbrechen ein.

Insgesamt sollte die Folter nach Ermessen eines „guten, vernünftigen Richters“ vorgenommen und der Verdächtige je nach Stärke des Argwohns oft oder weniger oft gefoltert werden. Das Ausmaß der Folter und der Umgang mit dem Angeklagten blieben unkontrolliert und waren allein Sache der richterlichen Obrigkeit. Man ging dabei stufenweise vor: Es gab zahllose Theorien und Praktiken, je nach Religion und Tradition. In der Regel basierte die Folterpraxis auf einer „Dreistufen-Dramaturgie“:

Zu Beginn stellte der Scharfrichter seine Instrumente vor. Durch dieses Einschüchterungsszenario versuchte er den Beschuldigten zum Geständnis zu bewegen. Nutzte dies nichts, schritt er zur zweiten Stufe: Der Verdächtige wurde entkleidet und es wurden ihm Bein- und Daumenstöcke angelegt. Allein das Ausgeliefertsein durch die Nacktheit zeigte bei vielen Wirkung: Sie gaben ihren Widerstand demoralisiert auf. War auch bis dahin noch kein befriedigendes Geständnis erreicht, begann der Richter mit der dritten Stufe, der peinlichen Befragung unter Zuhilfenahme von Daumenstöcken. Dabei wurden flache Eisenstücke zwischen die Daumen gelegt und zusammengepresst. Danach gab es zahlreiche Möglichkeiten, die Schmerzen für den Delinquenten zu intensivieren.

Hier kannte die Phantasie der Peiniger keine Grenzen. Die Abscheulichkeiten – vor allem bei Hexenprozessen – sind dokumentiert. Die zugefügten Schmerzen verstand man als Kampf gegen den Teufel, den es durch eine von Gott geführte Hand zu besiegen galt. Dennoch: Es war ein ambivalentes Marter-Ritual: Einerseits wurde alles darangesetzt, die Wahrheit herauszuquälen und den Willen des Delinquenten zu brechen, andererseits sollte der Gefolterte keinen dauerhaften Schaden erleiden. Eigentlich waren Kranke, Alte oder schwangere Frauen von der Folterprozedur ausgeschlossen. Ansonsten aber wurden die Folter und das peinliche Strafverfahren immer dann mit aller Härte durchgeführt, wenn es darum ging, den gefassten Verdächtigen zu einem Geständnis zu bewegen. Also immer.

Es bedurfte noch Jahrzehnte, bis sich die Erkenntnis durchsetzte, dass die Folter ein ungeeignetes Mittel war, um die Wahrheit zu finden oder gar den Anspruch der Gerechtigkeit zu erfüllen. Und es sollte bis ins 18. Jahrhundert dauern, bis die Folter verboten und aufgehoben wurde: etwa in Preußen 1754, in Sachsen 1770 und in Österreich 1776. So waren beispielsweise der Kindsmörderin Susanna Margaretha Brandt, der vier Jahre zuvor, am Morgen des 14. Januar 1772, in Frankfurt am Main ihr Todesurteil vorgelesen wurde, die peinlichen Verhöre erspart geblieben. Doch auch wenn neue Strafrechtsverordnungen zunehmend Folter und Scheiterhaufen verboten, an archaischen Strafpraktiken und öffentlicher Inszenierung wurde mit Nachdruck und organisatorischem Eifer festgehalten. So lautete Susanna Margaretha Brandts Urteil: Tod durch Enthaupten. Das Hinrichtungsritual dokumentiert Richard van Dülmen eindrucksvoll in seinem Buch *Theater des Schreckens*:

„Der Richter war in Exekutionskleidung erschienen, einem schwarzen Gewand, darüber einen roten Mantel, auf dem das große Stadtwappen zu sehen war. Die junge Frau trug ein ‚Totenkleid', eine weiße Haube, eine weiße leinene Jacke mit schwarzer Schleife und einen weißen Rock, dazu weiße Handschuhe. Um 8 Uhr folgte eine kleine Mahlzeit, bis ab 9 Uhr die Kirchenglocke alle Viertelstunde mit drei Anschlägen schlug und zum Aufbruch rief. Die Verurteilte wurde an beiden Händen gebunden auf die Straße geführt. Der Richter, mit einem großen Zepter in der Hand, stieg mit weiteren städtischen Beamten in roten Röcken auf die Pferde. Grenadiere umgaben die von Geistlichen und dem Knecht des Scharfrichters begleitete ‚arme Sünderin'. Unter ständigem Singen, Beten und Zurufen bewegte sich der Zug gemächlich zur Richtstätte.

Währenddessen hatte der Scharfrichter mit seinen Söhnen und weiteren Gehilfen unter dem Schutz von Grenadieren auf dem Richtplatz alles vorbereitet. Als die Delinquentin eine halbe Stunde später ankam, segneten sie die Geistlichen und der Scharfrichter führte sie zu einem Stuhl, wo er sie festband. Danach entblößte er ihr sorgsam Hals und Kopfhaar. Darauf wurde, unter beständigen Zurufen der Seelsorger, ihr Kopf durch einen Streich des Scharfrichters ‚glücklich und wohl' abgeschlagen. Auf die Frage des Henkers, ob er das ihm Befohlene richtig ausgeführt habe, antwortete der Richter: ‚Er hat sein Amt wohl verricht und gethan, was Gott und die Obrigkeit befohlen hat.'"

Das öffentliche Sterben, wie es im 18. Jahrhundert inszeniert wurde, war eine ernste Angelegenheit, die ihre Wirkung auf das Publikum nicht verfehlen sollte. Richard van Dülmen schildert eindrucksvoll, wie sich der Zug der Beteiligten nach der öffentlichen Urteilsverkündung und der Henkersmahlzeit in der Regel bereits am frühen Morgen unter Glockenschlägen vom Gefängnis oder Rathaus zum Richtplatz in Bewegung setzte. Dort hatte sich das Volk schon seit Stunden versammelt. Bevorstehende Hinrichtungen wurden durch Aushang und Ausrufen öffentlich und frühzeitig bekannt gemacht, mitunter hing ein rotes Tuch vom Balkon des Rathauses und zeigte an, dass eine Hinrichtung unmittelbar bevorstand.

Von öffentlichen Exekutionen, die oft den Charakter eines Volksfestes trugen, wird in einem späteren Kapitel noch die Rede sein.

In der Regel nahm der „Arme-Sünder-Zug" mit dem Verurteilten den kürzesten Weg zur Richtstätte, obschon er auch am Wohnhaus des Delinquenten oder am Tatort des Verbrechens vorbeigeführt werden konnte. Soldaten begleiteten den Zug, damit es zu keinen Unruhen kam und der festlich-feierliche Charakter gewahrt blieb.

Richter und Henker waren durch ihre Kleidung weithin sichtbar. Der Verurteilte musste gefesselt zu Fuß gehen; mancherorts wurde er auf einem Wagen gefahren und zur Schau gestellt, was bereits Teil der Strafe war. Vom Verbrechen und der Haltung des Delinquenten hing es ab, wie das Volk am Wegesrand reagierte. Spott und Hohn waren ebenso an der Tagesordnung wie aufmunterndes Zurufen, Wehklagen oder Einstimmen in das von Geistlichen angestimmte Lied. Für besonders schimpfliche Verbrechen gab es – wie auf vorhergehenden Seiten im Katalog der Strafen aufgeführt – das Schleifen zur Richtstätte, das auf einer frischen Kuhhaut mit dem Kopf nach unten durchgeführt wurde. Auch für diese grausame Tortur gab es genaue Anweisungen vom Richter:

„Es wird eine absonderliche Schleiffe, etwas höher als eine Maltz-Horde, mit Sprossen gemacht, so groß, daß darauf der Cörper geleget werden kann. Doch darf er nicht gantz darauf liegen, sondern nur so, als wenn er säße, und gleichsam den rechten Arm untergestützet hätte und ruhete. Diese Schleiffe wird nun mit einer Küh-Haut belegt, und zum Halsgerichte, iedoch außer den Kreis, hingebracht. Wenn das Halsgerichte aufgehoben und die Stühle umgeschmissen, so wird hernach solche Schleiffe dagin vollende angerückt, und der Delinquent gleichsam sitzende dergestalt darauf geleget, daß der Kopf nach des Pferdes Schwanz zu liegen muß. Mit dem rechten Arm aber wird der Delinquent durch einen Strick an ein oder zwey der letzten Speichen und Sprossen, durch die Küh-Haut durch, dermaßen angebunden, daß der Kopf etwas niedriger als der Leib zu liegen kommet, aber nicht an die Erde aufschmeißet. Wie nun an die Schleiffe ein Ortscheid gemachtet, und davor ein Pferd gespannet wird, welches ein Schinder-Knecht reitet; also wird sodann der Delinquent auf diese Art zur Fehm-Stäte hingeschleiffet ..."

Die Rolle des *Schinder-Knechts*, dessen Aufgabe es war, dazu beizutragen, den Delinquenten auf dem Weg zur Richtstätte zu *schinden* und zu martern, war in früheren Zeiten häufiger Bestandteil des Hinrichtungsrituals. Ursprünglich spiegelte sich in den körperlichen Torturen das dem Delinquenten vorgeworfene Verbrechen. Dabei kam es zu komplexen Verbindungen und Analogien, die für das Selbstverständnis dieser Zeit höchst beziehungsreich waren. Zum einen gab es unehrenhafte, schändliche Tötungsarten, wie etwa das Erhängen für mehr oder weniger heimlich verübte Verbrechen wie Diebstahl oder Einbruch. Und es gab ehrenhafte, nicht verletzende Strafen wie das Enthaupten für Taten, die in aller Öffentlichkeit begangen wurden, etwa Totschlag. Die Unterschiede der angewandten Strafpraktiken wurden vor allem im Gnadenakt deutlich. Es ging hier nicht allein darum, dem möglichen Tod zu entkommen, sondern beispielsweise von der Strafe des Räderns oder des Erhängens zur Strafe durch das Schwert begnadigt zu werden.

Ohnehin gab es sichtbare Unterschiede bei Strafen für Männer und Frauen. Das Erhängen, das Rädern und die Vierteilung waren typische Männerstrafen, während Frauen zumeist den Tod durch Ertränken, Verbrennen oder auch lebendig Begraben erlitten.

Schließlich gab es – im vorherigen Kapitel wurde darauf verwiesen – komplexe Verbindungen von mehreren Strafen. Eine Aneinanderreihung von Martern konnte der Hinrichtung vorausgehen oder aber am toten Körper nachträglich vollzogen werden. Beispielsweise war es keine Ausnahme, bei schweren Delikten die Enthauptung mit dem Rädern zu verbinden oder den gerade Enthaupteten danach zu verbrennen. Derartige Prozeduren resultierten aus dem Versuch, alle begangenen Verbrechen durch je eine Strafe zu ahnden. Dabei wurden die Martern am toten Körper genauso akribisch vorgenommen wie die am lebendigen Leib. Ging es doch weniger darum, dem Verbrecher besondere Schmerzen zuzufügen, als die Anzahl grässlicher Verbrechen angemessen zu sühnen. Jedes Verbrechen verlangte im Prinzip eine eigene Strafe. Eine Gemeinsamkeit freilich gab es: Alle Hinrichtungsrituale können als Reinigungsrituale bezeichnet werden. Es ging um die völlige Auslöschung und Vernichtung des Delinquenten. Die Hinrichtung von Menschenhand durch den Henker wurde durch Naturgewalten »vollendet«: durch die Erde, das Feuer, das Wasser, denen besonders reinigende Kräfte zugesprochen wurden.

Die brachialen Strafpraktiken änderten sich deutlich gegen Ende des 18. Jahrhunderts. Zwar gab es nach wie vor die Androhung härtester Todesstrafen wie Rädern oder Verbrennen, aber sie wurden deutlich seltener verhängt. Zum einen ließen die Gerichte in Zweifelsfällen zunehmend Gnade vor Recht ergehen, was mit weniger grausamen Bestrafungen, häufig auch mit dem Verzicht des Vollzugs der Todesstrafe einherging, zum andern bedurfte die Vollstreckung einer besonderen Bestätigung der überregionalen Gerichtshöfe. Die grässlichsten Hinrichtungsarten, außer dem Rädern, das es seltsamerweise bis weit ins 19. Jahrhundert gab, wurden kaum mehr oder immer weniger praktiziert.

Mit der „Verweltlichung" der Strafpraxis und einer auf Theatralik, Einschüchterung und moralische Erbauung angelegten Hinrichtungspraxis wurden diese reinigenden Rituale alsbald vor allem durch die abschreckende Schwertstrafe ersetzt. Vom Töten durch Gottes Hand zur Hinrichtung im Namen des Volkes: Das markiert den Beginn einer unendlichen Reformgeschichte staatlichen Tötens. Sie dauert bis heute an. Auf den folgenden Seiten wird davon die Rede sein.

Zuvor noch ein Exkurs, der beispielhaft zeigen soll, wie wichtig in allen Epochen eine für alle Beteiligten verbindliche Dramaturgie war. Einerseits, damit die Obrigkeit nicht in Frage gestellt wurde, andererseits als Teil der Abschreckung. Dazu gehörte auch, nach Urteilsverkündung durch allerlei Gunstbezeugungen so etwas wie eine würdevolle, störungsfreie Hinrichtung zu ermöglichen. Ein letztes Friedensangebot angesichts des nahen sicheren Todes – beispielsweise durch die sogenannte Henkersmahlzeit.

Das letzte Mahl – Ein Friedensangebot

Öffentliche Hinrichtungen, das dokumentieren die bisherigen Schilderungen anschaulich, waren keine spontanen Aktionen, sondern ein oft zwar grausames, doch immer strenges, rechtsgültiges Zeremoniell. Zu allen Zeiten erstellte man genaue Pläne, in welcher Folge zum Beispiel ein Arme-Leute-Zug aufgestellt werden sollte, wie die Hinrichtungsstätte durch Soldaten geschützt werden konnte, wie viel Volk als Zuschauer zugelassen werden sollte, damit der Scharfrichter aber seiner Arbeit noch unbehindert nachgehen konnte, oder wie die Kleidung des Delinquenten auf seinem letzten Gang auszusehen hatte. Diese äußerlich-organisatorischen Einzelheiten machten jedoch nur einen Teil der Vorbereitungen aus. Viel wichtiger war die Einstimmung des Delinquenten auf seinen nahen Tod. Denn ohne die subjektive Einwilligung des *armen Sünders* war eine würdevolle Hinrichtung kaum durchführbar.

Das Verhältnis zwischen Verurteiltem und Scharfrichter bestimmte wesentlich den Ablauf und Ausgang einer Hinrichtung. Es galt, mögliche Störfaktoren auszuschalten. Ein Verurteilter hatte zwar kaum die Chance, dem Tod zu entkommen, aber er konnte den Interessen der Obrigkeit empfindlich entgegenwirken, das geplante große Theater der abschreckenden Strafe erheblich stören, indem er sich nicht in die vorgesehene Rolle einfügte. Ein widerspenstiger Delinquent, der anhaltend seine Unschuld beteuerte oder gar sein Schuldgeständnis öffentlich widerrief, gefährdete nicht nur das Ansehen der Obrigkeit, sondern den Glauben an die Gerechtigkeit selbst. Wenn es ihm gar gelang, das zuschauende Volk gegen den Scharfrichter aufzuwiegeln, konnte es passieren, dass der Verurteilte nicht als schuldiger armer Sünder, sondern vielmehr als Held oder Märtyrer gefeiert wurde.

Das Ziel der Obrigkeit war also eine würdevolle und zugleich abschreckende Hinrichtung, die zwar Mitleid erlaubte, aber jede Sympathie für den Delinquenten unterband und vor allem den Scharfrichter zum Symbol des gesetzestreuen Rächers erhob. Eine für alle Beteiligten verbindliche Dramaturgie war also notwendig, damit die Würde des Gerichts ebenso wenig in Frage gestellt wurde wie die Abschreckungsfunktion des Hinrichtungszeremoniells.

Dazu gehörte, die mit dem Geständnis errungene Einwilligung des Delinquenten nach der Urteilsverkündung aufrechtzuerhalten und durch allerlei Gunstbezeugungen des Gerichts zu stärken. So konnte ihm für die letzten drei Tage im Gefängnis eine bessere Unterkunft gewährt werden, auch konnte ihm erlaubt werden, neue – mitunter selbstgewählte – Kleidung zu tragen. Vor allem erhielt der Verurteilte besseres Essen und ausreichend zu trinken. Denn: „Mahl und Trinken gehören zur glücklichen Hinrichtung und zum christlichen Tod, wie die Bereitschaft zu sterben, das Geschick des Scharfrichters und die Versicherung des armen Sünders, dass er niemand grolle."

Besonders das letzte Mahl, das dem Verurteilten vor der Hinrichtung gewährt wurde, diente dazu, dem Delinquenten das Sterben zu erleichtern und seine Einwilligung zur Hinrichtung abermals zu festigen. Die sogenannte *Henkersmahlzeit* konnte der Delinquent allein einnehmen oder gemeinsam mit dem Scharfrichter; es konnte aber auch das letzte Mahl des Todeskandidaten mit mehreren Personen, etwa dem Henker, dem Richter und dem Geistlichen sein. Verschiedene Rituale der Henkersmahlzeit, wie sie im alten Nürnberg, aber auch in anderen mittelalterlichen Städten wie Frankfurt, Basel, Stuttgart, Eger, Köln oder Breslau stattfanden, hat Hans von Hentig in seinen Studien über Henkermahlzeiten eindrucksvoll dokumentiert.

Etwa in den Kellern des Nürnberger Lochgefängnisses, dort waren zwölf Zellen. In den beiden hintersten Zellen war der Ort, wo dem Verurteilten an den drei Tagen vor der Hinrichtung ein üppiges Mahl gereicht wurde, dessen Gänge genau festgelegt waren. So wurde dem zum Tode Geweihten eine Flasche Wein zur *Labsal und Erquickung* aufgetragen. In den Städten gab es bei der Ausgabe von Speis und Trank unterschiedliche Prozeduren: Waren es in Eger *fünf Tage gutes Essen bis zum Tode und dazu noch Lichter*, wurde in Frankfurt das letzte Mahl aus einem Hospital geliefert, so anlässlich der Hinrichtung der bereits genannten Kindsmörderin Susanna Brandt 1772 in Frankfurt. Bei von Hentig findet sich das Protokoll ihrer üppigen Henkersmahlzeit:

„Ein Tisch wurde in dem Hauptzimmer gedeckt, und durch löbl. Hospital-Amt besorgte Essen und Wein aufgetragen. Dieses hat, wie ich höre, dem alten Herkommen nach bestanden: 1.) in einer guten gersten Supp, 2.) in einer Schüssel blau Kraut, 3.) einer Schüssel Bratwürste von 3 Pfundt, 4.) 10 Pfundt Rindfleisch, 5.) 6 Pfundt gebackene Karpfen, 6.) 12 Pfund gespickten Kalbs-Braten, 7.) einer Schüssel confect, 8.) 30 Milchbrodt, 9.)2 schwarze Hospital Leibbrodt und 10.) 8 1/2 Maas 1784er Wein.

Am Tisch haben Persohnen gesessen: Unterzeichneter, Herr Pfarrer Willemer und Herr Obrist-Richter rechter Hand, Herr Pfarrer Zeitmann und die beyde Herren Göring und Göckler linker Hand, dabey hat serviret der bender löblichen Hospitals, Meister Freinsheim, dessen Knecht und der Hospital Becker.

Ich habe nichts gegeßen, dahingegen der Herr Pfarrer Willemer, Herr Pfarrer Zeitmann und Herr Obrist-Richter Raab etwas weniges, die beyde Einspänner aber von allem gegessen.

Ich habe der Maleficantin von allen Speisen anerbieten lassen, die sie aber ausgeschlagen und dagegen ein Glaß puren Wassers gefordert und solches auch getrunken. Denen beyden Herrn Candidaten, weilen es herkömmlich, habe jedem einen Schoppen Wein und zwey Milchbrodt verabreichen lassen.

Zwischen der zeit bekamen die gem. Weltlichen Richter ein Maas Wein und einen schwarzen Hospital Leibbrodt, die des Nacht die Wacht gehabte Soldaten aber drey Pfundt Edamer Käß, 1 schwartz Hospital Leibbrodt und 12 Maas Bier.

Wie nun an dem Tisch wenig gegessen und getrunken worden, so wurde der gantze Rest des Essens den Gem. Weltl. Richtern übergeben."

Niemand nahm Anstoß an dem reichlichen und teuren Essen. Dass die der Hinrichtung nahe Kindsmörderin trotz mehrfacher Offerte die Speisen ausschlug, konnte allerdings als schlechtes Omen für die Vollstreckung ausgelegt werden. „Wer immer das Henkersmahl annimmt, schließt schweigend Urfehde (Frieden) mit denen, die Schuld an seinem Tod tragen", so Hentig.

Das Kernstück, gewissermaßen das Hauptgericht aller essbaren und trinkbaren Gaben war die Mahlzeit, die kurz vor dem Tod gereicht wurde. Sie ist das eigentliche, das klassische Henkersmahl. Es trägt einen besonderen Charakter, weil es dem Gefangenen eine erhebliche – letzte – Freiheit zugesteht. Es symbolisiert die Umkehrung aller Herrschaftsverhältnisse, wenn der Hilfloseste der Hilflosen, der Gefangene, vor dem Tode Macht erhält, den Speisezettel der Henkersmahlzeit selbst zu bestimmen. Wie in Rom Herr und Sklave, so tauschten in vielen Ländern Staat und Todgeweihter für kurze Zeit die Rollen. Die Henkersmahlzeit schloss so Frieden zwischen dem Gericht und dem Delinquenten, also auch zwischen dem Henker und dem Todeskandidaten.

Die Sitte des Henkersmahls lässt sich bis zum Ausgang des 14. Jahrhunderts verfolgen. Kriminalhistoriker führen Belege an, wonach es in Ägypten als Bestätigung des Todesurteils galt, wenn der König dem armen Sünder Leckerbissen und Speisen von seiner Tafel erlaubte. Das Judentum kannten die Henkersmahlzeit in Gestalt eines betäubenden Trankes, der vor der Hinrichtung gereicht wurde. Neben den Berichten aus alter Zeit beweisen Aufzeichnungen aus asiatischen Ländern, dass unser Henkersmahl nichtchristlichen Wurzeln entspringt. In Persien wurden alle Wünsche des armen Sünders, was Essen und Trinken angeht, in großzügiger Weise erfüllt. Über Zeiten, Religionen und Kulturen hinweg blieb das Henkersmahl also ein Ritual der Versöhnung und des Friedensschlusses. Bis heute hat sich dieser Ritus erhalten. Er wurde aus früheren, roheren Zeiten übernommen.

Aber ist es tatsächlich ein Akt der Versöhnung? Gibt man dem Delinquenten wenige Stunden vor seiner Hinrichtung mit der Henkersmahlzeit wirklich noch einmal Würde und Selbstbestimmung zurück? Handelt es sich tatsächlich um einen *Friedensakt* mit dem Täter oder einzig um ein Besänftigungsritual für die Lebenden? Der Autor Andreas Bernard hat in seinem Artikel *Das letzte Gericht* den Ursprung des Rituals auf unsere Zeit übertragen – und in Frage gestellt.

„Auffällig ist", so schreibt er, „wie sehr dieses Ritual gegen die gewohnte Ordnung des Gefängnislebens verstößt, gegen jene Regulierung des Alltags, der Arbeit und der Mahlzeiten, der auch die Todeskandidaten jahrelang ausgesetzt waren." Er zitiert Michel Foucault, der wie kein anderer den Strafcharakter des Gefängnisses eindringlich analysierte und dabei feststellte, „unaufhörliche Disziplin" sei das Prinzip dieser Institution. Das „Einwirken auf das Individuum" dulde keine Unterbrechung. In den Gefängnissen vollzieht sich seit jeher ein Gutteil dieser Disziplinierung über das Essen. Ein karger und unabhängig vom Willen der Insassen zusammengestellter Speiseplan soll zur Mäßigung beitragen, soll aus den Gesetzesübertretern wieder brauchbare Staatsbürger machen.

„Was also bedeutet vor diesem Hintergrund die letzte Ausschweifung der Henkersmahlzeit", fragt Bernard. Plötzlich darf der Delinquent seine Mahlzeit, auch wenn es seine finale ist, individuell zusammenstellen. Nicht mehr das Gefängnissystem mit seinem

rigiden Organisationsablauf entscheidet, sondern der Todeskandidat allein. Ist es eine letzte Geste, ihm angesichts des nahen Todes noch einmal ein wenig Würde und Selbstbestimmung zurückzugeben? Oder ist eher das Gegenteil der Fall: die Justiz gibt mit der Erlaubnis zur individuellen Maßlosigkeit noch einmal zu verstehen, dass der Todeskandidat nun endgültig aus dem repressiven Ordnungssystem herausgefallen ist, eine letzte zugebilligte Ausschweifung vor der endgültigen Auslöschung.

Gilt die Henkermahlzeit also mehr dem Delinquenten, dem man eine letzte Freude bereiten will, oder ist sie als Versöhnungsgeste derer zu verstehen, die die gewaltsame Tötung zu verantworten haben?

Hans von Hentig ist dieser Frage nachgegangen. Seine ethnologischen Studien über dieses jahrtausendealte Ritual kommen zu dem Ergebnis, dass die Henkersmahlzeit zu keiner Zeit ein letzter Akt der Humanität war. „Unverbrüchlich halten die Völker an einer Maßnahme fest, die kein Gesetz vorschreibt, als ob sie ihnen mehr nütze als dem Delinquenten." Eher sei die Henkersmahlzeit eine Art Besänftigungsritual. Der Hingerichtete soll, ähnlich wie die umsorgten Menschenopfer in archaischen Gesellschaften, vor der Exekution milde gestimmt werden, damit er nicht als Rachegeist wiederkehre. So sei „der alte, rätselhafte Widerspruch zwischen kalter Grausamkeit und zarter letzter Gunsterweisung" zu verstehen, so von Hentig.

In den US-Gefängnissen werden diese Versöhnungs- und Besänftigungsrituale noch heute praktiziert. „Der Weg durch die Pforte des Todes führt deshalb noch für eine kurze Zeit durchs Schlaraffenland," wie Bernard konstatiert, um jenen „seelischen Zustand herzustellen, den der arme Sünder in die Geisterwelt mitnehmen soll" (von Hentig).

Und so finden sich in den sogenannten Todestrakten besonders wohnlich ausgestattete Räume, die mit gewöhnlichen Zellen nur wenig gemein haben. Es gibt pastellfarbene Wände, bessere Bettwäsche, mitunter TV-Geräte, gepflegtere Kleidung – und eben auch eine letzte individuelle Mahlzeit. Ein Refugium zwischen Leben und Tod – ein Ort der Entspannung. „Schmeicheln will man mit diesen Vorzügen nicht mehr dem lebendigen Körper des Delinquenten sondern schon seiner unsterblichen Seele. Die Henkersmahlzeit ist eine zu Lebzeiten verabreichte Grabbeigabe," so Bernard.

Deutlich wird: Das Ritual der Henkersmahlzeit ist auch heute noch kein finaler Akt der Humanität auf dem Weg in den Tod, sondern Teil eines möglichst reibungslosen Ablaufs. Mit der Bestellung und dem Verzehr seiner Lieblingsspeise gibt der Todeskandidat gewissermaßen sein Einverständnis zur vorgegebenen Dramaturgie und autorisiert seine bevorstehende Hinrichtung. Was aber geschieht, wenn der Delinquent die letzte Mahlzeit ablehnt, wenn er das vorgesehene Protokoll verweigert, wenn sich ein „Missklang in die Erbaulichkeit der Prozedur" mischt, wie Hans von Hentig es nennt? Die Verweigerung der Henkersmahlzeit ist für das Gefängnissystem mehr als eine störende, stille Rebellion. Eine solche Entscheidung bringt nicht nur den stringenten Ablauf in Gefahr, sondern ist geeignet, innerhalb der Organisation für Unruhe zu sorgen. Der Delinquent signalisiert: Er will keinen Frieden mit seinen Richtern schließen. Er verweigert die symbolische Unterzeichnung seines Todesurteils. Die Gefängisdirektoren atmen also auf, wenn aus der Todeszelle eine Bestellliste kommt, sei sie auch noch so exotisch.

Bernard hat für das *Texas Department of Criminal Justice* eine Liste erstellt, auf der alle „letzten Gerichte" der in Texas hingerichteten Delinquenten aufgeführt wurden. Die Liste, die im Internet eingesehen werden kann, umfasst die Zeit vom 7. Dezember 1982 bis zum 12. Juli 2000, insgesamt 224 Personen, die in diesem Zeitraum durch eine Giftspritze in der Strafanstalt Huntsville hingerichtet wurden. Die Frage nach dem Lieblingsgericht, von Boulevardblättern ansonsten gerne Prominenten gestellt, wurde der Öffentlichkeit nun in neuer Lesart serviert. Von den Eigenheiten des Geschmackssinns erhofft man sich Auskünfte über die Identität des Menschen. In diesem Fall über die texanischen Todeskandidaten.

In einem Interview sagte der Gefängniskoch von Huntsville, der vermutlich die meisten der auf dieser Liste aufgeführten Gerichte zubereitet hatte: „Ich glaube, das sind Speisen, mit denen die Verurteilten schöne Erinnerungen aus ihrer Jugend verbinden." Gab es Besonderheiten, die auf dieser Liste zu erkennen waren? Zunächst die unerwartete Gleichförmigkeit der Menüs. Burger, Steak oder Chicken – diese drei Gerichte machten weit mehr als die Hälfte aller Bestellungen aus. Dass sich die Delinquenten noch einmal eine der typischen amerikanischen Mahlzeiten wünschten, weist vermutlich tatsächlich auf jene frühen Erinnerungen hin, die sie mit diesem Essen verbanden, genauso wie die Todeskandidaten südamerikanischer Herkunft fast ausnahmslos Speisen wie Tacos, Enchiladas oder Fajitas bestellten.

Das überraschend schmale Spektrum der Henkersmahlzeiten hatte aber auch einen verwaltungstechnischen Grund, wie Bernard mutmaßte. In den letzten Jahren hatten die amerikanischen Gefängnisse nach und nach die freie Wahl der Speisen eingeschränkt. Machten sich um 1900 die Delinquenten noch einen letzten Spaß daraus, möglichst Außergewöhnliches und Luxuriöses in Auftrag zu geben, um die Gefängnisverwaltung gewissermaßen zum irdischen Finale noch einmal herauszufordern, gab es in Huntsville dagegen nur das, was in der Küche zur Verfügung stand. Sogar eine Bestellung wie „Shrimps mit Salat“ (Pedro Muniz, hingerichtet am 19.5.1998) wurde zurückgewiesen, weil keine Meeresfrüchte vorrätig waren. Die Henkersmahlzeit als unreglementierter Ausbruch aus der Ordnung der Gefängniskost gibt es nicht mehr. Alkoholische Getränke sind ohnehin seit der Wiedereinführung der Todesstrafe im Jahr 1976 verboten. Der Todeskandidat soll in vollem Bewusstsein seinem Schicksal entgegengeführt werden, ungetrübt von den beruhigenden Wirkungen des Alkohols. Selbst der traditionelle Wunsch nach einer „letzten Zigarette“, jahrhundertelang Sinnbild für die ablaufende Lebenszeit des Delinquenten, wird mittlerweile verwehrt.

Dennoch, Delinquenten nehmen es sehr genau mit der Bestellung ihrer letzten Lieblingsspeisen. Menge und Zubereitungsart werden mitunter akribisch beschrieben, Sonderwünsche sorgsam formuliert, so, als wäre es eine letzte Möglichkeit, noch einmal etwas Persönliches, eine besondere Eigenart oder Vorliebe herauszustreichen:

„Vier bis fünf Spiegeleier" (Noble Mays, hingerichtet am 6.4.1995), „Pepperoni-Pizza, mittelgroß" (Richard Brimage, Jr., 12.3.1997), „gebratenes Huhn, nur weißes Fleisch" (Richard Foster, 24.5.2000), „zehn Quesadillas, fünf gefüllt mit Mozzarella, fünf gefüllt mit Cheddar" (Jessy San Migule, 29.6.2000).

Und es gibt Bestellungen, bei denen der Delinquent eine genaue Anordnung der Speisen auf dem Teller vorgibt, ganz so, als würde er jener Klarheit und Ordnung noch einmal Rechnung tragen, die seinen Alltag in den langen Gefängnisjahren bestimmten.

„Das Dressing zum Salat soll separat serviert werden" (James Clayton, 24.5.2000), „die geschmolzene Butter zu den Honigsemmeln nicht auf dem Gebäck, sondern daneben" (Orien Joyner, 12. 2000).

Es gibt Wünsche, bei denen die Todeskandidaten am Vorabend ihrer Hinrichtung noch auf ihren Körper und auf Gesundheit und Fitness achten: Ronald O'Bryan etwa, hingerichtet am 31.3.1984, verlangt „Süßstoff statt Zucker zu seinem Tee", Kenneth Dunn (10.8.1999) ein „Diet Cream Soda", und Cornelius Goss (23.2.2000) möchte sogar nichts weiter als „einen Apfel, eine Orange, eine Banane, eine Kokusnuss und Pfirsiche".

Schließlich jene Menü-Wünsche, die opulent und maßlos erscheinen, so, als wolle der Delinquent Vorsorge treffen, noch einmal das Privileg der Ausschweifung wahrnehmen, etwa die

„zwei Dutzend Rühreier" von Robert Streetman (7.1.1988), die „zwölf Stücke gebratenes Huhn" von Domingu Cantu, Jr. (28.10.1999) oder die Bestellung von David Castillo (23.8.1998): „24 Soft-Shell-Tacos, sechs Enchiladas, sechs Tostados, zwei ganze Zwiebeln, fünf Jalapenos, zwei Cheeseburger, ein Schokoladen-Milchshake, eine Packung Milch".

Nur knapp ein Zehntel der auf Bernards Liste aufgeführten 224 Todeskandidaten verweigerte die Bestellung einer Henkersmahlzeit und ließ sich nüchtern auf die Pritsche im Injektionsraum führen. Das letzte Mahl wird so neben dem Zellenwechsel sowie der großzügigen Gewährung von Besuchen der Angehörigen, Verwandten und Freunde als letztes Friedensangebot und Besänftigungsritual gewährt. Der Delinquent darf sich noch einmal zu essen wünschen, was immer er mag, so viel er will. „Ein paradoxes Privileg", nennt das der Philosoph Wolfram Eilenberger. „Noch bevor die Nahrung verdaut ist, wird das Leben ausgelöscht sein. Um den Erhalt der Körperfunktionen kann es bei diesem Ritual also nicht gehen, viel eher um eine karnevaleske Distanzierung von der erahnten Unwürdigkeit des Geschehens. Ein gefangener Mensch ohne Recht auf die nackte Existenz wird in den letzten Stunden seines Lebens in den Stand königlicher Wahlfreiheit gehoben. Was soll das?"

Eilenberger misstraut dem finalen Gunsterweis: „Ist es die schlichte Endgültigkeit der Handlung, die nach einer Geste der Versöhnung verlangt? Soll selbst der aus der Gemeinschaft der Lebenden bereits Ausgeschlossene einen letzten Moment sinnlicher Befriedigung erfahren?" Würde freilich das letzte Mahl entfallen, bliebe nur noch das letzte Wort. Davon wird am Ende dieses Buches noch einmal die Rede sein, von den letzten Worten, gedacht als finale Botschaft an die Angehörigen der Opfer, den Richter, die Geschworenen, die Zeugen, die eigene Familie – oder doch vor allem an sich selbst?

Was die letzten Worte des Nicolas Jacques Pelletier waren, der am 25. April 1792 gegen 15.30 Uhr in Paris vor den Augen Tausender Neugieriger zum Schafott geführt wurde, ist nicht überliefert. Aber dass dieser Tag ein großer Tag für die „humanen" Reformer war, ist dokumentiert. Eine neue Technik des Tötens feierte ihre blutige Premiere: die Guillotine. Davon soll auf den nächsten Seiten berichtet werden.

INSTRUMENTE

Die Technisierung des Tötens

Alle Macht der Maschine – Die Guillotine

Heute soll die Maschine in Gebrauch genommen werden, die erfunden wurde, um den zum Tode verurteilten Verbrechern den Kopf abzuschlagen. Die Enthauptung mittels dieser Maschine wird gegenüber den bisherigen Hinrichtungsarten mehrere Vorteile aufweisen: Der Anblick wird weniger schockierend sein, denn keines Menschen Körper wird mehr mit Blut seines Nächsten befleckt; und der Verurteilte wird nur noch die Marter der Todesangst ertragen müssen, die schlimmer sein wird, als der Schlag selbst, durch den er aus dem Leben scheidet.

Der Verbrecher, welcher heute als erster die Wirkung der neuen Maschine erfahren wird, ist Nicolas Jacques Pelletier, der bereits vorbestraft ist und in letzter Instanz am 24. Januar 1792 vom dritten provisorischen Kriminalgerichtshof für schuldig befunden wurde, in Komplizenschaft mit einem Unbekannten am 24. Oktober 1791, gegen Mitternacht, in der Rue Bourbon-Villeneuve einen Privatmann überfallen und ihm nach mehreren Stockschlägen seine Brieftasche geraubt zu haben, in der sich 800 Livres befanden.

Zur Wiedergutmachung dieser Schuld hat ihn das Gericht dazu verurteilt, in einem roten Hemd auf den Greve-Platz geführt zu werden, wo ihm gemäß den Bestimmungen des Strafgesetzbuches der Kopf abgeschlagen werden soll."

Paris, 25. April 1792, gegen 15.30 Uhr. Nicolas Jacques Pelletier, ein justizbekannter Gewohnheitskrimineller, angeklagt wegen Straßenräuberei, wird vor den Augen einer gewaltigen Menschenmenge zum Schafott geführt. Zum ersten Mal darf Charles-Henri Sanson, der Henker von Paris, im Namen des Gesetzes das Beil der neuen Guillotine in Bewegung setzen. Pelletiers Kopf ist binnen Sekunden vom Körper getrennt, die Premiere gelungen.

Die „Revolution“ hat begonnen! Mit der Hinrichtung beweist die Nationalversammlung ihre Entschlossenheit, dem „Alten Regime“ ein Ende zu setzen. Noch vor wenigen Jahren waren Menschen öffentlich gerädert und verbrannt worden: 1783 ein Homosexueller, 1785 ein Brandstifter, 1787 ein Vatermörder. Nein, die Zeit ist reif für eine neue Maschine, deren Devise lautet: *Gleichheit, Vernünftigkeit, und vor allem – Menschlichkeit.* Menschlichkeit gegenüber dem Opfer, dessen Schmerz die Guillotine verringert. Menschlichkeit gegenüber den Zuschauern, denen die Maschine den grauenerregenden Anblick der alten Hinrichtungsrituale erspart, weil sie aus dem unmenschlichen Schauspiel des öffentlichen Sterbens ein kurzes Blutvergießen macht. Und Menschlichkeit gegenüber dem Henker, der nur mehr Auslöser eines mechanischen Tötungsprozesses ist, weil zwischen ihm und dem Körper des Delinquenten eine neutrale Maschine steht. Kurzum: Mechanische und schmerzlose Schnelligkeit als menschenfreundlicher Fortschritt – und dieser Fortschritt wird vor den Augen des Volkes, dem bevorzugten Zeugen für die neuen Errungenschaften, vollzogen.

Als sichtbares Schwert steht die Guillotine für eine Gerechtigkeit, die für alle Menschen gleich ist. In den Berichten von der Einweihung der Maschine wird die Person des Verurteilten und die des Henkers mit keinem Wort erwähnt. Der Akzent hat sich – ganz im Sinne der neuen Zeit – von den Beteiligten auf die Maschine verlagert. Der Scharfrichter ist allenfalls noch ausführendes Organ, ein „Vertreter der Exekutivgewalt“. Es lebe der Fortschritt, es lebe die Revolution!

Eines fasziniert von Anfang an alle Beteiligten: die Effizienz der Maschine. Sie funktioniert perfekt. Aber die Wirkung? Konnte man in dieser so sekundenschnellen Exekution, in diesem Todesaugenblick überhaupt für seine Verfehlung Buße tun, so dass sie als ein Flehen um göttliche Barmherzigkeit auch für die Zuschauer sichtbar wurde? Bislang war die Hinrichtung eines Delinquenten so etwas wie eine sakrale Inszenierung, eine Versöhnung zwischen dem Sterbenden und seiner Seele und Gott. Wenn die Schnelligkeit des Hinrichtungsrituals diesen „geheiligten Moment“ geradezu auflöst, bestünde da nicht die Gefahr, dass der Sterbende sein Heil gar nicht mehr erlangen könnte? Der Begriff des Sterbens verliert seinen Sinn, wenn der Lebende mit einem Mal tot ist – monierten Kritiker, die schon zuvor vor einem „Mangel an Sichtbarem“ gewarnt hatten.

Sicher, die Guillotine war ein Produkt der Französischen Revolution, aber die Premiere der Guillotine 1792 geriet ohne Zweifel für viele auch zur Enttäuschung; sie irriterte sogar jene, die die Zeremonie erdacht hatten. Sollte die neue Maschine nicht ein Fanal sein, ganz im Sinne der Gleichheit und Menschlichkeit? Ging das nicht alles verloren unter dem sekundenschnellen Herabfallen des Beils?

Kaum drei Jahre zuvor, am 26. August 1789, gehörte es zu den ersten Maßnahmen der jungen Nationalversammlung, dass die Abgeordneten eine Erklärung der Menschen- und Bürgerrechte verabschiedeten. Hierin war auch von einem neuen Strafrecht die Rede, das die Bürger zukünftig vor der Willkür der Justiz schützen sollte, sowie von einem „humaneren" Vollzug der Todesstrafe.

Joseph-Ignace Guillotin, ein zu Ruhm, Ehren und Wohlstand gekommener Pariser Arzt, Reformer, Freimaurer und zeitweise Parlamentarier, Mitglied der besten, einflussreichen Gesellschaft, der sich als Aufklärer sah, brachte Anfang Oktober 1789 einen sechs Artikel umfassenden Reformvorschlag in die Nationalversammlung ein. Dessen Hauptforderung war, die Enthauptung zur einzigen Hinrichtungsart zu machen und auf vorherige Folter des Verurteilten zu verzichten.

1. *Vergehen der gleichen Art werden durch die gleiche Strafe geahndet, welchem Rang und Stand die Schuldigen auch immer angehören mögen.*
2. *In allen Fällen, in denen das Gesetz die Todesstrafe für eine angeklagte Person vorsieht, soll die Strafart die gleiche sein, welcher Art Verbrechen sie sich auch immer schuldig gemacht hat; der Verbrecher soll enthauptet werden; das wird ausschließlich vermittels einer mechanischen Vorrichtung durchgeführt.*
3. *Im Hinblick auf den individuellen Charakter eines Verbrechens soll die Bestrafung des Schuldigen jeden Nachteil für seine Familie ausschließen. Die Ehre seiner Sippe soll in keiner Weise befleckt werden, und jeder Angehörige des Verbrechers darf unbeschränkt jeden Beruf, jede Beschäftigung und jedes öffentliche Amt ausüben.*
4. *Niemand darf gegenüber einem Bürger abfällige Äußerungen tun, weil einer seiner Sippe bestraft worden ist. Wer es trotzdem unternimmt, der soll vor Gericht öffentlich verwarnt werden. Diese Verwarnung ist an der Haustür des Schuldigen anzuschlagen. Weiterhin ist die Verwarnung am Pranger auszuhängen, wo sie drei Monate zu verbleiben hat.*
5. *Das Vermögen eines Verurteilten ist in keinem Fall einzuziehen.*

6. *Die Leiche des Hingerichteten ist seiner Familie auf deren Verlangen zu übergeben. In jedem Fall ist dem Toten ein normales Begräbnis gestattet, und im Register ist kein Vermerk über die Art seines Todes zu machen.*

Guillotin ging es darum, alle Verurteilten, unabhängig von Rang und Stand, derselben Hinrichtungsart zu unterwerfen. Die Gleichheit vor dem Gesetz, ein wesentliches Prinzip der Aufklärung, sollte auch dann garantiert werden, wenn es galt, den Tod zu vollstrecken.

Und noch eines war ihm ein Anliegen: Die Leiden des zum Tod Verurteilten sollten auf ein Mindestmaß verringert werden. „Sie spüren nicht den leisesten Schmerz, höchstens den kurzen Hauch über dem Nacken", mit diesen Worten hatte er in einer zweiten Parlamentsrede die Weiterentwicklung seines Fallbeils vorgestellt und dafür von einem Teil der Abgeordneten abschätziges Gelächter geerntet. Der einflussreiche Pariser Henker Charles-Henri Sanson meldete sich danach mit einer Denkschrift an den Justizminister zu Wort und wies auf Schwierigkeiten hin, mit denen Scharfrichter und Opfer durch die neuartige Erfindung zu kämpfen hätten:

„Nach jeder Exekution ist das Schwert unbrauchbar für eine weitere Hinrichtung; es ist absolut notwendig, das schartig gewordene Schwert erneut zu schärfen und zu schleifen, wenn mehrere Personen hinzurichten sind; daraus ergibt sich die Notwendigkeit, einen ausreichenden Vorrat an einsatzbereiten Schwertern zur Verfügung zu haben. Das bereitet sehr große und nahezu unüberwindliche Schwierigkeiten ...

Aufmerksamkeit sollte auch der Möglichkeit geschenkt werden, dass bei der aufeinanderfolgenden Hinrichtung mehrerer Personen der durch die Exekution hervorgerufene Schrecken – im Hinblick auf die ungeheure Menge des verspritzenden Blutes – Furcht und Schwäche selbst in den Unerschrockensten der noch auf die Hinrichtung Wartenden hervorrufen muss. Solche Schwäche wird ein kritisches Hindernis für die Abwicklung der Exekution bilden ... Die Exekution wird zum Kampf und zum Massaker."

Es sollte noch mehr als zwei Jahre dauern, bis sich die Nationalversammlung dazu entschließen konnte, die von Guillotin vorgeschlagene Enthauptungsmaschine trotz zahlloser Einwände herstellen zu lassen. Am 3. Juni 1791 stimmten die Abgeordneten einem Gesetzentwurf zu, aufgrund dessen „jedem zum Tode Verurteilten der Kopf abzutrennen ist". Aber nicht Guillotin, sondern sein Kollege der Chirurgischen Akademie, Antoine Louis, wurde mit der eigentlichen Konstruktion beauftragt, da sich herausgestellt hatte, dass Dr. Guillotin theoretisch zwar versiert, in der praktischen Umsetzung aber doch überfordert schien. Die eigentliche handwerkliche Ausführung erledigte schließlich der deutsche Klavierbauer Tobias Schmidt. Er hatte das günstigste Angebot gemacht und am 10. April 1792 den Auftrag erhalten. Für einen Stückpreis von 960 Livres sollte er den Bau der ersten *Guillotine* bewerkstelligen.

Die neue *Köpfmaschine* war ein Instrument, das im Wesentlichen aus zwei Teilen bestand: einem Kippbrett, auf dem der Verurteilte festgeschnallt wurde, und einem etwa fünf Meter hohen Gerüst, von dem das scharf geschliffene Fallbeil – von zwei seitlichen Schienen geführt – in den Nacken des Verurteilten mit verlässlicher Genauigkeit traf. Der Delinquent wurde in der Regel aufrecht stehend an das bewegliche Kippbrett gegurtet und anschließend in waagrechte Position genau unter das Fallbeil geschwenkt. Danach wurde der Kopf noch mit einer Art Halsgeige festgehalten. So jedenfalls sah es die Konstruktion vor – jetzt aber musste der praktische Vollzug erprobt werden. Das geschah wenige Wochen später im Gefängniskrankenhaus von Bicetre, denn an Leichen zum Üben herrschte dort kein Mangel, wie der Chefarzt der Anstalt seinem Kollegen Louis versicherte:

> *„Sie werden in Bicetre alles finden, was Ihnen zur Erprobung einer Maschine wesentlich erscheint, die die Menschheit nur mit Schauder betrachten kann, die aber für die Gerechtigkeit und das Wohlergehen der Gesellschaft notwendig ist. Ich werde für Sie die Leichen jener Unglücklichen, die zwischen heute und Montag sterben, zur Verfügung halten."*

Die Generalprobe vor einem 40-köpfigen Publikum verlief jedenfalls zufriedenstellend. Beilhöhe und Schneideform waren kurz zuvor noch einmal verändert worden, nachdem bei Versuchen mit lebenden Kälbern und Schafen deren Köpfe vom herabfallenden Beil zwar glatt abgehackt worden waren, jedoch die Hälse dreier männlicher Leichen dem ersten Versuch der Schneide trotzten. Nun aber erfüllte der Prototyp der neuen Enthauptungsmaschine die Erwartungen. Antoine Louis konnte dem Generalstaatsanwalt berichten, Schmidts Köpfmaschine habe so sauber enthauptet, „dass man von der Gewalt und Schnelligkeit überwältigt war".

Am Nachmittag des 25. April 1792, nachdem Nicolas Jacques Pelletiers Kopf gefallen war, konnte die neue Technik des Tötens im Namen des Gesetzes ihren zweifelhaften Siegeszug antreten. Und sie sollte mit einer im wahrsten Sinne des Wortes tödlichen Sicherheit funktionieren. „Es begann die industrielle Revolution auf dem Gebiet der Todesstrafen", wird der deutsche Kriminologe Hans von Hentig später feststellen.

Eine wirkliche Neuigkeit freilich war die Guillotine nicht. Sie hatte zwar mit dem mittelalterlich-qualvollen Hinrichtungszeremoniell, den blutrünstigen Zurschaustellungen Schluss gemacht – obschon beispielsweise noch 1785 in Paris ein Brandstifter und ein Ehebrecher öffentlich gerädert wurden –, aber bereits in der ersten Hälfte des 16. Jahrhunderts hatte man etwa in Italien die *Mannaia* in ähnlicher Bauart wie beim französischen Modell eingesetzt. In Schottland endeten über 120 Delinquenten unter einem Fallbeil namens *Maiden*, auch als „Schottische Jungfrau" tituliert; angeblich, weil die Maschine lange Zeit auf ihren ersten Einsatz am 2. Juni 1581 in Edinburgh warten musste. Beide gerieten nach und nach in Vergessenheit, wobei die *Maiden* noch bis zum 18. Jahrhundert in Gebrauch war. Abgelöst wurden sie nun von der Idee des Joseph-Ignace Guillotin. Doch die tatsächlichen Ideengeber sieht der englische Kulturhistoriker Alister Kershaw in den Protagonisten, die sich der Aufklärung verpflichtet sahen:

„Der Arzt Dr. Guillotin schlug sie vor, Dr. Louis entwarf sie, der deutsche Klavierbauer Tobias Schmidt konstruierte sie – aber keiner von ihnen ist der wahre Vater. Die Guillotine hat eine erheblich erlauchtere Abstammung: Montesquieu, Rousseau, Voltaire, die Enzyklopädisten, keine Geringeren waren die Geister, die die ‚machine à décoller' zeugten."

Doch im April 1792 lässt sich nicht vorhersehen, dass die Maschine, die aus Grundsätzen der Menschlichkeit und der Vernunft nun endlich auch in Frankreich eingeführt wird, innerhalb von nur wenigen Monaten zur „schrecklichen Guillotine" werden sollte. Anfänglich ist die Guillotine bei weitem nicht ausgelastet. Für den Henker und seine Gehilfen gibt es nicht sonderlich viel zu tun, nur hin und wieder fällt das Haupt eines Kriminellen oder Royalisten. Nach der Pelletier-Premiere wird die Maschine zur Place du Carrousel gebracht, danach steht das Schafott auf der Place de la Revolution. Und allein dort sollten – einem zynischen Wort jener Zeit zufolge – mehr als

1100 Franzosen „ihren Kopf in den Korb spucken". Danach verfiel die Justiz der Revolution in eine barbarische Tötungsraserei. Allein Charles-Henri Sanson, der wohl bekannteste Scharfrichter aus der über sechs Generationen reichenden Henkerdynastie Sanson, wird während der Schreckensherrschaft in 500 Tagen rund 2600 Menschen exekutieren! Im übrigen Frankreich werden es mehr als 20 000 sein.

In der Nationalversammlung nennt man die täglichen Hinrichtungen rote Messen und das Schafott den Altar des Vaterlandes. Geopfert werden alle, die der neuen Zeit ablehnend gegenüberstehen und diese bekämpfen – vor allem aber jene, die die Revolutionselite und ihre Protagonisten nicht zu brauchen glauben, darunter: am 21. Januar 1793 der gestürzte König Ludwig XVI.; am 16. Oktober 1793 seine Frau Marie Antoinette; am 24. März 1794 Jacques-René Hébert, ein Führer der linken Jakobiner; am 5. April des gleichen Jahres Georges-Jacques Danton und mit ihm 14 Gleichgesinnte; am 28. Juli Maximilien de Robespierre, Führer der Jakobiner, vormals entschiedener Befürworter der Abschaffung der Todesstrafe, später einer der großen Impresarios der Schreckensherrschaft; und mit ihm Louis-Antoine de Saint-Just, sein engster Mitarbeiter, der einst verfügt hatte: „Die Friedhöfe haben überfüllt zu sein, nicht die Gefängnisse." Nun war er selbst Opfer des rauschhaften Terrors geworden.

Zwei Jahre lang macht die Revolution einen im wahrsten Sinne des Wortes rasenden Gebrauch von der Guillotine und nützt sie für politische Zwecke. Sie wird zum alltäglichen Instrument eines Revolutionstribunals, das sich als alleiniger Vertreter einer wahren revolutionären Rechtsprechung stilisiert. Die Guillotine wird eine einzige blutige Regierungsmaschine. Akribisch notiert der Scharfrichter Charles-Henri Sanson die Namen der Hingerichteten in seinem Tagebuch und schildert seine Eindrücke und Beobachtungen. Ein Dokument des Wahnsinns in einer Zeit des Schreckens, in der er als Henker von Paris selbst eine der zentralen Schreckensgestalten ist.

Am 17. Juni 1794 notiert Sanson:

„Ein schrecklicher Tag! Die Guillotine hat vierundfünfzig vernichtet. Ich bin mit meinen Kräften am Ende und wäre beinahe ohnmächtig geworden. Man zeigte mir eine Karikatur, die in der Stadt kursiert und auf der ich dargestellt bin, wie ich mich inmitten einer Ebene selbst guillotiniere, die, so weit das Auge reicht, mit Leichen ohne Köpfe und mit Köpfen ohne Körper bedeckt ist. Wenn nur mein Hals nötig wäre, um die

Guillotine zu beseitigen, ich bin bereit, und der Zeichner soll nicht gelogen haben. Ich rühme mich nicht einer Sensibilität, die ich nicht besitzen kann: Ich sah zu oft und aus zu großer Nähe die Leiden und den Tod meiner Mitmenschen mit an, als dass ich leicht zu beeindrucken wäre. Wenn mein Gefühl aber nicht Mitleid ist, dann muss es das Ergebnis einer Nervenkrankheit sein; vielleicht straft mich die Hand Gottes für meinen feigen Gehorsam gegen etwas, das so wenig der Gerechtigkeit ähnelt, der zu dienen ich geboren war? Ich weiß es nicht; aber seit einiger Zeit werde ich jeden Tag, wenn die Stunde naht, von einem Schwindel befallen, der mich beherrscht und grausam quält. Sobald ich die Conciergerie betrete, steigt das Fieber sprunghaft an, das mich Tag und Nacht verzehrt; es ist, als ob Feuer unter meiner Haut loderte.

Obwohl ich nüchtern bin, kommt es mir vor, als wäre ich betrunken; die Leute um mich herum, die Möbel, die Mauern, alles tanzt und dreht sich, und in meinen Ohren dröhnen dumpfe Geräusche wie Klagen. Vergeblich kämpfe ich dagegen an, es gelingt mir nicht, meine gewohnten Kräfte wiederzufinden oder mich auch nur zu erholen. Meine Hand zittert, und zwar so sehr, dass ich es aufgeben musste, den Verurteilten die Haare abzuschneiden und sie zu fesseln. Da stehen sie; einige weinen, andere beten, alle begreifen, dass ihre letzte Stunde geschlagen hat, und ich allein zweifle an der Wirklichkeit dessen, was geschieht. Ich führe sie in den Tod und kann nicht glauben, dass sie sterben werden. Es ist wie ein Traum, dem ich vergebens zu entrinnen suche. Ich nehme an den Vorbereitungen zur Hinrichtung teil, ohne mir des Kommenden bewusst zu sein, ich verrichte meinen Dienst mit der mechanischen Regelmäßigkeit eines Automaten, ohne dass das Gehirn denkt und gebietet. Dann kommt das Geräusch des Messers, das mich wieder zu Bewusstsein bringt. Ich kann es nicht mehr hören, ohne zusammenzufahren, ohne dass kalter Schweiß meinen ganzen Körper bedeckt. Dann befällt mich eine Art Wut; ohne zu überlegen, dass ich mich als ersten verfluchen müsste, richte ich tausend unausgesprochene Verwünschungen gegen die Gendarmen, die mit gezogenem Säbel jene Unglücklichen, deren Hände gefesselt sind, hergeführt haben; gegen das Volk, welches ihnen stumpfsinnig beim Sterben zusieht, ohne eine Bewegung, eine Geste zu ihrer Rettung zu wagen; und gegen die Sonne, die das alles erleuchtet. Endlich verlasse ich den Platz, erdrückt, gebrochen von innerer Unruhe, mit einem Gefühl, als ob ich weinen wollte, aber ohne Tränen zu haben.

Noch nie waren diese Empfindungen so stark wie heute. Man hatte Ladmiral und Cécile Renault ein großes Gefolge von Statisten beigegeben, die man wie üblich ihre Komplizen nannte, obwohl mehrere von ihnen hinter Schloss und Riegel saßen, als die beiden angeblichen Mörder ihre Taten verübten.

Seit dem 23. erstellt der Sicherheitsausschuss auf die Berichte einer Kommission hin, die im Louvre tagt, Todeslisten und schickt sie ans Tribunal.

Die Verhaftung von Naudin und Antonnelle, zwei Geschworenen, die nicht einsehen wollten, dass das Recht der Revolution dem Recht auf Gerechtigkeit vorgeht, hat bewiesen, dass dieses Tribunal nur ein eitles Trugbild ist, das die Proskription verhüllen soll; deshalb zögert niemand, den Ausschuss für unsere täglichen Schlächtereien verantwortlich zu machen. Robespierre predigt zwar bei den Jakobinern gegen die Nachsicht, hütet sich aber trotzdem, an einer der Sitzungen teilzunehmen, in denen das künftige Kontingent für die Guillotine festgelegt wird; mit anderen Worten, er überlässt seinen Kollegen die verhasste Proskriptorenrolle und hat vor, eines Tages seine unbefleckten Hände vorzuweisen, trotz all des vergossenen Blutes. Die anderen haben diese Taktik durchschaut; zuerst erschraken sie, dann suchten sie die Waffe, die er ihnen überlassen hatte, um sie zu vernichten, gegen ihn zu wenden. Sie machten viel Aufhebens um den Prozess, der der Prozess gegen die Mörder Robespierres genannt wird, als ob nicht auch Collot betroffen wäre; und während sie ihn durch den Pomp und das Aufsehen, mit dem sie seine Mörder hinrichten, als einen hinstellen, der nach der Alleinherrschaft strebt, haben sie gleichzeitig versucht, sein Ansehen zu untergraben, das die Stärke des ‚Unbestechlichen' ausmacht.

Sie zogen in den Fall zwei Frauen namens Saint-Amaranthe mit hinein, zu denen der jüngere Bruder Robespierres Beziehungen unterhielt, und brachten verschiedene Gerüchte in Umlauf: Eine dieser Frauen wäre die Maîtresse von Maximilien gewesen, und er hätte ihren Kopf gefordert, weil sie bei einer Orgie sein geheimes Verlangen nach der Krone erkannt hätte; die andere, ihre Tochter, dagegen würde auf die Guillotine geschickt, weil sie die Anträge von Saint-Just zurückgewiesen hätte.

Das alles wurde in der Conciergerie und unter den Zuschauern am Schafott erzählt; trotzdem haben nicht diese machiavellistischen Machenschaften des Ausschusses den schmerzlichsten und tiefsten Eindruck hervorgerufen. Die Bürgerin Saint-Amaranthe (die Mutter) führte Palais Egalité Nr. 50, ein Haus, in dem gespielt wurde und das einige wichtige Persönlichkeiten und viele Intriganten frequentierten: Danton, Hérault des Séchelles, Lacroix, der jüngere Robespierre, Desfieux, Proly und der berühmte Baron de Batz, den die Polizei niemals zu fassen bekommen hat. Ihre junge und hübsche Tochter, die nicht wenige Kunden in die Spielhölle lockte, hatte Sartine geheiratet, einen Neffen des früheren Polizeileutnants. Nach den Regeln der Gesetzgebung über die Verdächtigen hatte man nicht nur die ganze Familie verhaftet, sondern darüber hinaus alle, die, sei es auch nur indirekt, mit ihr zu tun hatten: Marie Grandmaison, eine ehemalige Schauspielerin vom Théâtre des Italiens und die Maî-

tresse von Sartine, und ihr Dienstmädchen Marie-Nicole Bouchard; diese war achtzehn Jahre alt, sah aber nicht einmal wie vierzehn aus. Sie war so fein und zart gebaut, dass ein Tiger Mitleid mit ihr gehabt hätte. Als sie in den Vorraum der Kanzlei hinunterkam und Larivière ihre kleinen Händchen zum Fesseln hinstreckte, wandte er sich an Desmorets, meinen ersten Gehilfen und fragte: ‚Das ist doch ein Witz, oder?' Desmorets zuckte die Achseln, die Kleine lächelte unter Tränen und antwortete ihm mit sanfter Stimme: ‚Aber nein, Monsieur, das ist Ernst.' Daraufhin ließ Larivière die Stricke fallen und rief: ‚Such dir einen anderen, der dich fesselt! Es ist nicht mein Beruf, Kinder zu entwöhnen!'

Sie war ruhig, gefasst, beinahe heiter. Der Aufbruch verzögerte sich; man hatte nur für Ladmiral, Saintenax und die vier Mitglieder der Familie Renault rote Hemden bestellt, aber es traf ein Befehl des Ausschusses ein, alle vierundfünfzig Gefangenen ohne Ausnahme damit zu bekleiden. Während man die übrigen Hemden besorgte, saß Nicole Bouchard zu Füßen der Grandmaison, die sehr niedergeschlagen war, und bemühte sich, sie zu trösten. Sie bat auch um die Erlaubnis, sich im Karren neben sie setzen zu dürfen, was ihr nicht verweigert wurde. Ich glaube, wenn sie um ihr Leben gebeten hätte, hätte keiner, den sie ansprach, gezögert, ihre Fesseln durchzuschneiden und selbst an ihre Stelle zu treten. Was wir fühlten, empfand auch das Volk.

Der Andrang war beträchtlich und stand im Verhältnis zu dem Aufwand, den man bei dieser Hinrichtung trieb. Die zahllosen Gendarmen und Geschütze, die uns folgten, hatten alle Pariser aus ihren Häusern gelockt. Unter den Insassen der ersten Karren waren fünf oder sechs Frauen, alle jung und hübsch, und dieser Anblick stimmte die Zuschauer wie immer mitleidig; als aber Nicole Bouchard erschien, kam die Empörung voll zum Ausbruch. Überall hörte man Murren, und an mehr als zehn Stellen rief man: ‚Keine Kinder!'

In Faubourg Saint Antoine sah man die Frauen an den Fenstern die Hände falten, lebhaft miteinander sprechen und mit Fingern auf sie zeigen; viele weinten. Während des ganzen Weges und auf der Place du Trône Renversé wagte ich nicht ein einziges Mal, mich zu ihr umzudrehen. In der Conciergerie hatte ich sie angeschaut, und da schienen mir ihre großen Augen zu sagen: ‚Du wirst mich nicht sterben lassen!' Und doch ist sie tot. Sie stieg als neunte aufs Schafott. Als sie, geführt von den Gehilfen, an mir vorbeikam, machte ich, getrieben von einer Art Instinkt, einen Schritt auf sie zu und kämpfte aus Feigheit gegen eine innere Stimme an, die mir sagte: ‚Zertrümmere lieber die Guillotine, als dass du ihr dieses Kind auslieferst.' Die Gehilfen stießen sie vorwärts; ich hörte sie mit schwacher Stimme fragen: ‚Bürger, ist es gut so?'

Ich wandte mich hastig um, ein Schleier schob sich vor meine Augen, und ich fühlte meine Knie zittern. Martin gab den Befehl zur Hinrichtung und sagte zu mir: ‚Du bist krank, geh nach Hause; ich mach das alleine.'

Ich antwortete nicht, stieg vom Schafott und ging fort, ohne mich umzusehen. Meine Halluzinationen hörten den ganzen Tag nicht auf; sie waren so stark, dass ich, als an der Ecke der Rue Saintonge eine Bettlerin auf mich zukam und mich um ein Almosen bat, das Gefühl hatte, es wäre die Tote; ich wäre fast auf den Rücken gefallen. Heute Abend, als wir uns zu Tisch setzten, behauptete ich gegenüber meiner Frau, Blutflecken auf dem Tischtuch zu sehen.

Ich muss über den Bericht den Prozess der vierundfünfzig ergänzen, aus dem mein Großvater, der bereits an seiner tödlichen Krankheit litt, nur eine Randepisode herausgegriffen hat. Die Hinrichtungen vom 29. Prairial, die ‚große rote Messe', zu der Voulland seine Kollegen einlud, bilden eines der wichtigsten Ereignisse des letzten und grausamsten Abschnitts der Schreckensherrschaft. Es ist wichtig, sowohl wegen der beiden Attentate, die als Vorwand dienten, als auch wegen der vielen prominenten Opfer und der politischen Intrige, die es vorantrieb; die Bedeutsamkeit des Ereignisses liegt vor allem darin, dass es uns am Beispiel der Ausschussmitglieder, die sich nicht scheuten, auch den Tod zu einem der Fäden ihrer Intrigen zu machen, zeigt, bis zu welchem Grad perverser Verwirrung der Parteigeist gehen kann.

Die Aufzeichnungen meines Großvaters bieten viele Einzelheiten über Ladmiral, der das Attentat auf Collot d'Herbois verübte. Er war ein Mann von fünfzig Jahren, geboren in Aujolet im Pyde-de-Dôme; nicht groß, aber kräftig gebaut, sein Gesichtsausdruck war ernst und düster; in den Verhören vor dem Tribunal und in seiner letzten Stunde legte er große Festigkeit an den Tag. Alles in seiner Haltung wie in der Art seiner Verteidigung bewies, dass er zu jenen Fanatikern gehörte, die sich die Rolle des Rächers der unterdrückten Gesellschaft anmaßen. Aus den Protokollen der Verhandlung ergibt sich eindeutig, dass die Attentate von Ladmiral und Cécile Renault Einzelaktionen waren und dass zwischen ihnen keinerlei Zusammenhang besteht.

Cécile Renault war die Tochter eines Papierwarenhändlers aus Paris, wohnhaft in der Rue de la Lanterne, Ecke Rue des Marmouzets. Wie Charlotte Corday hatte sie ihren Entschluss aus Hass gegen die Tyrannei gefasst, vielleicht auch aus Abscheu vor den täglichen Hinrichtungen. Sie hatte zwar die gleichen erhabenen Gefühle und die gleiche Todesverachtung wie die andere, aber ihre Seele war bei weitem nicht so gefestigt wie bei der jungen Normannin. Bei der Ausführung ihres Planes und im Verhör vor dem Tribunal blieb sie Frau; sie sprach bei Robespierre bewaffnet mit zwei kleinen Messern vor, einer Art Kinderspielzeug, und vor Gericht war ihr Hass ängstlich, beinahe sanft, ihre Absichten blieben unklar: Alles an ihr zeugt eher von einem unbestimmten Verlangen, ihrem Leben ein Ende zu machen, als von dem männlichen Willen, der den Arm von Charlotte Corday führte und sie auch auf dem Schafott nicht verließ.

Wenn man die dürftigen Mittel betrachtet, mit denen Cécile Renault ihren Plan auszuführen beabsichtigte, fragt man sich, ob sie nicht von schwachem oder verwirrtem Verstand und vielleicht von jenem Todesfieber angesteckt war, das damals alle Exaltierten dazu trieb, der Guillotine zu trotzen. Es gibt mehr als einen Grund, dies anzunehmen und zu vermuten, dass Robespierre, beunruhigt wegen der Popularität, die Ladmirals Pistolenschuss Collot d'Herbois verschaffen würde, dem unpassenden Einfall folgte, die Messerchen der armen Wahnsinnigen ernstzunehmen. Wie dem auch sei, ihretwegen wurde ihre ganze Familie geächtet: ihr dreiundsechzig Jahre alter Vater, ihre Tante, eine ehemalige Nonne, und einer ihrer Brüder wurden mit ihr vor Gericht gestellt. Außer Sartine und den Frauen Saint-Amaranthe hatte man mit ihnen noch einen gewissen Saintenax angeklagt, einen Studenten der Medizin, der sich in seinem Wohnort Choisy-sur-Seine beifällig über Ladmirals Attentat geäußert hatte; außerdem mehrere frühere Polizeibeamte, unter anderem Michonis, der in der Affäre der Nelke eine Rolle gespielt hatte, die der Königin zugesteckt wurde; dann mehrere große Herren, die Witwe von d'Eprémesnil, usw.

Die meisten waren in das große Finanzkomplott verwickelt, dessen Kopf der Baron de Batz war. Dieses Komplott wurde durch einen der geistigen Kraftakte, die die Spezialität von Fouquier-Tinville waren, mit den Anschlägen von Ladmiral und Cécile Renault zusammengebracht. Hier die Namen der vierundfünfzig:

Henri Ladmiral, ehemaliger Bedienter und Bürogehilfe bei der Staatslotterie; der Schulmeister François Cardinal; der Privatier Pierre-Baptiste Roussel; Marie-Sophie Chevalier, verehelichte Lamartinière; Ladenbesitzerin; Constant Pain-Davoine, Portier im Gebäude der Lotterie (obwohl Ladmiral erklärt hatte, er habe mit niemandem über sein Vorhaben gesprochen, wurden diese vier Verurteilten zu seinen Komplizen erklärt, und einer von ihnen, Roussel, war wirklich mit ihm befreundet; er hatte am Tag vor dem Attentat mit Pain-Davoine zu Abend gegessen; was Frau Lamartinière angeht, so hatte sie Möbel von ihm gekauft); Aimeé-Cécile Renault; Antoine Renault, Papierwarenhändler; Antoine-Jacques Renault Junior, gleichfalls Papierwarehändler; Edmé-Jeanne Renault, ehemalige Nonne; André Saintenax; François-Charles Virot de Sombreuil, ehemaliger Gouverneur des Hôtel des Invalides; Sosthène Virot de Sombreuil, ehemaliger Hauptmann bei den Husaren; Joseph Guethenoc de Rohan-Rochefort, ehemaliger Adliger; Casimir- François-Robert Duhardas d'Hautheville, ehemaliger Adliger; Paul-Charles-Eugène de Baissancourt, ehemaliger Leutnant der Schützen;

Hector de Ménil-Simon, Kavalleriehauptmann; Charles-Marie-Antoine de Sartine, ehemaliger Staatsrat mit dem Zuständigkeitsbereich Bittschriften; Théodore Marsant, Privatier; Louis Caradec, Wechselmakler; Jean-Baptiste Michonis, Cafébesitzer, ehemaliger Polizeiadministrator; Léopold Lecomte, Geschäftsmann; Frédéric-Felix Ozanne, ehemaliger Friedensrichter; Jean-François Deshayes, Geschäftsmann; Paul Paulmier, Holzhändler; Joseph-Victor Costey, Kolonialwarenhändler; der ehemalige Marquis Charles-Alexandre-Auguste de Pons; der Bankier Théodore Jauge; der Bediente Jean-Luis Tissot; der ehemalige Soldat Alphonse Viard; der ehemalige Fürst Luis-Marie-François de Saint-Maurice; der Musiker Jacques-Hippolyte Burlandeux; der Gendarm Barthélemi Constant; Eugène Jardin, ehemaliger Jäger des Königs; der Drucker Louis Pottier de Lille; Joseph-Léon Deveaux, Beamter im Schatzamt; François Lafosse, Leiter des Überwachungsdienstes bei der Polizeidirektion; der Bediente Jean-Baptiste Porte-Bœuf; der Brauer Nicolas-Jean Egrée; der Porzellanmaler Jean-Baptiste Marino; die Polizeibeamten Nicolas-Antoine Froidure; Alexandre Santuaré, verwitwete d'Eprémesnil; Charlotte-Sophie Vincent, verehelichte Grivois; Jeanne-Françoise Desmiers de Saint-Amaranthe, verehelichte Sartine; Louis de Saint-Amaranthe (dieser junge Mann war erst siebzehn Jahre alt); Marie Grandmaison, ehemalige Schauspielerin am Théâtre des Italien; die Schneiderin Marie-Nicole Bouchard; Amélie-Marie-Louise Paramentier, verehelichte Lemoine-Plessis; und Georges-Jean-Baptiste Briel, Priester aus Arcueil."

Ein Protokoll des Grauens. Erschreckende, erhellende, aber auch irritierende „Memoiren". Sie zeigen die schicksalhafte Verstrickung dieser Schreckensmänner, die nicht unbedingt dem Klischee von blutrünstigen, stumpfsinnigen Folterknechten entsprachen, sondern eine gewisse Sensibilität besaßen und über ihr Amt Reflexionen anstellten, ja, unter ihrer Tätigkeit wahrscheinlich sogar litten, sich aber trotzdem in der Pflicht gegenüber dem Gesetz und dem Staat sahen und über Generationen das Henkersamt ausübten. Nicht zuletzt die Tatsache, dass die Familiengeschichte der Sansons aufs Engste verknüpft und verflochten ist mit einer der gewaltigsten und gewalttätigsten Epochen der neueren Geschichte – der Französischen Revolution – machen diese Memoiren zu einem einmaligen Dokument.

Henri-Clément Sansons Großvater Henri, der „große Sanson", kämpfte ein Leben lang um bürgerliche Anerkennung. Der König gewährte ihm schließlich die Mitgliedschaft in der Nationalgarde. Doch noch sein Sohn Henri, genannt „der Schöne", der die Königin Marie Antoinette hingerichtet hatte, litt unter dem Makel seines Henkersamtes so sehr, dass er wiederum seinen Sohn auf dem Land erziehen und bis zum 13. Lebensjahr in Unkenntnis über den Beruf des Vaters leben ließ. Nichtsdestotrotz ergriff auch sein Sohn Henri-Clément, der spätere Herausgeber der Memoiren, den Henkersberuf. Nie aber konnte er – der später vom König sogar aus dem Amt entlassen wurde, weil er um Spielschulden zu begleichen seine Guillotine verpfändetet hatte – die zweifelhafte Popularität seines Großvaters erreichen. Dessen Name steht für eine Schreckenszeit, die ihre eigene Parole „Freiheit, Gleichheit, Brüderlichkeit" auf dem Schafott in Blut ertränkte.

„Die Revolution kehrte zum Fallbeil zurück, um den Klassenunterschied auszugleichen, das proletarische Hängen und das aristokratische Strafmittel des Schwertes abzuschaffen und ohne Ermüdung Massenexekutionen vornehmen zu können. Es war die industrielle Revolution auf dem Gebiete der Todesstrafe", resümiert Hans von Hentig über den politischen Charakter der Guillotine. Sie ist ohne Zweifel zu einem der bekanntesten Symbole der Französischen Revolution geworden. Victor Hugo erkannte dies bereits 1820, als er notierte: „Für unsere Väter ist die Revolution das Höchste, was das Genie einer Nationalversammlung bewirken konnte. Für unsere Mütter ist die Revolution eine Guillotine."

Trotz ihrer Diskreditierung während der Schreckensherrschaft blieb die Guillotine doch das gesetzliche Hinrichtungsgerät aller nachfolgenden Staatsformen, die Frankreich erlebte. Erstaunlicherweise machte Napoleon recht selten davon Gebrauch. Seine Heere jedoch exportierten die Guillotine nach fast ganz Europa und sorgten für deren Verbreitung. Die letzte öffentliche Hinrichtung in Frankreich, dem „Mutterland" der Guillotine, fand 1939 vor dem Gefängnis von Versailles statt und geriet, wie so häufig, zu einem Volksfest. Während der Nacht vor der Hinrichtung hatte sich eine gewaltige Menschenmenge versammelt, es gab Weinausschank und Musik, und die Menge war in bester Stimmung. Die Szenerie erinnerte beinahe an die düstersten Zeiten der blutigen Revolution. Als Folge dieses unwürdigen Spektakels wurden die Hinrichtungen nun endgültig auf die Höfe der jeweiligen Gefängnisse verlegt. Nur mehr Amtspersonen und offizielle Zeugen durften der Exekution beiwohnen.

1943 wurden eine Frau und ein Mann hingerichtet, weil sie an Frauen Abtreibungen vorgenommen hatten. Ebenfalls in den Jahren des Zweiten Weltkrieges verhängten französische Gerichte, die mit den deutschen Besatzern und dem Vichy-Regime kollaborierten, Todesurteile gegen politische Gegner, vor allem Kommunisten und Mitglieder der Résistance. Die Urteile ließ man ohne wirkliche Möglichkeit von Rechtsmitteln bereits am folgenden Tag vollstrecken. Nachdem der Henker Jules-Henri Desfourneaux 1943 fünf Résistance-Mitglieder hingerichtet hatte, schieden seine Assistenten Obrecht und die Brüder Martin aus Gewissensgründen und Protest vorübergehend aus dem Team aus. Desfourneaux warfen sie allzu große Willfährigkeit den Kollaborateuren gegenüber vor. Am Morgen des 30. April 1944 enthauptete Desfourneaux in Paris nacheinander neun Männer, deren einziges „Verbrechen" es war, Kommunisten zu sein.

Danach, von Juni 1944 bis Januar 1947, also noch bis in die frühe Zeit der Vierten Republik, fanden die allermeisten Hinrichtungen in Frankreich durch Erschießung statt. Es gab lediglich drei Enthauptungen in diesem Zeitraum, die erste davon an dem Serienmörder Marcel Petiot am 25. Mai 1946 in Paris. Erst ab April 1947 ließ man alle Hinrichtungen nach dem *Code pénal* wieder durch die Guillotine durchführen.

Der Henker Jules-Henri Desfourneaux starb 73-jährig im Oktober 1951 in Paris. In den 42 Jahren seiner Zeit als Scharfrichterassistent und Scharfrichter wirkte er an 200 bis 250 Enthauptungen mit. Die letzte Hinrichtung durch die Guillotine fand in Frankreich am 10. September 1977 statt. Am 19. Februar 2007 wurde das Verbot der Todesstrafe in die französische Verfassung aufgenommen. Die Guillotine hatte ausgedient. Entstanden aus dem Pathos von Humanität und Aufklärung, sollte sie einst ein Zeichen für technische Modernität sein. Erdacht, um den präzisen Vollzug der Todesstrafe zu garantieren – ohne Qual, ohne Folter, ohne Ansehen von Rang und Stand. Was für ein Trugschluss.

Auch in Deutschland ist die Guillotine bis zur Abschaffung der Todesstrafe 1949 als offizielles Hinrichtungsinstrument im Einsatz gewesen. Besonders während der Nazi-Diktatur, vor allem nach Kriegsbeginn, stieg die Zahl der Todesurteile steil an. Beinahe alle größeren deutschen Gefängnisse waren mit Fallbeilen ausgestattet, allein in Berlin-Plötzensee wurden etwa 3000 Verurteilte hingerichtet. In der ehemaligen DDR wurden bis 1967 wahrscheinlich bis zu 100 Exekutionen mit der Guillotine vorgenommen. Erst mit dem Strafgesetzbuch vom 12. Februar 1968 trat dort das Erschießen an die Stelle der Enthauptung.

Um das Erschießen soll es im nächsten Kapitel gehen. In zahlreichen Staaten werden Todesurteile auch heute noch durch Erschießen vollstreckt. Tod durch die Kugel: eine Hinrichtungsmethode mit Tradition – und Gegenwart.

Tod durch die Kugel – Das Erschießen

Töten aus der Ferne. Dem Todeskandidaten muss man nicht ganz nahe kommen. Die Wirkung eines Blickes, seiner Todesangst, seiner letzten Reaktionen gehen über die Distanz verloren. Die Tötungshemmung schwindet. Ganz wie beim archaischen Steinigen. Vielleicht ist das Erschießen auch deshalb eine noch immer weltweit durchgeführte Hinrichtungsart. Der Henker ist überflüssig. Die Exekution erfolgt durch ein Kollektiv.

Es ist davon auszugehen, dass das Erschießen aus der Militärgerichtsbarkeit kommt. Ursprünglich wurde die Strafe an verurteilten Soldaten, Aufrührern, Spionen, Deserteuren und anderen militärischen Rechtsbrechern vollzogen. Sie entsprach der alten Landsknechtsstrafe des Spießrutenlaufes. Nachdem sich die Bewaffnung gewandelt hatte, der Landsknechtsspieß verschwunden und an dessen Stelle die Muskete getreten war, lag es nahe, die Todesurteile der Militärgerichte durch einen Erschießungspeloton vollziehen zu lassen. Der Begriff Peloton kommt aus dem Militärischen und bedeutete dort so viel wie Zug. Als im 18. Jahrhundert die Bataillone der preußischen Armee noch in geschlossener Formation angriffen, war das Peloton die kleine Unterabteilung; acht Pelotons bildeten ein Bataillon. Geschossen wurde im Schlachtfeld pelotonweise. Es ging weniger um genaue Ziele, sondern vielmehr um eine geschlossene, einheitliche Wucht der Salven, um große Wirkung zu erreichen.

Ganz anders beim Erschießungspeloton: Hier sollten die Landsknechte und Soldaten sehr wohl ihr Ziel – den Todeskandidaten – ins Visier nehmen. Mit der Treffsicherheit war es freilich nicht weit her; erst als die industriell produzierten Handfeuerwaffen einen gezogenen Lauf erhielten, verbesserte sich auch die Zielgenauigkeit.

Ingo Wirth zitiert in seinem Buch *Exekution* Georg Wilhelm Böhmer, Jakobiner und Mitbegründer der Mainzer Republik sowie Friedensrichter im Königreich Westphalen, der in einem 1820 publizierten Aufsatz über die Todesstrafe durch Erschießen meinte, das

> *„Arkebüsiren oder das mit einem Feuergewehr vollzogene Erschießen scheint eine französische oder italienische Erfindung zu seyn, die seit dem Anfange des 16ten Jahrhunderts besonders unter dem Militär üblich geworden ist, und selbst dann, wenn sie gegen Personen andrer Stände gebraucht werden soll, nicht durch die gewöhnlichen Vollzieher der Todesurtheile, sondern durch eine gewisse Anzahl außerordentlich befehligter Soldaten vollzogen wird. Lebhaftes Ehrgefühl und Abscheu vor anderen Tödtungsarten scheinen ihr den Ursprung gegeben zu haben."*

In den Söldnerheeren des späten Mittelalters marschierte jede Einheit von Landsknechten unter einer eigenen Fahne. Diese „Fähnleins" bildeten eine verschworene Gemeinschaft: jeder für jeden, bis in den Tod. Gehorsam und Disziplin waren Garant dafür, in der Schlacht zu siegen – und zu überleben. Die Knechte bestimmten aus ihrer Mitte einen Hauptmann, dem jeder Gehorsam zu leisten hatte. Danach verlas einer den sogenannten *Artikelbrief*, durch den Verfassung und Kriegsrecht des Fähnleins verkündet wurden. Auch der sogenannte *Führer* wurde gewählt, meist ein Mann mit großer Kriegserfahrung, der im Fall eines Vergehens gegen die Artikel als Verteidiger des angeklagten Landsknechts auftrat. Ebenfalls wurde ein *Profos* ernannt, der als Ankläger fungierte. Hatte man diese Ämter besetzt, war das Fähnlein „aufgerichtet" und bildete eine autonome Kriegs- und Gerichtsgemeinde. Im Ring der Landsknechte wurde Gericht gehalten, jeder der Umstehenden befand über die Verletzung der Artikel. Dann folgte der Schuldspruch und der Vollzug der Strafe – mitunter „Tod durch die Kugel".

Der Verurteilte wurde an eine Mauer gestellt oder an einen Pfahl gebunden. Oft verband man ihm auch die Augen, mancher lehnte dies jedoch ab. Die Erschießung selbst wurde dann von mehreren Schützen durchgeführt, dem Peloton. Einige Gewehre des Pelotons waren mit Platzpatronen anstelle von scharfer Munition geladen. Dies sollte das Gewissen der Schützen erleichtern, da sie sich nicht sicher sein konnten, den tödlichen Schuss abgegeben zu haben. Die Hinrichtung „zu gesamter Hand" schaffte ein Band von gemeinsamer starker Belastbarkeit, eine *Blutschuld* aller an der Erschießung Beteiligten – aber auch ein Band der Zusammengehörigkeit, was für eine Truppe, ganz besonders im Krieg, durchaus eine gewünschte Nebenwirkung darstellte.

Oft wurde dem Exekutierten im Anschluss an die Salve des Pelotons noch aus sehr kurzer Entfernung ein sogenannter „Gnadenschuss“ gegeben, bei dem spätestens jetzt der Tod eintrat. Dieser finale Schuss war der Tatsache geschuldet, dass den Erschießungspelotons nicht nur Meisterschützen angehörten. In dem Begriff „Gnadenschuss“ zeigt sich das Bemühen, einen barbarischen Akt größter Brutalität in eine beinahe schon gute Tat umzudeuten und dem Verurteilten so etwas wie eine letzte Gnade zu erweisen, indem er ihn von seinem Leiden erlöst. Ohnehin gehörte es zum Kodex einer merkwürdigen Auffassung von Kameradschaft, sich als Freund des Verurteilten freiwillig zum Erschießungskommando zu melden und den Freund gut zu treffen. „Ich aber, ich traf ihn mitten ins Herz“, heißt es in einem alten Soldatenlied. Eine Auffassung, die an archaische Sitten erinnert, einen Rechtsbrecher aus der eigenen Sippe bestrafen zu wollen und – das ist die erschütternde Wirklichkeit – die sich bis zu den heutigen „Ehrenmorden“ arabischstämmiger Clans fortsetzt. Und zum militärischen Kodex gehörte auch, dass Erschießungen nicht als unehrenhaft galten; der Henker mit einer „entehrten Hand“ trat nicht in Erscheinung. Der Todeskandidat starb im Kreise seiner Kameraden. Wenn nicht sein Leben, so war doch seine Ehre gerettet. Erwähnenswert ist auch, dass die Erschießung durch ein Peloton die einzige Hinrichtungsart ist, die es ermöglicht, mehrere Verurteilte zur gleichen Zeit zu exekutieren (wenn man von den Massentötungen in den Gaskammern des Nazi-Regimes absieht).

Als Hinrichtungsart für gegen Zivilisten verhängte Todesurteile waren Erschießungen selten; sie wurden in Kriegszeiten nach Militärstrafrecht und nach Standrecht durchgeführt. Eine Ausnahme von dieser Regel war die Praxis in Bayern zwischen dem 12. Juli 1919 und dem 1. April 1924. In dieser Periode wurden sämtliche durch die Volksgerichte verhängten Todesurteile – auch solche wegen krimineller Verbrechen – durch Pelotons des Militärs oder der Landespolizei vollstreckt. Eine weitere Art des Erschießens – und abweichend von der Regel, dass das Erschießen kollektiv und aus der Ferne geschieht – ist der Genickschuss. Hier wird eine Feuerwaffe direkt an das Genick des Verurteilten gehalten. Der Genickschuss wurde während der revolutionären Wirren nach dem Ersten Weltkrieg in Russland eingeführt. Ein Schütze – ein Henker? – genügt für die Vollstreckung. In den Kellern der Tscheka, wie der sowjetische Staatssicherheitsdienst damals genannt wurde, soll die Erschießung so vor sich gegangen sein, dass der Verurteilte mit dem Rücken zur Zellentür treten musste und der Schütze durch eine Türklappe den tödlichen Schuss abgab. Eine ähnliche Methode der Erschießung wurde in den nationalsozialistischen Konzentrationslagern in sogenannten Genickschussanlagen durchgeführt. Tausende wurden auf diese Weise getötet. Eine weitere Variante war der unter anderem in der DDR praktizierte „unerwartete Nahschuss“. Dabei wurde, nachdem dem Verurteilten vom Staatsanwalt die Mitteilung „Das Gnadengesuch ist abgelehnt. Ihre Hinrichtung steht unmittelbar bevor“ gemacht worden war, das Urteil von einem Henker durch einen Nahschuss in den Hinterkopf vollstreckt.

Der *unerwartete Nahschuss* war von 1968 bis zur gesetzlichen Abschaffung der Todesstrafe im Jahr 1987 die einzige Hinrichtungsmethode in der DDR. Zunächst waren auch dort seit 1952 Todesurteile überwiegend durch das Fallbeil vollstreckt worden. Seit 1968 wurden alle Exekutionen durch den sogenannten Nahschuss ins Hinterhaupt vollzogen; dies geschah in der Zentralen Hinrichtungsstätte des sozialistischen Arbeiter- und Bauernstaates, im Gebäude der Justizvollzugsanstalt Leipzig. Die Erschießung des Sexualstraftäters Erwin Hagedorn am 15. September 1972 war die letzte Hinrichtung eines Zivilisten in der DDR.

Am 26. Juni 1981 wurde gegen den Hauptmann der Staatssicherheit Werner Teske wegen Spionage das letzte Todesurteil in der DDR vollstreckt. Die Leichen der Hingerichteten waren unter größter Geheimhaltung zum nahegelegenen Südfriedhof gebracht und anonym verbrannt worden. Wer in den Krematoriums-Büchern ihre Namen sucht, findet lediglich den Vermerk „Anatomie“. Die Asche wurde anonym verscharrt.

Auch in den USA wurden bis vor wenigen Jahren Erschießungen durchgeführt. Im US-Bundesstaat Utah bestand eine weltweit einmalige Regelung, dass Todeskandidaten zwischen Erschießen (seit 1851 gesetzlich verankert) und Giftspritze entscheiden konnten. Diese Regelung wurde 2004 abgeschafft. Nunmehr darf die Hinrichtung durch Erschießen nur noch von denjenigen Tätern ausgewählt werden, die vor dem Stichtag des Jahres 2004 verurteilt wurden. Gary Gilmore, der erste Verurteilte, der nach dem kurzzeitigen Aussetzen der Todesstrafe in den Vereinigten Staaten 1977 hingerichtet wurde, wurde erschossen. Im Jahr 1996 wählte John Albert Taylor ebenfalls diese Methode. Zuletzt entschied sich Ronnie Lee Gardner 2010 gegen die

Giftspritze und wurde am 18. Juni des Jahres um 00.00 Uhr Ortszeit im Staatsgefängnis Utah durch Erschießen hingerichtet. Dies war nur möglich, da er vor besagtem Stichtag verurteilt worden war.

Heute erlaubt außer Utah nur noch Oklahoma diese Hinrichtungsart, allerdings einzig in dem Fall, wenn die Hinrichtung durch die Giftspritze aus besonderen Gründen nicht möglich ist. Die Anwendung dieser Hinrichtungsmethode in Utah – und früher auch im nördlich angrenzenden Idaho – erklärt sich aus der früheren mormonischen Tradition der sogenannten Blutsühne (*blood atonement*), nach der auch schwerste Verbrechen als gesühnt und hier auf Erden bereinigt galten (so dass der Verbrecher im Leben nach dem Tod keine weitere Strafe dafür zu befürchten hatte), wenn der Verurteilte dem Vergießen seines eigenen Blutes zustimmte.

Und heute? Gegenwärtig bestimmen die Gesetze in mehr als 50 Staaten, dass Todesurteile durch Erschießen vollstreckt werden. Laut einem Bericht von Amnesty International – neben anderen Hinrichtungsmethoden – etwa in China, Weißrussland (Belarus), Jemen, Nordkorea, Gambia, Somalia, Taiwan, Vereinigte Arabische Emirate sowie in den von den Hamas-Behörden kontrollierten Palästina-Gebieten. Tatsache ist: Die Erschießung ist zu einem kostengünstigen Strafinstrument vieler diktatorischer Regime geworden. Es steht zu befürchten, dass nicht zuletzt aus Gründen der Einfachheit und einer gewissen Formlosigkeit die Barrieren weiter fallen.

Brauchte es zum Erschießen die Erfindung der Schießgeräte – des Pulvers und der Patronen – so brauchte ein neues Hinrichtungsinstrument nur eine einzige Kraftquelle: Elektrizität. Einmal mehr bejubelten „Reformer" die Erfindung des elektrischen Stuhls nicht nur als Symbol für technologischen Fortschritt, sondern auch als Ausdruck zeitgemäßer Humanität. Kein Galgen mehr, kein Fallbeil. Der Strom war erfunden – und mit ihm der elektrische Tod.

Strom im Körper – Der elektrische Stuhl

Eine neue Technologie war geboren. In den 1870er Jahren sorgte Elektrizität dafür, die Natur zu überlisten. Sie machte es möglich, durch künstliches Licht die Dunkelheit aufzuheben: geruch- und geräuschlos, dazu noch so gewaltig und ausdauernd. Als die Wechselstromtechnik es schließlich ermöglichte, Strom über weite Entfernungen zu transportieren, schien die Vision von einem immerwährenden hellen, strahlend schönen Amerika alltägliche Wirklichkeit zu werden.

Der Enthusiasmus forderte jedoch auch seine Opfer. In den ersten zwei Jahren nach der begeisternden Premiere verzeichnete allein der Staat New York über 90 Tote durch Stromschläge. Ein Tod, der in Sekundenschnelle und ohne äußeres Anzeichen von Gewalteinwirkung eintrat, faszinierte und erschreckte die Menschen gleichermaßen. Die *North American Review* stellte nüchtern fest, es bestehe „nicht der Hauch eines Zweifels, dass ein Tod durch Strom schneller ist als ein Gedanke". Das fortschrittsgläubige, technikbesessene Amerika freilich verfiel in Aufbruchstimmung: Welche Möglichkeiten! Nun war der Geist der Erfinder gefordert, denn die Elektrizität bot neue, unendliche Anwendungen. Und weil schon frühzeitig bekannt war, dass Strom bei genügender Stärke tödlich wirken kann, lag die Konstruktion eines Tötungsgeräts, das mit elektrischem Strom arbeitet, nahe.

Alles begann mit einem tragischen Ereignis: Als der Zahnarzt Alfred Southwick aus Buffalo zufällig Zeuge eines Unfalls wurde, bei dem ein betrunkener alter Mann einen Stromgenerator berührte und dabei sofort starb, erzählte er einem Freund davon, der in New York als Richter tätig war. Der wiederum berichtete dem dortigen Gouverneur David B. Hill von dem Stromunfall mit dem Hinweis, auf diese Weise könnte doch das Erhängen als grausame Hinrichtungsmethode ersetzt werden. Der Gouverneur schien nicht abgeneigt, schließlich hatte er bereits ähnliche Überlegungen angestellt. 1886 berief er eine Kommission ein, deren Aufgabe es war, zu untersuchen, ob sich die neue Technologie tatsächlich für Hinrichtungen eignen könnte. Nach über zweijährigen Beratungen und zahllosen Konsultationen mit Experten verschiedener Disziplinen legte das Gremium einen umfassenden Bericht vor. Sein Fazit: Die Hinrichtungen per Elektrizität seien durchaus zu empfehlen, da dies „die humanste und praktischste Methode ist, die Todesstrafe zu vollstrecken".

Und tatsächlich: Im Vergleich dazu erschienen alle bisherigen Tötungsarten grausam und barbarisch, weil sie meist langsam und qualvoll töteten und den Körper des Delinquenten verstümmelten. Dagegen verwies der Kommissionsbericht auf den schnellen und schmerzlosen Tod und sah in der „elektrischen Hinrichtung" ein deutliches Zeichen moderner Zivilisation. Die *New York Times* schwärmte gar von einer humanen „Sterbehilfe durch Elektrizität – sicher, sanft und schmerzlos".

Die neuartige Hinrichtungsmethode schien die Verantwortlichen zu überzeugen. Im Jahre 1888 beschloss die gesetzgebende Versammlung des Staates New York mit 87 zu 8 Stimmen, die elektrische Hinrichtung einzuführen. Zuvor hatte man im Labor des Erfinders Thomas A. Edison zahlreiche Versuche mit Gleich- und Wechselstrom an Hunden sowie einem Pferd durchgeführt und aufgrund der gewonnenen Erkenntnisse praktische Empfehlungen gegeben:

„Der Verurteilte soll in horizontale oder in sitzende Stellung gebracht werden und der Einwirkung eines Wechselstroms von 1500 Volt Spannung mit einer Frequenz von 15 bis 30 ausgesetzt werden, indem ihm zwei metallene Elektroden am Kopf und am Kreuzbein angelegt werden, die mit in Salzlösung getauchten Schwämmen versehen sind. Die für den Kopf bestimmte Elektrode hat die Form eines Helmes, die andere die Gestalt eines Pfropfens."

Am 1. Januar 1889 trat das Gesetz in Kraft. Der Gesetzgeber des Staates New York sah sich als Wegbereiter einer neuen Zivilisation, die einerseits dem technisch-wissenschaftlichen Fortschritt Rechnung trug, andererseits neue Standards für ein humanes Strafrecht definierte. Ein Artikel der *North American Review* klärte seine Leser schon vorab über die neue „menschenfreundliche

Form“ des Hinrichtens auf und schilderte in eindringlichen Bildern das Todesszenario:

„Mess-Scheiben elektronischer Instrumente zeigen an, dass sich der gesamte Apparat in vollkommener Ordnung befindet. Der stellvertretende Sheriff drückt den Knopf, Atmung und Herztätigkeit hören sofort auf und mit Lichtgeschwindigkeit zerstört die Elektrizität das Leben, bevor der Nervenreiz das Gehirn erreichen kann. Die Muskulatur versteift sich, um sich nach fünf Sekunden langsam wieder zu entspannen, aber es gibt weder Kampf noch Geräusche. Die Hoheit des Gesetzes ist gewahrt worden, aber kein körperlicher Schmerz wurde verursacht – so ist eine elektronische Hinrichtung."

Bevor ein knappes Jahr später mit dem 28-jährigen William Kemmler der erste Todeskandidat bereitstand, kam es noch einmal zu einer heftigen Auseinandersetzung zwischen den beiden Experten Thomas A. Edison und George Westinghouse. Sie stritten darüber, welche Stromart sicherer in der Anwendung sei: Gleich- oder Wechselstrom, was sogar einen gerichtlich geführten Streit nach sich zog. Der elektrische Stuhl war für Wechselstrom entworfen worden, und so schlug Edison den Begriff „electrocution“ vor. Westinghouse wehrte sich dagegen. Der Staat New York ließ die ersten elektrischen Stühle für seine drei Gefängnisse Auburn, Sing Sing und Clinton von dem Techniker Harold Brown bauen, der Wechselstrom bevorzugte. Als er versuchte, die Generatoren bei einer von Westinghouses Firmen zu kaufen, verweigerte dieser die Lieferung. George Westinghouse fürchtete um seinen Ruf. Letztlich aber ging es allein um wirtschaftliche Interessen, denn Strom galt als Markt der Zukunft. Es lohnte sich, zu investieren in die neuen strombetriebenen Errungenschaften wie Beleuchtungen, Nähmaschinen und Eisenbahnen. Eine elektrische Hinrichtungsmaschine stand symbolisch für den neuen Aufbruch, da konnte Westinghouse keine Negativ-Schlagzeilen gebrauchen, zumal die Presse fast täglich über die bevorstehende Hinrichtung Kemmlers berichtete und den Todeskandidaten euphorisch zum „Pionier der Wissenschaft“ erkor.

Am 6. August 1890 war es endlich so weit: Neben dem Gefängnispersonal, den Staatsanwälten sowie 25 Zeugen und zwei Pressevertretern versammelte sich eine Vielzahl medizinischer und technischer Experten im Gefängnis von Auburn, um die Hinrichtung von William Kemmler zu verfolgen – zum Tode verurteilt, weil er im Rausch seine Lebensgefährtin erschlagen hatte.

Vor den Toren des Staatsgefängnisses hatte sich eine große Menschenmenge eingefunden, um dem bedeutenden Ereignis nahe zu sein. Der Kommentator der *New York Times* war sich sicher, dass die bevorstehende Hinrichtung den Siegeszug des elektrischen Tötens einleiten werde, und auch die Kollegen vom *Sunday Globe* ließen sich von der allgemeinen Euphorie mitreißen und stellten fest, die Aufmerksamkeit für Kemmlers Sterben sei mindestens „so groß wie die für eine Präsidentenwahl".

Die Exekution fand in einem eigens dazu hergerichteten Saal statt, an dessen Wänden Bänke für die Zeugen und das Personal angebracht waren. Der aus Eichenholz gebaute Stuhl stand in der Mitte des fensterlosen Raums und hatte eine leicht erhöhte, nach hinten geneigte Lehne. Er war am Boden befestigt und gut isoliert. Wie von den Experten der gerichtlich-medizinischen Gesellschaft vorgeschlagen, war eine Elektrode am Kopf und die andere am Kreuzbein des Delinquenten angelegt worden. Beide Metallelektroden waren mit nassen Schwämmen versehen.

Den offiziellen Bericht über den Ablauf der Hinrichtung an den New Yorker Gouverneur und die zuständigen Justizbehörden erstattete der Gefängnisarzt Carlos F. Mac Donald. Auszüge:

„Nachdem Kemmler hereingeführt worden war, wurde er in der geschilderten Weise befestigt. Diese Vorbereitungen nahmen nur wenige Minuten in Anspruch. Dann gab der Direktor dem im Nebenzimmer beim Kommutator befindlichen Gehilfen das Zeichen, den Hebel zu bewegen und den Stromkreis zu schließen. Im Augenblick wurde der ganze Körper starr, indem ein auf das ganze Muskelsystem sich erstreckender tonischer Krampf eintrat. Im selben Augenblick waren Gefühl, Bewegung und Bewusstsein völlig vernichtet. Der Zustand währte die ganze Zeit des Stromdurchgangs. Nach 17 Sekunden wurde Kemmler für tot gehalten. Keiner der Zeugen erhob Einspruch, und der Direktor gab das Zeichen, den Strom abzubrechen.

Nach der Unterbrechung ging die Steifheit der Muskulatur sofort in allgemeine Erschlaffung über ... Die Vernichtung der Bewegung und anscheinend des Lebens währte eine halbe Minute. Dann folgte eine Reihe krampfhafter Brustbewegungen, was mit dem Auswurf von etwas Schleim aus dem Mund begleitet war. Allein angesichts der Möglichkeit einer unvollkommenen Lebensvernichtung und eines Wiedererwachens befahl man, den Strom noch einmal durchzuleiten, was beiläufig zwei Minuten nach der Unterbrechung des ersten Stroms geschah. Die Muskelstarre trat wie das erste Mal ein.

Der zweite Stromschluss wurde aus Versehen auf 70 Sekunden verlängert, bis sich eine Rauchsäule an der Applikationsstelle der Rückgrat-Elektrode zeigte, welche von der Verbrennung des Schwammes und der darunter liegenden Haut herrührte."

Mac Donald zog am Ende seines Berichts ein positives Fazit:

„Der Zweck und Geist des Gesetzes, welcher darin bestand, dem Verurteilten einen sofortigen und schmerzlosen Tod zu geben, war vollkommen erreicht."

Dem widersprachen Kritiker heftig. Ein als offizieller Zeuge beiwohnender Reporter der *New York Times* bezeichnete die neue Hinrichtungsmethode als grausame und qualvolle Art, jemanden zu töten. Sein ernüchternder Kommentar: „Ein entsetzliches Schauspiel, weit schlimmer als Erhängen." Und auch George Westinghouse war fassungslos: „Sie hätten es besser mit einer Axt gemacht", spottete er.

Andere Zeugen monierten, es seien trotz Berechnungen zwei Stromstöße notwendig gewesen, um den Tod herbeizuführen. Auch habe der Todesvorgang allzu lange gedauert, beinahe acht Minuten. Die Hinrichtung trug ihrer Meinung nach mehr den Charakter eines Experiments als den einer sicheren Vollstreckung. Die Presse kommentierte, William Kemmler sei buchstäblich zu Tode geröstet worden. Was als Demonstration des technologischen und humanen Fortschritts, als „Eintritt in ein höheres Stadium der Zivilisation" (so die euphorischen Pressekommentare) gedacht war, schien desaströs geendet zu haben.

Neben all den technischen Mängeln und der möglichen Störanfälligkeit des elektrischen Stuhls wurde vor allem auf die fehlerhafte Dosierung hingewiesen, die der Verschiedenartigkeit der menschlichen Konstitution nicht gerecht würde. Mediziner verwiesen darauf, dass Menschen unterschiedlich auf die Wirkung des Stroms reagierten, bisweilen ganz erstaunliche Spannungen ertrügen. Dass sie nicht ganz unrecht hatten, sollte sich in den folgenden Jahren bei zahlreichen Exekutionen zeigen.

So sollten einige Fälle bekannt werden, bei denen die Exekution mitnichten reibungslos und ordnungsgemäß vonstatten gegangen war. Experten gaben zu Bedenken, dass dabei keineswegs nur die körperliche Konstitution des Verurteilten eine Rolle gespielt haben könnte, sondern auch Faktoren wie Raumtemperatur und Feuchtigkeit. So könne starkes Transpirieren des

Todeskandidaten, das in dieser extremen Situation fast immer eintritt, dazu führen, dass der Strom nicht den Körper durchdringt, sondern auf dessen Oberfläche entlangläuft.

Bei einem gewissen Henry White, der in Ohio hingerichtet werden sollte, schlug das Herz nach dem ersten Stromstoß noch regelmäßig. Als man daraufhin die Stromspannung verdreifachte, schlugen helle Flammen aus dem zuckenden Körper des Verurteilten und der Gestank von verbranntem Fleisch erfüllte den Hinrichtungsraum. Der Tod war am Ende nicht durch Stromschlag, sondern durch Verbrennung eingetreten.

Zu ebenso grauenhaften Szenen kam es einige Jahre später bei der Hinrichtung von Mary Farmer, die wegen gemeinschaftlichen Mordes im April 1929 auf dem elektrischen Stuhl den Tod finden sollte. Nachdem ihr Körper eine Minute lang von den Stromstößen geschüttelt worden war, nahm der Exekutor den Hebel langsam zurück. Plötzlich drang ein lauter Schrei unter der Maske der Verurteilten hervor. Erschrocken wurde der Hebel wieder nach oben gebracht, diesmal jagte man 2000 Volt über fünf Minuten durch den Körper der Frau. Doch Mary Farmer lebte danach immer noch. Viermal schließlich wurde die grausige Prozedur wiederholt, dann konnte man sicher sein, dass die Verurteilte tot war. Eine Hinrichtungsszene, die an mittelalterliche Strafrituale erinnerte und umgehend die Kritiker wieder auf den Plan rief.

Aufgrund einiger vorangegangener Pannen hatte der New Yorker Gesetzgeber deshalb verfügt, dass jede Hinrichtung durch eine Autopsie abzuschließen sei, um „jede Möglichkeit auszuschließen, dass der Verurteilte ins Leben zurückkehrt".

Bei aller Empörung über die unübersehbaren technischen Mängel gab es auch Stimmen wie die von Dr. Louis Bach, Leiter der New Yorker Gesundheitsbehörde, der allen, die es hören wollten, versicherte: „Vom ersten Stromschlag an ist der Delinquent praktisch tot. Er hat keinen Schmerz und ist nie mehr bei Bewusstsein."

Diese Einschätzung teilten viele Experten. Sie argumentierten unter anderem, dass bei der Hinrichtung durch Strom eine Temperatur erreicht werde, die selbst Kupfer zum Schmelzen bringe und im Gehirn zumindest den Siedepunkt erreiche. Da der Strom eine Geschwindigkeit erziele, die 70-mal schneller ist, als das Gehirn Empfindungen registrieren kann, sei die Schmerzlosigkeit dieser Hinrichtungsart sicher. Ihrer Meinung nach ging es allenfalls darum, die technischen Defizite zu beheben. Gerade einmal ein Jahr später konnte im Staatsgefängnis Sing Sing gleich an vier Männern gezeigt werden, wie verlässlich das elektrische Hinrichten funktionierte. Der Moment des staatlich angeordneten Tötens war nun gewissermaßen in der praktischen Anwendung rehabilitiert und damit als zukunftsweisend legitimiert worden.

Der elektrische Stuhl verkörperte fortan einen Teil des rechtlichen und „humanen" Selbstverständnisses der Amerikaner, auch wenn nicht allerorten die gleichen Methoden beim Exekutieren zur Anwendung kamen. So gab es erhebliche Unterschiede bei der Auswahl und Dosierung der verwendeten Stromstöße, auch die Anwendung der Elektroden wurde unterschiedlich gehandhabt. Dennoch: In der Folgezeit wurde die *Exekution durch Strom* zum bevorzugten Hinrichtungsinstrument. Nach New York führten die Bundesstaaten Ohio (1897) und Massachusetts (1907) die Hinrichtung durch Elektrizität ein, es folgten New Jersey (1907) sowie Virginia (1908).

Wie sich das Exekutionsverfahren in der Folgezeit vollzog, zeigt ein Bericht des deutschen Strafrechtlers Bertold Freudenthal, der am 12. September 1905 während einer Studienreise als Zeuge an der Hinrichtung eines Mörders im Staatsgefängnis Auburn teilnahm und notierte:

„Kaum hatte man Platz genommen, so öffnete sich die Tür. Von Gefängnisgeistlichen geführt, erschien ein junger Mann von etwa 30 Jahren, fahl, aber in ruhiger Haltung. Er nahm ohne Widerstreben auf dem chair, einem Armstuhl, Platz und wurde außerordentlich rasch an Körper, Armen und Beinen angeschnallt. Er hatte den geschorenen Kopf von Anfang an zurückgelehnt und die Augen geschlossen. Das Kinn wurde mit einer Bandage gestützt. Eine Metallkappe wurde ihm aufgesetzt und an ihr der von der Decke herabhängende Leitungsdraht befestigt. Das linke Bein wurde entblößt. Indessen las der Kaplan mit lauter Stimme langsam die Worte eines Gebets.

Der ‚Staatselektriker' hielt sich in einem Nebenraum bei den Geräten auf. Der Strom von 1780 Volt und 7,5 Ampere wurde reichlich eine halbe Minute konstant gehalten, darauf allmählich vermindert und wieder auf seine volle Kraft verstärkt. Dann untersuchten zwei Ärzte den Verurteilten ...

Fünf Minuten nach 6 Uhr hatten wir den Raum betreten. Drei Minuten später war der erste Stromschlag erfolgt. Um 6.15 Uhr, also weitere sieben Minuten später, schloss der Deputy die Zeremonie mit den Worten „That is all, gentleman"."

Eine Hinrichtung: störungsfrei, effizient und „zivilisiert" – nicht nur die zuständigen Justizbehörden waren begeistert. Beginnend mit den 1920er Jahren setzte sich die Edinson'sche „electrocution" im ganzen Land durch. Am Ende stand in 26 Bundesstaaten ein elektrischer Stuhl. Nur Texas übernahm die elektrische Hinrichtung anstelle des Galgens erst ab 1924, also vergleichsweise spät. Hier, im Süden des Landes, wo es in der Vergangenheit immer wieder – vorwiegend an afroamerikanischen Männern – zur Lynchjustiz kam, wollte man nun ebenfalls ein Signal im Sinne einer „zivilisierten" Strafjustiz setzen. Dazu gehörte, dass man die öffentlich inszenierten Exekutionen aus den Gemeinden und Städten heraus in das zentrale Staatsgefängnis nach Huntsville verlegte, wo erstmals auch gesonderte Todestrakte entstanden, in denen die Todeskandidaten unter besonderen Bedingungen inhaftiert waren und auf ihre Hinrichtung warteten.

Ein Grund für ein neues zentrales Hinrichtungssystem war freilich auch die Tatsache, dass die für eine elektrische Hinrichtung erforderliche Ausstattung nicht allerorten vorhanden war. Ein Galgen war rasch aufgeschlagen, ein elektrischer Stuhl aber benötigte zahllose technische Instrumentarien, die nicht nur erheblichen Platz brauchten, sondern auch von einer Vielzahl an besonders geschultem Personal bedient werden mussten.

Nicht nur in den Anfangsjahren, auch später gab es immer wieder dramatische Vorfälle und nicht einkalkulierte Verläufe. So saß am 22. April 1983 – bald einhundert Jahre nachdem William Kemmler erstmals elektronisch exekutiert worden war – in Alabama John Evans in der Gewissheit auf dem elektrischen Stuhl, dass sein Leben gleich ein Ende haben würde. Doch die Prozedur sollte 14 lange Minuten dauern.

Auch wenn es bei den elektrischen Hinrichtungen immer wieder zu Zwischenfällen kam, so galt die Tötungsmethode von New York bis Texas doch als die „humanste und schmerzloseste" und erfüllte insgesamt verlässlich den Anspruch des Gesetzes, „einen Menschen mit Anstand zu töten". Beispielsweise war *Old Sparky*, der „alte Funkensprüher", wie der elektrische Stuhl im Staatsgefängnis von Florida unter den Todeskandidaten genannt wurde, bis Anfang 1993 im Einsatz. 224 Menschen fanden darauf den Tod.

In den US-Bundesstaaten Alabama, Florida, Georgia, South Carolina und Virginia gibt es noch heute das elektrische Töten. In Arkansas, Kentucky und Tennessee werden die Todeskandidaten mittlerweile nur noch mit der Giftspritze exekutiert, allerdings können die Verurteilten, sofern das entsprechende Verbrechen noch vor dem Abschaffungsdatum stattfand, auf eigenen Wunsch auch auf dem elektrischen Stuhl hingerichtet werden.

Vom elektrischen Stuhl bis zur Todesspritze – die Reformgeschichte staatlichen Tötens kennt immer neue „moderne Errungenschaften“. So auch eine Hinrichtungsmethode, die als weiterer „humaner Meilenstein“ vor allem im erfindungsreichen Amerika rasch Anerkennung und Anwendung fand: die Hinrichtung durch Gas. Blicken wir also im nächsten Kapitel in das tödliche „Aquarium“.

Sterben im „Aquarium" – Die Gaskammer

Wie stirbt der Mensch am besten? Oder genauer: Welches ist die beste Hinrichtungsart? Die Mitglieder der New Yorker gerichtlich-medizinischen Gesellschaft beschäftigten sich seit 1888 mit dieser Frage. Der Tod durch den Strang, damals in den Vereinigten Staaten durchaus am gebräuchlichsten, wurde strikt „als eine grausame, dem Geist der Zivilisation widersprechende Strafe" abgelehnt. Als mögliche Vollstreckungsarten wurden von den „Reformern" drei Methoden diskutiert: Erstens – Tötung durch elektrischen Strom; zweitens – Tötung durch Injektion von Gift; drittens – Tötung durch das Einleiten von Kohlensäure in die Gefängniszelle des Verurteilten. Ähnliche Vorschläge kamen auch von anderer Seite, wobei auch Blausäure, Chloroform und Morphin in Betracht gezogen wurden. Nach langer, kontroverser Debatte von Medizinern, Juristen und Gefängnispraktikern entschied man sich für Blausäure. Das Gift war als Pflanzenschutzmittel gegen Ungeziefer weithin bekannt und hatte seine Wirksamkeit nachhaltig unter Beweis gestellt.

Den Anfang machte am 8. Februar 1924 der Bundesstaat Nevada. Dort wurde der gebürtige Chinese Gee John als erster Mensch mit einem Schädlingsbekämpfungsmittel in der Gaskammer von Carson City hingerichtet. Nach ihm starb Stanko Jukisch, ein Straftäter slawischer Abstammung, dessen Leben am 21. Mai 1926 im gleichen Gefängnis endete.

Bei der dritten Hinrichtung von Carson City, am 2. Juli 1930, musste Robert H. White auf dem Stuhl der Gaskammer Platz nehmen. Es war die erste Hinrichtung, die protokolliert wurde. Die Aufgabe übernahm der oberste Arzt von Nevada, Edward E. Hammer, persönlich. Über die Exekution schrieb er:

„Ein Bowles-Stethoskop wurde an der bloßen Brustwand über der Herzspitze angebracht, um Herz- und Lungentätigkeit zu überprüfen. Während man den Gefangenen auf den Stuhl festschnallte, wurde das zu den Ohren des Arztes führende Rohr mit dem Stethoskop verbunden. Die Herztätigkeit betrug in diesem Augenblick 108, war stark und regelmäßig."

Bevor die Gaskammer geschlossen wurde, fragte der Gefängnisdirektor den Verurteilten, ob er noch einen letzten Wunsch habe. Whites Antwort: „Bitte geben Sie mir eine Gasmaske, etwas anderes kann ich unter diesen Umständen nicht brauchen." Dieser Wunsch wurde ihm allerdings nicht erfüllt. Die Hinrichtung begann um 4.36 Uhr morgens, das Gas wurde um 4.37 und 30 Sekunden in die Gaskammer gegeben. Edward E. Hammer protokollierte minutiös den Fortgang:

„Eine schwache Einatmung hatte um 4.37:45 stattgefunden, um 4.38 zog der Delinquent kräftig Luft ein und wandte den Kopf dem Gas zu. Er hustete krampfhaft, der Kopf fiel vorn über und er wurde bewusstlos. Nach diesem tiefen Atemzug sistierte die Herztätigkeit völlig 15 Sekunden lang. Nach dieser kurzen Episode, etwa 4.38:30, begann das Herz wieder unregelmäßig zu schlagen, und zwar für 15 Sekunden, und wurde dann wieder regelmäßig und kräftig. Ein Nachlassen der Herztätigkeit war nicht zu beobachten. Danach wurde das Herz zwei Minuten lang langsamer, schlug einhundert mal pro Minute und achtzig mal um 4.44. Um 4.46:30 waren die Herzschläge schwach, der letzte Herzschlag wurde um 4.47 festgestellt."

White hatte ein ganzes Jahr lang auf die Vollstreckung des Urteils warten müssen. Jetzt war sein Tod in weniger als zwölf Minuten eingetreten. Durch die beiden dicken Glasfenster der Gaskammer hatten 53 Zuschauer das Sterben des Robert H. White verfolgt. Unter ihnen auch ein Besucher aus Kalifornien, der Direktor des Staatsgefängnisses von San Quentin, James B. Holohan. Wieder in Kalifornien, erzählte er Clinton T. Duffy, seinem damaligen Stellvertreter, seine Eindrücke von der Exekution:

„Der Delinquent atmet einmal tief ein und verliert daraufhin sofort das Bewusstsein. Nach der Hinrichtung erspart man sich die schrecklichen Verunreinigungen von Blut, Kot und Urin. Es ist die sauberste und schnellste Hinrichtung, die ich je gesehen habe."

In den darauffolgenden Jahren versuchte Holohan die Regierung von Kalifornien zu überzeugen, die Gaskammer auch dort einzuführen. Als er in Pension ging, wurde er in das Parlament von Kalifornien gewählt, wo er seinem Einfluss fortan Geltung verschaffte. Unter seiner Federführung trat schließlich am 27. August 1937 ein neues Gesetz in Kraft, das nun als einzige gesetzliche Hinrichtungsform den Tod durch Gas vorsah. Schon ein Jahr später wurde in das Staatsgefängnis San Quentin eine Gaskammer eingebaut.

Die Installation erwies sich als äußerst kompliziert. Eine Gruppe von Ingenieuren übernahm die schwierige Aufgabe, unterstützt von Mechanikern und einem Gefängnisinsassen namens Alfred Wells, der eine Haftstrafe wegen Einbruchs verbüßte. Als Ende des Jahres 1938 die Gaskammer endlich funktionsfertig war, verdankte man dies vor allem diesem Alfred Wells, der alle Präzisionsarbeiten ausführte. Viele Wochen war er damit beschäftigt gewesen, alle Rohre und Leitungen zu verlegen, Messgeräte anzuschließen und die hochempfindlichen Einzelteile an den richtigen Stellen einzubauen. Mit großer Sorgfalt und zur vollen Zufriedenheit des Gefängnisdirektors erledigte der Gefangene seine Arbeiten. Vier Jahre nach der ersten Hinrichtung in der Gaskammer von San Quentin sollte Alfred Wells jedoch selbst auf dem Stuhl in der Gaskammer Platz nehmen. Nach seiner Entlassung aus dem Gefängnis im Jahr 1941 hatte er seinen Bruder, seine Schwägerin und eine Freundin der beiden erschossen.

Als James B. Holohan – nunmehr als kalifornischer Parlamentarier – das fertige Hinrichtungsgerät das erste Mal in Augenschein nahm, war er ein wenig stolz. Zwar war er nie ein Gegner der Todesstrafe gewesen, aber das Sterben am Galgen hatte er schon in seiner Zeit als Gefängnisdirektor immer als abstoßend und grausam empfunden. Dass nun in seinem Bundesstaat die neue Hinrichtungsmethode zum Einsatz kam, sah er auch als sein Verdienst. Sie galt ihm als Ausdruck einer neuen humanen Gesinnung – und er war stolz darauf, als Reformer daran mitgewirkt zu haben. Verlässliche Technik, störungsfreier Ablauf, präventive Abschreckung – James B. Holohan war davon überzeugt, dies war eine Hinrichtungsmethode, die den Fortschrittswillen seines Landes widerspiegelte.

Was war an der neuen Technik so faszinierend? Wie sah er aus, der „Ort des Fortschritts“? Die Gaskammer von San Quentin befand sich in der Ecke eines kleinen, kahlen Raumes im sogenannten Todestrakt. Sie bestand aus einer achteckigen stählernen Kammer. Der Durchmesser betrug 2,70 Meter.

Im Inneren der Kammer befanden sich zwei stählerne Stühle, unter welchen der Mechanismus für die Hinrichtung installiert war. Bei Beginn der Exekution stieg das Gas unter dem Sitz durch die zahlreichen Löcher im Stuhl nach oben. Der obere Teil der Gaskammer bestand aus Panzerglas, durch das die Zeugen die Hinrichtung beobachten konnten. Wegen dieser Scheiben wurde im Gefängnisjargon die Gaskammer das „Aquarium" genannt.

Den einzigen Zugang zu dem massiv gebauten Oktagon bildete ein schmaler Durchlass, der sich mit einer schweren Metalltür verschließen ließ. Durch den Vorraum gelangte man in wenigen Schritten zu den beiden Todeszellen gegenüber, wo die Verurteilten die letzte Nacht vor der Hinrichtung verbrachten.

Der Ablauf war streng festgelegt. Schon am Tag vor der Hinrichtung begannen die Vorbereitungen. Der Verurteilte wurde noch einmal ärztlich untersucht, danach musste er seine Kleidung ablegen und wurde neu eingekleidet. Gegen vier Uhr nachmittags brachten ihn die Beamten in die Todeszelle neben dem Vorraum der Gaskammer. Hier durfte der Todeskandidat seine letzte Mahlzeit wählen. Die ganze Nacht hielten die Wachleute Obst, Snacks, Getränke und auf Wunsch Zigaretten bereit. Dem Delinquenten sollte es an nichts fehlen.

Am Morgen des Hinrichtungstages erhielt der leitende Exekutionsbeamte das Zyankali, insgesamt 16 Plastikpatronen, die an einem Haken unterhalb der Sitzflächen der beiden Metallstühle befestigt wurden. Wenn die Vorbereitungen abgeschlossen waren, wurde der Verurteilte aus dem Vorraum geholt und auf dem einen Stuhl festgeschnallt. Danach brachte man auf seiner Brust ein Stethoskop an, von dem ein Kabel zu dem draußen stehenden Arzt führte, so dass dieser das Herz des Verurteilten abhören konnte.

Waren alle Vorbereitungen abgeschlossen und befand sich in der Gaskammer nur noch der Todeskandidat, wurde diese luftdicht verschlossen und versiegelt. Danach sorgte eine Sauganlage dafür, dass aus der Kammer möglichst viel Luft abgezogen wurde. Pünktlich zur festgesetzten Exekutionszeit ließ der Henker – auch bei diesem eher technischen Hinrichtungsvorgang hatte man sich auf die gewohnte Sprachregelung verständigt und nannte den verantwortlichen Beamten weiterhin „Henker" – über einen von außen zu betätigenden Mechanismus die schwefelige Säure in eine Schale laufen, die sich unter dem Stuhl des Verurteilten befand. Danach wurden die Ventile geschlossen.

Nun gab der Gefängnisdirektor das Signal zum Beginn der eigentlichen

Exekution. Auf sein Zeichen hin betätigte der Henker einen weiteren Hebel, wodurch die zyankaligefüllten Beutel (manchmal auch Kugeln mit Natriumzyanid) in die schwefelige Säure getaucht wurden. Sofort entwickelten sich Schwaden des todbringenden Blausäuregases, die als Dampf aufstiegen. Blausäure gilt bis heute als eines der stärksten und schnellwirkensten Gase. Es lähmt innerhalb von Sekunden die Atmung und der Tod tritt gewissermaßen durch innere Erstickung ein.

Sobald der Verurteilte das erste Gas eingeatmet hatte, wurde sein Körper von heftigen Zuckungen geschüttelt und der Kopf hin und her geworfen. Diese Zuckungen hielten durchaus über einige Minuten an, meist hatte der Todeskandidat schon zuvor sein Bewusstsein verloren. Immerhin dauerte es etwa zehn Minuten, bisweilen auch länger, ehe das Herz stillstand und der Arzt den Tod feststellen konnte.

Während der Hinrichtung wurde die Gaskammer hell ausgeleuchtet. Vor den Fenstern standen die offiziellen Zeugen, einige Presseleute sowie Vollzugsbeamte. Sie alle verfolgten das Sterben des Verurteilten und fragten sich angesichts der unmittelbaren Eindrücke, ob die letzten Augenblicke des Todgeweihten wirklich frei von Qual und Schmerz waren und der Tod tatsächlich schnell genug eintrat. Als gesichert galt, dass bei zu geringer Giftkonzentration dem Sterben qualvolle Augenblicke vorausgingen und die Bewusstlosigkeit mit Verzögerung eintrat.

So berichtete der frühere New Yorker Henker Elliott von einem Verurteilten, der sich minutenlang bei vollem Bewusstsein gegen das tödliche Gas wehrte. 1949 wurde der schmächtige Schwarze Leandress Rily hingerichtet. Als die Exekution beginnen sollte, befreite er sich aus den Fesseln und rannte in der Gaskammer hin und her. Dabei schlug er verzweifelt gegen die dicken Fensterscheiben. Deshalb wurde die Gaskammer wieder geöffnet, vier Wärter überwältigten Rily und fesselten ihn wieder auf dem Stuhl. Dies vollzog sich noch weitere zwei Mal, ehe man beim vierten Versuch das Gas in die Kammer strömen lassen konnte. Doch Ereignisse wie diese blieben die Ausnahme. Auf die Gaskammer war Verlass: Von 1938 bis 1967 sollten 196 verurteilte Gefangene im sogenannten „Aquarium" von San Quentin den Tod finden.

Auch Caryl Chessman wurde in der Gaskammer von San Quentin hingerichtet. Er hatte es durch einen zwölf Jahre andauernden Kampf gegen sein Urteil weltweit zu einer gewissen Prominenz gebracht, vor allem mit seinem autobiographischen Buch *Todeszelle 2455*, das er im Gefängnis geschrieben hatte. Seit dem 3. Juli 1948 saß er wegen Entführung in der Todeszelle. Achtmal war seine Hinrichtung aufgeschoben worden. Am 2. Mai 1960 schließlich musste Chessman endgültig auf dem Metallstuhl der Gaskammer von San Quentin Platz nehmen. Im offiziellen Protokoll wurde der Verlauf seiner Hinrichtung aufgezeichnet:

„Um 10.03 Uhr fielen die Zyankalikapseln in den Säuretank. Tödliche Blausäuredämpfe stiegen hoch. Caryl Chessman atmete zwanzig Sekunden ruhig. Dann starrte er zur Decke. Um 10.05 Uhr begann er zu keuchen. Eine Minute später trat ihm Schweiß auf die Stirn, Speichel tropfte aus seinem Mund. Er fiel nach vorn in die Gurte, weinte. Sein Körper bäumte sich auf. Um 10.12 Uhr war Caryl Chessman tot."

Nach der Vollstreckung blieb sein Leichnam, wie der aller Hingerichteten, noch etwa eine halbe Stunde in der Gaskammer, bis das Gas abgesaugt und frische Luft in den Raum hineingeblasen war. Die restlichen Chemikalien wurden mit Wasser verdünnt und in die Kanalisation gepumpt. Daraufhin wurde die Kammer geöffnet. Der Raum und der Körper mussten mit Ammoniak besprüht werden. Denn auch jetzt noch war das Berühren des Giftes, das sich in Falten der Kleidung abgelagert hatte, lebensgefährlich. Der Tote wurde in einem Plastiksack dem Bestatter übergeben, der diesen nicht mehr öffnete, da er sich sonst einer Vergiftung ausgesetzt hätte.

Tod in der Gaskammer: Bis zum landesweiten Vollstreckungsmoratorium in den USA, das im Sommer 1967 begann und beinahe zehn Jahre später, Anfang 1977, endete, war die Gaskammer in elf Bundesstaaten als Hinrichtungsmethode vorgesehen. Mittlerweile haben sechs davon – Colorado, Mississippi, Nevada, New Mexico, North Carolina, Oregon – zur Giftspritze als einzige Hinrichtungsmethode gewechselt.

Neben der Giftspritze ist die Gaskammer derzeit noch in fünf US-Bundesstaaten zugelassen, wobei hier unterschiedliche Vorschriften zum Tragen kommen. In Kalifornien etwa kann der Verurteilte zwischen Spritze und Gastod wählen. Die Gaskammer im San Quentin State Prison, von der New Yorker gerichtlich-medizinischen Gesellschaft einst als Reformprojekt gefordert, wird derzeit umgebaut für Hinrichtungen mit der Giftspritze.

In Arizona konnten vor dem 15. November 1992 Verurteilte ebenfalls zwischen Spritze und Gas wählen, für später Verurteilte ist die Spritze obligatorisch. Eine ähnliche Regelung bestand in Maryland bis 2013, als der Ostküstenstaat die Todesstrafe endgültig abschaffte. In Missouri bestehen beide Hinrichtungsarten nebeneinander, wobei im Gesetz nicht explizit festgelegt ist, ob im Einzelfall der Verurteilte oder die Staatsgewalt die Methode festlegt. In Wyoming ist die Gaskammer nur für den Fall vorgesehen, dass Gerichte die Giftspritze für verfassungswidrig erklären sollten.

Nach der Wiederaufnahme der Hinrichtungen seit 1977 sind insgesamt elf Personen in fünf Bundesstaaten durch Gas exekutiert worden. Der bisher letzte Straftäter, der in den USA in einer Gaskammer hingerichtet wurde, war am 3. März 1999 im Bundesstaat Arizona der wegen Mordes verurteilte Deutsche Walter LaGrand. Er konnte zwischen Giftspritze und Gas wählen. LaGrand hatte sich für die Gaskammer entschieden.

Einer der Gründe, warum die Exekution in der Gaskammer mittlerweile in vielen US-Bundesstaaten von der Giftspritze abgelöst wurde, war der finanzielle Aspekt. Der Bau einer Gaskammer kostete dem Staat mehr als 300 000 Dollar. Da nahm man die Anregung des Anästhesisten Stanley Deutsch von der Universität Oklahoma gerne auf, der eine Hinrichtung durch Verabreichung einer todbringenden Medikamentenkombination vorschlug. Eine Technologie, die das Töten noch effizienter und hygienischer machen sollte. Kein elektrischer Monsterstuhl aus Stahl, keine Gaskammer mit Bullaugen, sondern ein überschaubarer Raum, darin ein schlichter OP-Tisch – so sieht die Hinrichtungskammer von heute aus. Und die „Reformer“ sind auch diesmal überzeugt. Es ist ihnen wie immer ein „humanes Anliegen“.

Tod durch die Vene – Die Giftspritze

Der Herztod ist der Schlüssel zu allen Hinrichtungen. Also musste ein System entwickelt werden, das das Herz zerstört, nachdem es das Gehirn zerstört hat. Das war entscheidend für den Gastod, den Elektrotod, selbst für den Tod am Galgen. Und nun für die tödliche Injektion.

Überall passiert dasselbe: Zuerst wird das Gehirn ausgeschaltet und dann steht das Herz still. Staatliche Hinrichtungsexperten legen höchsten Wert darauf, dass dies möglichst reibungslos funktioniert. Ihnen liegt aus „humanen" Gründen daran, die Todesstrafe so schnell und schmerzlos wie möglich auszuführen – sicherzustellen, dass das Leiden des Delinquenten auf ein Minimum reduziert wird.

„Ich liebe dich, Dawn, vergiss nicht zu lächeln." Das waren die letzten Worte von Andrew DeYoung, gerichtet an einen alten Freund. Als das Gift an einem Donnerstagabend im Juni 2011 im Gefängnis von Jackson im US-Bundesstaat Georgia in seine Adern injiziert wurde, blinzelte und schluckte der 37-Jährige nach Angaben eines Reporters der Nachrichtenagentur AP noch etwa zwei Minuten. Dann schlossen sich seine Augen ...

Neben dem Sterbenden stand eine Kamera – die Hinrichtung wurde gefilmt. Bis dahin war in den USA erst eine Exekution mit einer Kamera aufgenommen worden: 1992 in Kalifornien, als der Tod eines Delinquenten in einer Gaskammer gefilmt wurde – als Teil einer Kampagne gegen diese Hinrichtungsmethode. Kalifornien schaffte später die Gaskammer ab. Auch jetzt sollten die Aufnahmen als Teil einer Kampagne eingesetzt werden. Es ging um das bei Hinrichtungen eingesetzte Betäubungsmittel *Pentobarbital*. Normalerweise wird es in der Tiermedizin verwendet, um Tiere einzuschläfern.

Mehrere Bundesstaaten der USA setzten es aber auch bei Hinrichtungen ein. Erst wurde *Pentobarbital* injiziert, um den Häftling zu narkotisieren. Dann folgte *Pancuroniumbromid*, ein Mittel, das die Muskeln lähmt, schließlich löst ein drittes Medikament den Herzstillstand aus. Besonders der Einsatz von *Pentobarbital* löste bei Menschenrechtsinitiativen große Proteste aus.

Also suchte man ein neues Betäubungsmittel – und fand es: *Thiopental-Natrium*. Kenneth Biros, ein verurteilter Vergewaltiger und Mörder, war am 8. Dezember 2009 im US-Bundesstaat Ohio mit diesem Wirkstoff als Erster in den Tod befördert worden. Seitdem war *Thiopental* das meist eingesetzte Hinrichtungsmittel, und nicht nur in Ohio. Seit September 2010 füllte auch der Bundesstaat Washington ausschließlich *Thiopental* in seine Todesspritzen. In 33 weiteren Bundesstaaten war der Wirkstoff zumindest einer von drei Bestandteilen des Giftcocktails. Doch seit Mai 2011 stockt die Tötungsmaschinerie. Denn den Amerikanern ging dieser Todesstoff aus, weshalb sie weltweit nach Nachschub suchten – auch in Deutschland. Eine solche Lieferung aus Deutschland nach Übersee wäre zwar völlig legal, nach Meinung des damaligen Bundesgesundheitsministers Philipp Rösler (FDP) allerdings auf keinen Fall mit deutschen und europäischen Werten und Grundsätzen vereinbar. In einem Schreiben an die Herstellerfirmen und den Pharma-Großhandelsverband rief Rösler deshalb dazu auf, die Anfrage aus den USA zu ignorieren. „Soweit Ihre Firma *Thiopental-Natrium* enthaltende Arzneimittel in Verkehr bringt, möchte ich Sie eindringlich bitten, solchen Lieferungsersuchen nicht zu entsprechen", hieß es in dem Schreiben des Ministers.

Thiopental war einmal eines der gebräuchlichsten Narkosemittel. Es gehörte zu den Barbituraten und wurde dazu eingesetzt, Patienten vor der Operation in den Schlaf sinken zu lassen. Wer es verabreicht bekam, hatte kurz vor dem Einschlafen einen Knoblauchgeschmack im Mund und verlor rasch das Bewusstsein. Der Atem wurde flacher. Wird der Wirkstoff aber – wie in den Todesspritzen – sehr hoch dosiert, setzt die Atmung aus. Durch den Sauerstoffmangel im Blut kommt es zum Herzstillstand. Der Mensch erstickt. Obwohl es noch auf dem Markt ist, wird das Mittel in Deutschland praktisch nicht mehr für Narkosen verwendet. Viele Patienten reagierten darauf allergisch. Außerdem belastet der Wirkstoff die Leber.

Einziger Hersteller in den USA ist das in Illinois ansässige Unternehmen Hospira. Eigentlich wollte das Unternehmen das Narkosemittel in Italien weiter produzieren, nachdem die US-Produktion im August 2009 wegen eines

Engpasses bei einem chemischen Bestandteil gestoppt worden war. Doch auch Italien verbot die Ausfuhr des Medikaments in die USA, weil es dort zu Hinrichtungen verwendet wird. In den USA hatte der Hersteller nach eigenen Angaben keine Produktionsstätte mehr für den Wirkstoff. So entschloss sich Hospira schließlich, den Stoff ganz vom Markt zu nehmen. Ein durchaus lukrativer und umkämpfter Markt. Sicher, eine Nische – aber die Justizbehörden sind verlässliche Abnehmer und noch dazu solvente Kunden. Was jedoch tun, wenn der Bedarf vorhanden, aber das Produkt nicht lieferbar ist?

Da es nach amerikanischem Recht nicht erlaubt ist, den Giftcocktail einfach zu ändern und zudem ein aufwendiges Zulassungsverfahren nötig ist, wurden immer mehr Hinrichtungen wegen der *Thiopental*-Knappheit verschoben. Die Suche nach Ersatzstoffen und deren Zulassung für Exekutionen war zum ernsthaften Problem für die Justizbehörden geworden.

Auf der Suche nach Ersatz glaubte man in *Pentobarbital* endlich ein Medikament gefunden zu haben, um den Engpass zu beheben. In Georgia war der Wirkstoff zuvor erstmals bei einer Hinrichtung eingesetzt worden. Ein Reporter berichtete später, der Todeskandidat habe während der Prozedur seinen Kopf mehrere Male ruckartig bewegt, er habe auf die Nadeln gesehen, die in seinen Armen steckten, und habe begonnen, vor sich hin zu stammeln, als Pentobarbital in seine Venen floss. Kritiker der Todesstrafe sagten daraufhin, diese Bewegungen seien der Beleg, dass das Mittel nicht verwendet werden dürfe. Die Generalstaatsanwaltschaft Georgias verwies dagegen auf die Sicherungsmechanismen, die unnötige Schmerzen verhindern würden. Zudem zog die Behörde die Angaben des Reporters in Zweifel: Der Mann habe sich bewegt, bevor ihm *Pentobarbital* injiziert worden sei. Bei seiner Hinrichtung sei sogar erstmals von einem Sanitäter überprüft worden, ob er bewusstlos war, bevor ihm das tödliche Gift injiziert wurde.

Dass DeYoungs Hinrichtung nun dennoch gefilmt wurde, ging auf die Klage der Anwälte des ebenfalls zum Tode verurteilten Gregory Walker zurück. Walker war 2005 verurteilt worden, weil er eine 23-jährige Hotelangestellte umgebracht hatte, die ihm Drogen und Geld entwendete, als er in seinem Hotelzimmer schlief. Walker hatte gegen seine Verurteilung geklagt. Er und seine Anwälte argumentierten, eines der injizierten Mittel – unter anderem das verwendete *Pentobarbital* – löse Schmerzen aus, was nicht erlaubt sei. Der Film sollte dies nun beweisen. Deshalb hatten Walkers Anwälte vor Gericht durchgesetzt, dass die Hinrichtung DeYoungs gefilmt wird. Die

Die besonders grausame Hinrichtungsart des Kreuzigens begleitet die christliche Kultur bis heute: Passionsaltar von Albrecht Altdorfer, 1510-1512, St. Florian, Augustiner Chorherrenstift.

Hinrichtungsarten: Hängen, Enthaupten, Feuertod und im Hintergrund Auspeitschen.

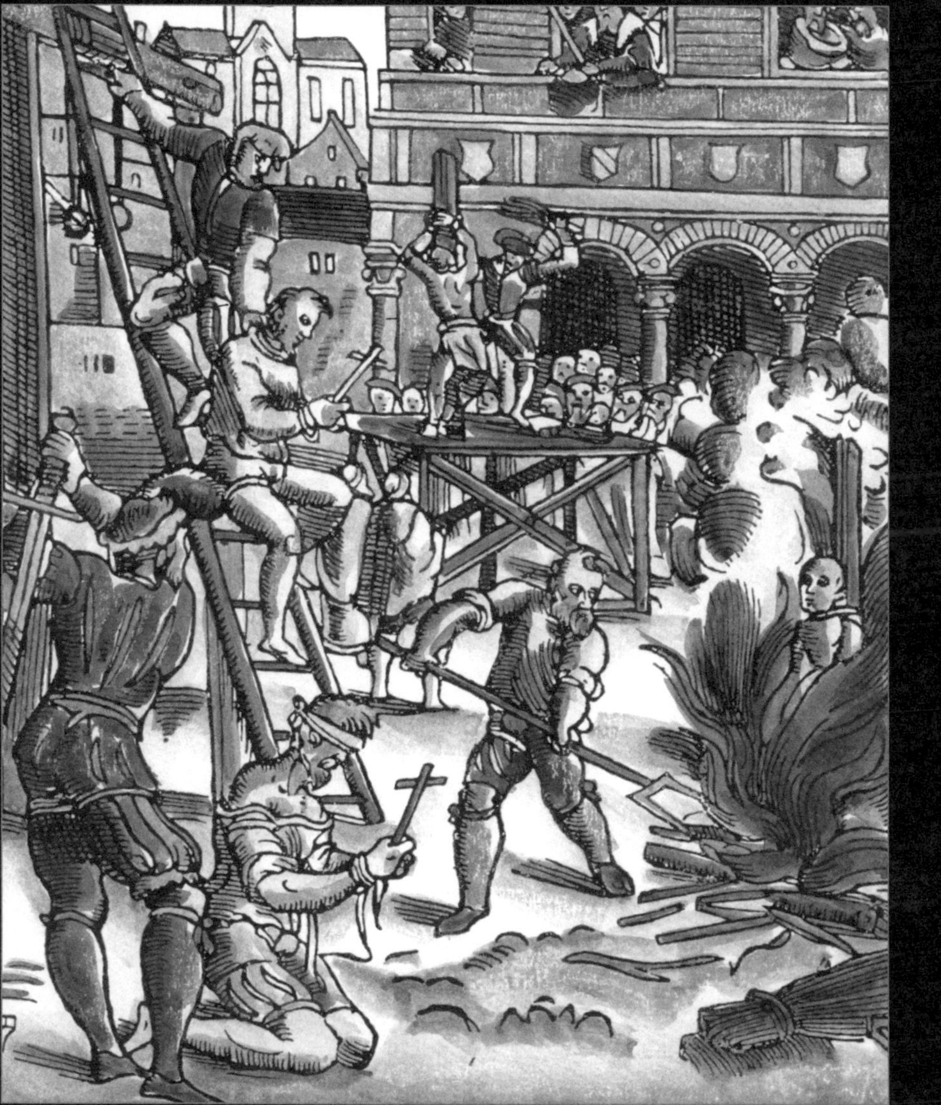

Jacques Callot, Hinrichtung durch Rädern. Blatt 14 der Folge „Les Grandes Misères de la Guerre“ (1632/33).

„Der Galgenbaum". Radierung von Jacques Callot. Blatt 2 der Folge „Les Grandes Misères de la Guerre" (1632/33).

Joseph-Ignace Guillotin (1738-1814), französischer Arzt und Politiker, der im Konvent die ‚Humanisierung' der Hinrichtungen durch die später nach ihm benannte Köpfmaschine beantragte. Anonymes Gemälde des 18. Jahrhunderts.

Das Zeigen des Hauptes: Die Hinrichtung Ludwigs XVI. am 21. Januar 1793 auf der Place de la République in Paris. Zeitgenössische kolorierte Radierung.

„Die Erschießung Kaiser Maximilians von Mexiko".
Queretaro, 19. Juni 1867. Gemälde (1868/69) von Edouard Manet.

Die Erschießung des Kaisers Maximilian und seiner Generäle Mejia und Miramon,
Queretaro, 19.6.1867. (Fotomontage: in d. Mitte der Kaiser und die Generäle,
rechts und links die auseinandergeschnittene Aufnahme des Exekutionstrupps)

Staatsanwälte hatten sich dagegengestellt, sie befürchteten, der Film könne an die Öffentlichkeit gelangen. Auch Gouverneur Nathan Deal, ein Politiker der Republikaner, hatte „große Bedenken". Doch der Oberste Gerichtshof Georgias wies die Berufung wenige Stunden vor der Hinrichtung ab. Also wurde das Sterben DeYoungs als Beweismittel gefilmt. Vor allem sollte dabei beobachtet werden, ob er auf Berührungen seiner Augen und Arme reagierte. Nachdem er keinerlei Bewegungen zeigte, wurde die Hinrichtung fortgesetzt, sein Sterben gefilmt. Ein schauriges Dokument. Als es auf ungeklärten Wegen danach an die Öffentlichkeit kam, setzte massiver Protest von Menschenrechtsgruppen ein, begleitet von zahllosen Medienberichten. Darf man eine Hinrichtung filmen? Ist das ethisch zulässig? Auch wenn die Auswertung als Beweismittel dienen soll, ist diese Form der Hinrichtung zu verbieten?

Die öffentliche Diskussion zeigte Wirkung: Anfang Juli 2011 ließ das dänische Pharma-Unternehmen Lundbeck mitteilen, dass sein Medikament nicht mehr für Hinrichtungen verwendet werden darf. Für die US-Bundesstaaten, die nach wie vor mit der Giftspritze Hinrichtungen durchführten, gab es einmal mehr Nachschubprobleme: es fehlte ein Betäubungsmittel. Da sie inzwischen fast ausschließlich mit letalen Injektionen töteten, mussten sie sich nach neuen Giftlieferanten umsehen. Das Ende einer Ära?

Dabei hatte man vor mehr als 40 Jahren geglaubt, endlich eine besonders „humane" Methode für den Vollzug der Todesstrafe gefunden zu haben.

Rückblende: Im Frühjahr 1977 halten die Justizbehörden der US-Bundesstaaten Oklahoma und Texas den Zeitpunkt für gekommen, die Todesstrafe mittels einer tödlichen Injektion zu vollziehen.

Sie greifen deshalb den Vorschlag des Anästhesisten Prof. Stanley Deutsch auf, Hinrichtungen mit einer todbringenden Medikamenten-Kombination vorzunehmen. Einer der Gründe für den Entschluss, die Exekution in dieser Weise durchzuführen, ist der hohe Kostenaufwand für den Bau der Gaskammern.

Das Szenario: Der Todeskandidat wird auf einer Liege fixiert und erhält in beide Arme eine Venenkanüle. Von diesen wird nur eine zur Durchführung der Exekution benötigt, die andere dient als Ersatz für den Fall, dass die erste Kanüle unbrauchbar geworden sein sollte. Die tödliche Injektion läuft in drei Schritten ab: Erstens, der Verurteilte wird betäubt, wobei die Dosis des Betäubungsmittels so hoch ist, dass allein sie bereits tödlich wäre. Zweitens, alle

Muskeln mit Ausnahme des Herzens werden gelähmt, die Erstickung beginnt. Drittens, das Herz hört auf zu schlagen, der Mensch stirbt.

Am 7. Dezember 1982 wird Charlie Brooks als erster Delinquent in Texas nach der neuen Methode hingerichtet; in Oklahoma folgt noch im selben Jahr eine weitere Exekution. Mittlerweile wird in 32 Bundesstaaten die Giftspritze als bevorzugte staatliche Exekution eingesetzt. Auch außerhalb der USA findet das Verfahren Anwendung: China führte es 1997, Guatemala 1998, die Philippinen 1999 und Thailand 2003 ein. Weitere Staaten sehen die Hinrichtung durch die Giftspritze inzwischen gesetzlich vor, haben sie aber in der Praxis noch nicht vorgenommen.

Und wie bei allen Hinrichtungsarten wird auch hier die Frage gestellt: Wie schmerzlos ist die Tötung mit der Giftspritze tatsächlich? Mediziner sind sich einig: Betäubungsmittel wie etwa *Thiopental* wirken sehr schnell, aber auch nur für eine verhältnismäßig kurze Zeit (5–15 Minuten), so dass die Gefahr besteht, dass der Verurteilte wieder zu Bewusstsein kommt und durch die Wirkung der nachfolgenden überdosierten Medikamente qualvoll stirbt. Zum Teil kann die Verabreichung von *Thiopental* auch dazu führen, dass die Person zwar äußerlich bewusstlos erscheint, aber trotzdem bei vollem Bewusstsein ist. In diesem Fall würde die Person bei vollem Bewusstsein sowohl die Lähmung ihrer Atemmuskulatur erleben als auch die herzschlagsenkende Wirkung des Kaliumchlorids, dessen Injektion in den Blutkreislauf allein schon sehr schmerzhaft ist.

Der Oberste Gerichtshof der Vereinigten Staaten entschied deshalb am 12. Juni 2006, dass zum Tode Verurteilte gegen diese Hinrichtungsart klagen können, wenn diese eine „ungewöhnliche und grausame Strafe" darstellt. Dies verstoße gegen den achten Verfassungsgrundsatz. Mehrere Häftlinge, die in den Todestrakten von Missouri und South Dakota auf ihre Hinrichtung warteten, erreichten mit ihrer Klage daraufhin die Einstellung von Exekutionen mit der Giftspritze. In Florida, Kentucky und Texas wurden Klagen dagegen abgelehnt.

Immerhin: Die Bundesstaaten Florida und Kalifornien setzten die Hinrichtung durch die Giftspritze am 15. Dezember 2006 aus, nachdem ein Verurteilter in Florida über 30 Minuten mit dem Tod gekämpft hatte und qualvoll gestorben war. Ein Grundsatzurteil zwei Jahre später schaffte dann Rechtssicherheit: Am 16. April 2008 erklärte – wiederum der Oberste Gerichtshof – die Hinrichtung per tödlicher Injektion definitiv für rechtens.

Die Hinrichtungsart sei keine „grausame und ungewöhnliche Bestrafung“ und verstoße somit nicht gegen den achten Zusatz der amerikanischen Verfassung. Über mehr als ein halbes Jahr war in den USA zuvor kein Mensch mehr hingerichtet worden; vor der weiteren Vollstreckung der Todesstrafe hatten die Bundesstaaten das Urteil des Supreme Court abwarten wollen. Nun konnte in den US-Gefängnissen wieder exekutiert werden.

Das neuerliche Urteil war mit einer klaren Mehrheit von sieben zu zwei Stimmen gefällt worden. Zuvor hatten Äußerungen der höchsten Richter noch auf ein gespaltenes Meinungsbild beim Supreme Court hingedeutet. Hardliner und liberale Sprecher kämpften um die Meinungshoheit. Während der landesweit bekannte konservative Richter Antonin Scalia die Frage stellte, weshalb für die Hinrichtung eines Mörders „die am wenigsten schmerzhafte Methode“ gewählt werden müsse, äußerte der liberale Chicagoer Richter John Paul Stevens – dienstältester Richter am Supreme Court –, er sei „fürchterlich beunruhigt“ darüber, dass die Giftspritze „qualvolle Schmerzen“ auslösen könne. Und die Praxis sollte seinen Zweifeln recht geben.

Immer häufiger gab es Komplikationen. So waren bei einer Hinrichtung am 29. April 2014 im Staatsgefängnis Oklahoma State Penitentiary dem verurteilten Mörder Clayton Lockett nacheinander *Midazolam, Vecuronium* und *Kaliumchlorid* verabreicht worden. Zehn Minuten nach Beginn der Hinrichtung stellte der beobachtende Arzt die Bewusstlosigkeit des Delinquenten fest. Drei Minuten später jedoch begann Lockett schwer zu atmen, nach Luft zu ringen, sich zu winden und mit den Zähnen zu knirschen. Zudem versuchte er, den Kopf zu heben und sich zu artikulieren. Nach der Injektion eines der Medikamente war eine Vene geplatzt, laut späterem Untersuchungsergebnis war diese zudem unfachmännisch durchstochen worden. Die Vorhänge zum Zuschauerraum wurden gesenkt, der zuständige Strafvollzugschef ließ die Hinrichtung unterbrechen. 43 lange Minuten nach Beginn der Exekution starb Lockett infolge eines Herzinfarktes. Eine grausame Prozedur.

Wenige Monate zuvor, Mitte Januar 2014, hatte in Ohio Dennis McGuirre ebenfalls eine Viertelstunde lang mit dem Tod gerungen, bis das Gift endlich Wirkung zeigte. Da das Beruhigungsmittel *Midazolam* nicht richtig anschlug, wachte der Verurteilte während der Exekution wieder auf und kämpfte minutenlang mit dem Tod. Schließlich erstickte er bei Bewusstsein. Da in Ohio wie in anderen Bundesstaaten das Standardgift ausgegangen war, hatten die Behörden auf einen neuen Medikamentenmix vertraut – und McGuirre damit einem unnötig qualvollen Tod überantwortet.

Nicht zuletzt solche skandalösen Vorfälle – und es waren nicht die einzigen – führten dazu, dass US-Juristen angestrengt darüber nachdachten, wie man einen Menschen in den Tod befördert, ohne ihm dabei Qualen zuzufügen. Für jeden, der die Todesstrafe ablehnt, ein paradoxes, makabres Gedankenexperiment – denn ob ein Delinquent tatsächlich schmerzfrei stirbt, weiß nur der Betreffende selbst.

Die Europäische Union hatte die Ausfuhr von Betäubungsmitteln für Hinrichtungen bereits 2011 untersagt. Danach konnten keine Medikamente, die sich als Tötungsmittel eigneten, mehr in die USA geliefert werden.

Seit dem Verkaufsstopp der Pharmabranche haben die US-Behörden aufgrund eines Engpasses bei der Lieferung geeigneter Medikamente immer mehr Hinrichtungen aufgeschoben. Einige Staaten, etwa Arizona, Kalifornien und Nebraska, bemühten sich, ausreichend Stoff aus Großbritannien oder Indien zu bekommen. Aber auch die britischen Behörden haben mittlerweile verboten, Medikamente für Hinrichtungen in die USA zu liefern. Und so wird – mitunter über rechtlich fragwürdige Vertriebskanäle – versucht, sich die notwendigen Substanzen anderweitig zu beschaffen.

So beabsichtigte die Justizbehörde in Georgia, ihre Giftreserven über eine obskure Londoner Apotheke aufzufüllen, die ihr Geschäft im Büro einer Fahrschule betrieb. Andere testen alternative Präparate, die aus der Tiermedizin kommen – etwa Oklahoma, wo ein Gift Verwendung finden sollte, mit dem sonst Tiere eingeschläfert werden. Schließlich erwägen einige Staaten – nicht zuletzt aufgrund der aktuellen Entwicklungen, etwa der bereits geschilderten Haltbarkeitsprobleme der Medikamente –, wieder auf die „altbewährten“ Hinrichtungsarten zurückzugreifen. Über die Aktivierung des elektrischen Stuhls und der Gaskammer wird in zahlreichen US-Bundesstaaten diskutiert. In Utah kommen Todeskandidaten wieder vor ein Erschießungskommando, sollten keine Chemikalien für die Giftspritze vorhanden sein. Gouverneur Gary Herbert hatte bereits 2015 ein entsprechendes Gesetz unterzeichnet. Tatsache ist: Es herrscht Giftmangel in den USA – und dort, wo die tödlichen Dosen noch vorhanden sind, droht auch zukünftig Ungemach.

Unabhängig von der Auseinandersetzung um die umstrittenen Giftcocktails, um die Probleme mit Pharmaproduzenten, Lieferadressen und Haltbarkeitsdaten wurde eine verlässliche Technik benötigt, die die Zufuhr der

Giftsubstanzen in den Körper des Delinquenten störungsfrei vornimmt, eine Injektionsapparatur, die neben den medizinischen Aspekten einen schmerzfreien Tod garantieren sollte.

Dafür brauchte es den Erfindungsreichtum und Geschäftssinn von Fred A. Leuchter, einem Mann, dessen Schwerpunkt seiner Arbeit in der Entwicklung von „humanen" Hinrichtungsmethoden liegt. Leuchters zweifelhaftes Verdienst ist es, dass es zu keinen technischen Komplikationen beim Tötungsvorgang kommt. So bereitet die Einführung der Injektionsnadeln mitunter Schwierigkeiten, zum Teil wurden geeignete Venen erst nach einer vollen Stunde zugänglich gemacht. Auch gab es häufig Komplikationen, weil zwischen den Einspritzungen der einzelnen Medikamentenlösungen auf die Ausspülung von Injektionsschlauch und Nadel mit physiologischer Kochsalzlösung verzichtet wurde. Die Folge: Durch Niederschlag infolge des Aufeinandertreffens der einzelnen Medikamente wurde der Schlauch undurchlässig und die Hinrichtung musste in einigen Fällen unterbrochen werden.

Alle diese Schwierigkeiten sind mittlerweile mittels Leuchters computergesteuerter Technik überwunden. Der selbsternannte „Exekutionsingenieur" sieht sich als moderner Unternehmer. Als führender Hersteller von Hinrichtungstechniken offeriert er für Justiz-Kunden eine breite Produktpalette: so einen modularen elektrischen Stuhl für 35 000 Dollar, eine komplette Gaskammer für etwas mehr als 200 000 Dollar oder einen Injektionsautomaten für kostengünstige 30 000 Dollar, inklusive Montage vor Ort, Schulung des Bedienungspersonals sowie Wartung. Seine Hightech-Injektionsmaschinen finden sich mittlerweile in zahlreichen US-Gefängnissen.

Begonnen hat Leuchter bereits 1984. Damals bestimmte ein Gesetz des Bundesstaats New Jersey, den elektrischen Stuhl durch die Giftspritze abzulösen. Der neue Injektionsapparat sollte „schnell und wirksam töten". Anders als in Bundesstaaten, wo die tödliche Spritze noch von Hand verabreicht wurde, sollte das neue Hinrichtungsverfahren auch ein moralisches Dilemma beenden: Niemand sollte erfahren, wer letztlich die tödliche Substanz in die Vene des Todeskandidaten beförderte.

Leuchter entwickelte einen Injektionsapparat, dessen Zuleitungen zu den Kanülen durch die Wand in einen Nebenraum führen, von dem aus mindestens zwei Justizvollzugsbeamte jeweils einen Knopf betätigen, wovon einer die Hinrichtung einleitet. Damit sollten mögliche Schuldgefühle bei den betreffenden Justizvollzugsbeamten vermieden werden. Die Injektionen selber werden mittlerweile dank Leuchters Knowhow computergesteuert verabreicht. Zwischen jeder Injektion wird die Kanüle mit einer physiologischen Kochsalzlösung durchspült, damit es nicht zu unerwünschten Fällungsreaktionen in der Kanüle kommt. Und: Um Störungen zu vermeiden, wird der Injektionsapparat mit Strom betrieben. Erstmals kam der von Leuchter erfundene Apparat im alten Staatsgefängnis von Missouri in Jefferson City zum Einsatz; am 6. Januar 1989 starb George Mercer in der behelfsmäßig umgerüsteten Gaskammer.

Der selbsternannte Experte für humane Hinrichtungen sorgte 1998 auch als Autor mit seinem sogenannten *Leuchter-Report* weltweit für Schlagzeilen. Darin versuchte er zu beweisen, dass in den Gaskammern der nationalsozialistischen Vernichtungslager keine Vergasungen stattgefunden haben könnten. Kurzum: ein Holocaust-Leugner und Mann von zweifelhaftem Ruf.

Kein Grund freilich für Justizbehörden diverser US-Bundesstaaten, dessen „innovative" Dienste nicht in Anspruch zu nehmen. Leuchters Injektionsapparatur wurde in den letzten Jahren technisch durch zusätzliche Computersoftware weiterentwickelt. Eine davon steht in dem Hochsicherheitsgefängnis Potosi in Missouri. Störungen und Defekte sollen dort der Vergangenheit angehören.

Die Justizbehörden im Bundesstaat Missouri verweisen gerne auf ihre Innovationsfähigkeit. So versucht man nicht nur Leid und Stress bei der Vollstreckung der Hinrichtung zu vermeiden, sondern auch die nervliche Anspannung der Beamten zu reduzieren. Den Medien soll ein akzeptables Bild geliefert werden. Die Botschaft: Missouri ist ein aufgeklärter, zivilisierter Staat. Nicht nur seine verurteilten Mörder haben Anspruch auf eine „humane" Vollstreckung, sondern die Regierung hat ihren Wählern auch darüber Rechenschaft abzugeben, dass alles ordnungsgemäß verläuft.

Dazu wurde ein präzises und detailliertes dreiseitiges Dokument, das *Missouri-Protokoll*, für jede Hinrichtung mit der Giftspritze erarbeitet. Es beschreibt alle Schritte des Verfahrens und benennt die zahlreichen Sicherheitsmaßnahmen. Gewöhnlich wird es zehn Tage vor dem geplanten Hinrichtungstermin unterzeichnet. Das Protokoll schreibt vor, dass die verurteilte Person 48 Stunden vor der Hinrichtung in eine Beobachtungszelle verlegt werden muss. Es handelt sich hierbei um Sicherheitsvorkehrungen zum Schutz des Häftlings. Besteht Suizidgefahr? Besteht die Gefahr, dass ein Mithäftling durch einen tödlichen Racheakt den Hinrichtungsbeamten zuvorkommt?

Während der Beobachtung vor der Hinrichtung ist ein Beamter 24 Stunden am Tag mit dem Verurteilten in einer Zelle zusammen und führt über alle Ereignisse – soweit es denn überhaupt erwähnenswerte Vorkommnisse gibt – Protokoll. In Missouri haben Verurteilte während der Beobachtungszeit das Recht, kostenlos aus der Gefängniskantine Mahlzeiten einschließlich Snacks, schwach alkoholische Getränke sowie Zigaretten zu bestellen; auch letzte Telefongespräche dürfen im Beisein eines Beamten geführt werden. Die meisten Todeskandidaten machen davon Gebrauch.

Auch Besuch ist unter Beobachtung möglich – von 6 Uhr morgens bis 22 Uhr, am Tag der Hinrichtung bis 18 Uhr. Es sind immer nur zwei Besucher zur gleichen Zeit erlaubt. Wer wann wie lange da war, worüber gesprochen wurde, das alles wird protokolliert. Auch hält das Protokoll fest, dass der Delinquent 48 Stunden vor seiner Hinrichtung körperlich untersucht wird. Schließlich soll er in guter Verfassung in den Tod gehen, so verlangt es das Gesetz.

Der Tag der Hinrichtung erfordert besondere Richtlinien. So wird der Kontakt der Gefängnisleitung mit den Medien, die das Staatsgefängnis bei fast allen Hinrichtungsterminen in großer Zahl umlagern, von spätestens 18 Uhr bis zur Pressekonferenz nach der Hinrichtung ausgesetzt. Eine Vielzahl genau abgestimmter Sicherheitsvorkehrungen, die weit über einhundert Gefängnisbeamte, Bevollmächtigte der Justiz und des Sheriffs sowie örtliche Polizeibeamte betreffen, treten in Kraft. Mitunter wird das gesamte Gebiet um das Gefängnis zum Sperrgebiet erklärt.

Seit dem Umzug des Todestrakts in das abgelegene Potosi sind die Sicherheitsvorkehrungen etwas reduziert worden, was auch der Tatsache geschuldet ist, dass das *Potosi Correctional Center* beinahe drei Autostunden von Jeffersen City entfernt ist. Das schreckt mögliche Demonstranten und „Gegen die Todesstrafe"-Aktivisten ab. Auch die gibt es in Missouri. Sie kommen von weit her, Einheimische sind unter ihnen kaum zu finden. Im Gegenteil: Die Bürger von Potosi hatten keinerlei Einwände, dass man das Gefängnis in ihrer Gemeinde baut. Bei der Einweihungsfeier spielte eine Blaskapelle auf, das Schulorchester musizierte, Politiker hielten Reden, die Leute aus Potosi trugen Hüte mit der Aufschrift „Ja zum Potosi-Gefängnis". Dass auch Hinrichtungen in ihrem Gefängnis stattfinden sollten, das störte die Menschen nicht. Die Mehrheit war ohnehin für die Todesstrafe und sie sah es wie Gefängnisleiter Don Pelo, der noch weitere Vorzüge ins Feld führte:

„Es ist eine umweltschonende Art Industrie, die keine Verschmutzung mit sich bringt. Wir streuen keine Chemikalien in die Luft oder in die Bäche. Gerade dieser Bezirk hat unter allen umliegenden die höchste Arbeitslosenquote. Darum war es ein Schritt in die Richtung, die nötig war, um ihre wirtschaftliche Lage zu verbessern und etwas hierherzubekommen, das für die Ortsgemeinde Arbeitsplätze schafft."

Lokalpolitiker, Arbeitsplatzsuchende und Umweltschützer stimmten dem Gefängnisleiter zu. Und so tun Mr. Pelo und seine Beamten ihre Arbeit. Wenn ein Hinrichtungsbefehl vom Obersten Gerichtshof von Missouri ausgestellt worden ist, nimmt alles seinen protokollarischen Lauf, der durchaus einem militärischen Befehlsweg nahekommt. Dem amerikanischen Dokumentarfilmer und Journalisten Stephen Trombley wurde – selten genug – Einsicht gewährt:

18.00 Uhr

Sechs Stunden vor der Hinrichtungszeit um 0.01 Uhr führt der Direktor eine letzte Lagebesprechung mit dem Stab durch. Danach begibt sich das Hinrichtungsteam auf seine Posten. Von diesem Augenblick an wird über jede Sekunde Protokoll geführt.

19.00 Uhr

Das Telefon im Hinrichtungsraum wird überprüft. Die Uhren werden überprüft und mit der Uhr im Medienraum synchronisiert.

19.30 Uhr

Dem Häftling wird ein Satz sauberer Kleidung gegeben und Sedativ angeboten. Einer der befugten Operateure verifiziert, dass die Injektionsmaschine fertig ist.

20.30 Uhr

Die Liege wird vorbereitet. Die Jalousien in der Todeskammer werden heruntergezogen.

22.00 Uhr

Während der vergangenen anderthalb Stunden sind die Telefone und Uhren immer wieder überprüft worden, ebenso die Injektionsmaschine und die damit verbundenen Vorrichtungen. Um 22.00 Uhr meldet sich das Hinrichtungsteam am Hinrichtungsraum, und die Präparate werden in die Injektionsmaschine geladen. Der Programmüberwachungs-Assistent verifiziert, dass sich alle Mitglieder des Hinrichtungsteams zur Stelle gemeldet haben. (Als Teil der Sicherheitsoperation tragen die sechs wichtigsten Mitglieder des Hinrichtungsteams Sicherheitsmarken höchster Priorität. Andere Mitglieder des Stabes tragen Dienstmarken, die sie für den Dienst auf verschiedenen Sicherheitsebenen innerhalb des Gefängnisses und in der Umgebung ausweisen.)

22.30 Uhr

Der Kaplan meldet sich bei der Beobachtungszelle. Ambulanz und Leichenwagen melden sich an der rückwärtigen Pforte. Die staatlichen Zeugen melden sich am Personaleingang. Das Gesetz verlangt ein Minimum von zwölf staatlichen Zeugen. Sechs davon gehören normalerweise der Presse an. Die Telefone werden besetzt.

22.40 Uhr

Der Leiter der Division of Adult Institutions meldet sich im Gefängnis im Verhandlungsraum für den Ausschuss zur Gewährung eines Hinrichtungsaufschubs.

22.45 Uhr

Die staatlichen Zeugen melden sich im Verhandlungsraum.

23.00 Uhr

Der Leiter der Division of Adult Institutions meldet sich im Verhandlungsraum. Der stellvertretende Direktor überwacht die offene Telefonleitung zum Justizminister.

23.05 Uhr

Der stellvertretende Direktor meldet sich im Hauptkonferenzraum.

23.10 Uhr

Telefone werden geprüft.

23.15 Uhr

Der Arzt überprüft das Elektrokardiogramm-Gerät.

23.20 Uhr

Der Abteilungsleiter überprüft die Telefone und überwacht alle Leitungen. Die Uhren werden nochmals überprüft. Der Abteilungsleiter trägt ein Transitradio, für den Fall, dass die Telefone ausfallen.

23.30 Uhr

Der Abteilungsleiter telefoniert mit dem designierten Stellvertreter des Gouverneurs, um zu überprüfen, ob es einen Vollstreckungsaufschub gibt. Der Programmüberwachungs-Assistent stellt sicher, dass sich nur autorisierte Personen im Hinrichtungsraum befinden.

23.35 Uhr

Der Gefangene wird zu der Liege eskortiert und darauf festgebunden. Das EKG wird an ihm befestigt und der intravenöse Katheder gelegt.

23.40 Uhr

Die Telefone werden überprüft. Die Zeugen des Häftlings kommen an. Der Staat Missouri gestattet dem Gefangenen, fünf Zeugen einzuladen. Sie werden einer gesonderten Sicherheitsüberprüfung unterzogen und sind die ganze Zeit über von den staatlichen Zeugen getrennt.

23.55 Uhr

Die Telefone werden überprüft.

0.00 Uhr

Der Abteilungsleiter telefoniert mit dem leitenden Direktor, um zu fragen, ob es einen Vollstreckungsaufschub gibt. Falls nicht, fährt der leitende Direktor im Programm fort. Die Jalosien in der Hinrichtungskammer werden geöffnet.

0.01 Uhr

Der leitende Direktor verliest den Hinrichtungsbefehl. Die Hinrichtung beginnt.

Der traditionelle Hinrichtungstermin 0.01 Uhr – der in den meisten Bundesstaaten gängige Praxis ist – beruht nicht nur auf der besonderen Sicherheit, die er gewährleistet, und der Tatsache, dass er durchaus eine gewisse Abschreckung für Demonstranten darstellt, sondern vor allem darauf, dass er dem Staat ganze 24 Stunden Frist gewährt, das Todesurteil zu vollstrecken. Das Hinrichtungsurteil legt nicht fest, zu welcher Tageszeit die Hinrichtung stattfinden soll. So hat der Staat Missouri dafür einen ganzen Tag Zeit.

Stephen Trombley hat den organisatorischen Ablauf facettenreich und detailliert dokumentiert – und er hat mit den Mitgliedern des Hinrichtungsteams lange Gespräche geführt. Beispielsweise mit dem Vollzugsleiter in Potosi, Paul Dela, einem Mann, der mehrfach die tödliche Chronologie aus nächster Nähe erlebt hat. Seine persönlichen Empfindungen lesen sich wie ein Routinebericht:

„Als Vollzugsleiter bin ich die letzte Person, die im Hinrichtungsraum zu sehen ist. Ich notiere alles, was passiert. Wir bieten dem Verurteilten an, dass er jede letzte Bitte aussprechen darf, oder was auch immer: Er hat die Möglichkeit zu sprechen – wenn er will ... Alles ist ganz spannungslos, ohne Zuckungen, Gebrüll oder Paranoia. Das hat es im Grunde nie gegeben. Im Allgemeinen hat sich die Person damit abgefunden, dass sie gewissermaßen irgendwie sterbenskrank ist, und fügt sich in ihr Schicksal. Wie schon gesagt, es ist die äußerste Strafe für die Verbrechen, die die Verurteilten begangen haben. Die Augen klappen einfach zu und sie sind tot ..."

Es dauert etwa vier Minuten, bis der Monitor anzeigt, dass das Herz aufgehört hat zu schlagen. Der Arzt signalisiert dem dafür verantwortlichen Beamten, dass es keine Zeichen der Herztätigkeit mehr gibt. Danach untersucht er den Häftling, stellt die Todeszeit fest, nimmt dem Toten die Anschlüsse ab und unterzeichnet die Todesurkunde. Auch die staatlichen Zeugen und die Pressezeugen, die der Hinrichtung beigewohnt haben, müssen eine notarielle Urkunde unterschreiben. Die Jalousien des Hinrichtungsraums werden hochgezogen, schließlich verliest der Gouverneur oder ein Vertreter des Büros des Gouverneurs im Presseraum eine Erklärung.

Wie ist die Situation nach der Hinrichtung, fragt Stephen Trombley den Vollzugsleiter, wie geht es ihm und seinen Kollegen vom Hinrichtungsteam? Und der antwortet:

„Man ist erleichtert. Sehr ruhig, gelassen, gefasst. Sehr professionell ... Und wenn eine Hinrichtung vorbei ist, gehen die Leute eben einfach nach Hause ... Was mich angeht, packe ich alles zusammen, schließe gegen zwei Uhr morgens mein Büro ab und gehe nach Hause. Normalerweise ist meine Frau dann noch auf, wir setzen uns hin und reden ... und dann geh ich schlafen. Ich habe kein Problem mit Einschlafen nach einer Hinrichtung ..."

Paul Dela ist in guter Gesellschaft. Der Gouverneur, die Justiz- und Gefängnisbeamten von Potosi und die Bürger von Missouri – sie alle haben nicht unter Gewissensattacken zu leiden. Dem Gesetz und der Gerechtigkeit wird Genüge getan, der Täter mit dem Tod bestraft – der Rechtsfrieden im Land wiederhergestellt.

Ob Texas, Arkansas oder Missouri: Der Gerechtigkeit wird entsprochen, Todesurteile werden vollstreckt – von Menschen, die den Knopf an Fred A. Leuchters Exekutionsmaschine betätigen, die das tödliche Gift in die Körper der Delinquenten transportiert: lautlos, steril, anonym.

„Ich habe mich dafür entschieden, ein Werkzeug des Staates zu sein, und ich vollstrecke dies als eine Strafe, wobei die Todesstrafe die äußerste Strafe ist. Und es würde mir gar nichts ausmachen, den Knopf selbst zu drücken", bekennt ein Gefängnismitarbeiter in Pitosi freimütig. Anders als der mittelalterliche Henker, der ebenfalls nur ein Werkzeug der Obrigkeit war und das Leben eines Geächteten führen musste, braucht er sich vor gesellschaftlicher Ausgrenzung nicht zu fürchten – nicht in Missouri, nicht in Arkansas, nicht in Texas. Als Henker muss sich niemand mehr fühlen, allenfalls als ausführender Technikexperte. Und nicht nur im Bundesstaat Missouri schätzt man seine loyale Arbeit im Dienste der Gerechtigkeit.

Um das Amt des Henkers und dessen Rolle in Staat und Gesellschaft geht es auf den nächsten Seiten. Wer sind diese Vollstrecker? Was hat sie dazu bewogen, das Töten von Menschen zu ihrem Beruf zu machen?

VOLLSTRECKER

Die Hände des Gesetzes

Das Amt des Henkers – Der Verfemte

Als Henri-Clément Sanson, der in der Geschlechterfolge der französischen Henkerdynastie als Letzter das Amt des Pariser Scharfrichters ausführte – und von dem im Kapitel über die Guillotine mehrfach die Rede war – 1862 eine sechsbändige Chronik seiner Familie herausbrachte, hatte er sich gewünscht, es möge als Pamphlet *gegen* die Todesstrafe verstanden werden. Keine Frage, dies ist ihm gelungen. Freilich in einer Nuance, die er nicht im Sinn hatte. Von den Schilderungen unfassbarer Grausamkeiten einer Justiz abgesehen, die noch nicht vom Geist der Aufklärung humanisiert war, stellt sich vor allem immer wieder eine Frage: Wie kann man einem Menschen zumuten, die Rolle des ebenso gefürchteten wie verpönten Henkers zu übernehmen? Henri-Clément Sansons Reflexionen machen deutlich: Um Henker zu werden, bedarf es nicht eines rohen Gemüts, auch nicht einer sadistischen Veranlagung oder Gefühlskälte. Nein, es bedarf nur gewisser außergewöhnlicher familiärer Gegebenheiten und gesellschaftlicher Konstellationen, um aus einem Menschen einen Henker zu machen.

Umstände, Tradition, Gesellschaftsordnung: Wer immer das Amt des Henkers ausübt – der römische Carnifex, der mittelalterliche Henker, der NS-Scharfrichter, der Exekutionsbeamte in US-Gefängnissen –, es ist ein grauenhaftes, ein tödliches Handwerk. Und was immer auch zur Legitimation dieses Berufs an Argumenten genannt werden mag, dieses ist stets dabei: Dass der Henker letztlich nur das Urteil vollziehe, das andere – im Namen des Volkes – gefällt haben, dass der Henker dem Gesetz diene und eine notwendige Pflicht erfülle. Fest steht: Bis zum heutigen Tag können alle Rechtfertigungsversuche und Existenzerklärungen nicht darüber hinwegtäuschen, dass der Henker immer das Leben eines Geächteten führen musste, gemieden von den

Mitmenschen, in deren Namen er doch sein Todeshandwerk ausübte. Und so lebten viele Henker eine Doppelexistenz; einige endeten durch Selbstmord, in den Tod getrieben durch die Geister, die sie immer wieder an ihre Opfer erinnerten, die umzubringen ihnen das Gesetz befahl.

Der römische Carnifex, ein Staatssklave, durfte weder innerhalb der Stadt wohnen noch einen Tempel betreten. Er musste eine besondere Kleidung tragen und mit einer kleinen Glocke alle „ehrlichen" Bürger vor seiner entehrenden Nähe warnen. Auch den Griechen galt der Henker als ehrlose Person, die ebenfalls kein Wohnrecht in den Städten hatte. Anders im Orient, wo der Henker eine hochgeachtete Stellung besaß, ständiger Begleiter und sofort zur Stelle war, um Todesstrafen unverzüglich zu vollstrecken. Er verkörperte sichtbar die unumschränkte Macht des Herrschers und wurde von dessen Abglanz selbst erhöht.

Noch anders in späterer Zeit in Europa: In den spätmittelalterlichen Städten gehörte der Henker zu den verachtenswertesten Menschen überhaupt. Ein Grund lag sicherlich im Eindringen des römischen Rechts, das die germanischen Volksrechte abgelöst hatte. Das römische Recht bot durch seine klareren, rationaleren Rechtsbegriffe zwar mehr Rechtssicherheit, führte andererseits aber die Folter als Mittel der Wahrheitsfindung in den Strafprozess ein. Die Folter wiederum erforderte einen Mann, der sachkundig mit den Gerätschaften umzugehen wusste, der das Foltern und Hinrichten zu seinem Beruf gemacht hatte.

So sehr seine Tätigkeit auch gebraucht wurde, der Henker galt als Verfemter. Eine Wirtsstube durfte er vielerorts nur betreten, wenn keiner der Gäste einen Einwand erhob. Jedes andere Handwerk war ihm und seinen Kindern verschlossen. Seine Söhne konnten nur Henker werden, die Töchter mussten Henker heiraten. Hatte er Vieh, so durfte dies nicht zusammen mit den anderen Tieren weiden. War der Henker schließlich gestorben, wollte niemand eine Hand rühren, ihn zu Grabe zu tragen.

In den Augsburger Stadtrechten von 1276, so berichtet Karl Bruno Leder, wurde dem Henker neben Foltern und Hinrichten auch die Aufsicht über die „fahrenden Fräuleins", also die Prostituierten, übertragen. Andere Städte schoben ihm weitaus unangenehmere Aufgaben zu. So musste er oft noch die Funktion des Abdeckers übernehmen, die Straßenreinigung oblag ihm, bisweilen auch die Entleerung der Kloaken. Solcherlei anrüchige Nebentätigkeiten brachten ihm gutes Geld, aber auch gesellschaftliche Verachtung.

Die Verfemung des Henkers war widersprüchlich: Einerseits gab es die geradezu hysterische Berührungsangst, weshalb er wie ein Aussätziger gemieden wurde. „Was zu berühren gescheut wird, ist das Tabuisierte; und in der Tat ist der Henker nichts anderes als ein Tabuisierter", stellt Leder fest. Andererseits standen beispielsweise Teile seines Galgens in höchster abergläubischer Verehrung. Besonders der Strick, mit dem ein Verurteilter gehenkt worden war, galt als begehrter Glücksbringer. Dasselbe glaubte man von Spänen, die vom Galgen stammten, ferner von dessen Ketten oder Eisenteilen. Alles, was zu dem Hingerichteten in irgendeiner Beziehung stand, wurde kultisch angebetet. Eine Tatsache, die sich nur erklären lässt, wenn die Hinrichtung insgeheim noch immer als ein Opfer an die Schicksalsmächte verstanden wurde. Der Hingerichtete war das wichtigste Objekt der abergläubischen Vorstellung, nur von ihm ging die magische Kraft in besonderer Weise aus. Schließlich schrieb man dem Henker von alters her auch handfeste Kenntnisse auf dem Gebiet der Heilkunst zu, für Mensch und Tier. Kurzum: Die Verklärung des Henkers und seines todbringenden Handwerks war ambivalent. Und sie findet sich keineswegs nur im finsteren Mittelalter.

So berichtet Karl Bruno Leder über die widersprüchliche Rolle des k. u. k. Scharfrichters Josef Lang. Einerseits war Lang verfemt und wurde mitunter aus der Unterkunft gewiesen, wenn man von seinem Beruf erfuhr. Andererseits wurde er immer wieder um Stücke des Stricks gebeten, mit dem ein Verurteilter gehenkt worden war, und zwar so oft, dass der Vorrat rasch verbraucht war. Lang vergab dann einfach Stücke von ungebrauchten Stricken. Die Menschen waren davon überzeugt, dass allein durch des Henkers Berührung die Stricke eine magische Kraft erhalten hatten.

Das Amt des Henkers war facettenreich und widersprüchlich – an Bewerbern jedenfalls herrschte kein Mangel. Ganze Scharfrichterdynastien bildeten sich heraus, die das Amt von Generation zu Generation weitergaben oder besser: gegen Konkurrenz verteidigten. Eine der berühmtesten Scharfrichterfamilien war, wie bereits erwähnt, die der Sansons, die über sieben Generationen hinweg das Amt des *Monsier de Paris* innehatten. Ihr bekanntestes Dokument, gewissermaßen eine Familienchronik, stellte kurz vor Mitte des 19. Jahrhunderts der letzte Vertreter der Dynastie, Charles-Henri Sanson, in Paris vor. Das umfangreiche Werk von insgesamt sechs Bänden schildert Leben und „Werk" seiner Vorfahren, berichtet über die spektakulärsten Kriminalfälle der jeweiligen Epochen – vor allem aber findet sich darin auch das aufsehenerregende Tagebuch des „Henkers von Paris“ aus der Revolutionszeit des Schreckens 1793 bis 1794.

Mit den Sansons verwandt waren die meisten anderen französischen Scharfrichterfamilien. Wie in Frankreich hatten auch in England, der Schweiz und in Deutschland Familiendynastien über Generationen hinweg das blutige Amt inne – und wie Charles-Henri Sanson griffen zahllose Henker nach dem Ende ihrer Scharfrichtertätigkeit zur Feder, um ihr Leben aufzuzeichnen, aus ihrem Alltag zu berichten, sich zu erklären und ihr Gewissen ein wenig zu erleichtern. Nicht unerwähnt sei, dass überdurchschnittlich viele Henker durch Selbstmord endeten, andere verfielen dem Alkohol oder lebten in tiefer Depression. Vollstrecker zu sein für eine Sache, die sich Gerechtigkeit nennt – ob mit Galgen, Guillotine, elektrischem Stuhl, Gaskammer oder der Giftspritze –, vielleicht ist es ein Handwerk, bei dem ein Mensch mehr auf sich nimmt, als er ertragen kann.

Bevor in diesem Buch ein noch lebender Henker in ernüchternder Offenheit über sein Handwerk Auskunft gibt und vom Leben eines deutschen Scharfrichters berichtet wird, zunächst eine zusammenfassende, kurze geschichtliche Rückschau auf den Henkerberuf – oder soll man sagen, die Skizze eines Berufsbildes?

Der Carnifex – Ein Dossier

Ansehen

Im Mittelalter galten Henker als ‚unrein' und ‚unehrlich' und genossen damit das gleiche Ansehen wie Gaukler, Juden, andersgläubige Fremde, aber auch wie Hebammen, Bader, Müller, Schäfer, Leinweber und Töpfer. Diese Menschen wurden im täglichen Leben geächtet und diffamiert. Sie durften kein städtisches Amt ausüben, keinen Grund erwerben und wurden nicht in Zünfte aufgenommen. Ferner waren sie nur beschränkt geschäftsfähig. Diese soziale Position wurde auch auf die Kinder übertragen, somit vererbte sich die Diffamierung von einer Generation zur nächsten.

Aufgaben

Neben den Hinrichtungen hatte der Henker noch weitere Aufgaben zu erfüllen, die kein ‚ehrlicher' Mann erledigen wollte. Dazu zählten Folterungen, die Säuberung der Kloaken, das Vergraben verendeten Viehs auf dem Schindanger, die Zurschaustellung von Delinquenten am Pranger und die Aufsicht über die Prostituierten.

Auftreten in der Öffentlichkeit

Das Amt des Henkers galt als unehrbar. Dementsprechend groß war die Diffamierung des Henkers. Im römischen Reich musste der Henker außerhalb der Stadt wohnen, welche er nur mit einer Sondergenehmigung betreten durfte. Innerhalb der Stadt musste er alle ‚ehrlichen' Leute mit einer Glocke vor sich warnen. Der Henker galt als ehr- und rechtlos. Wer ihn berührte, galt selber als entehrt.

Im Mittelalter hauste der Henker in einem Verschlag in der Stadtmauer und musste in der Öffentlichkeit auffällige Kleidung tragen. Ein Wirtshaus durfte ein Henker nur betreten, wenn keiner der dort Anwesenden etwas dagegen hatte. Dort besaß er einen eigenen Platz, auf dem sonst niemand saß, und einen eigenen Krug, aus dem sonst niemand trank. Sein Platz in der Kirche war ganz hinten, weit ab von den anderen. Häufig verweigerte ihm der Priester die Kommunion.

Berufswahl

Es fand sich kaum jemand, der freiwillig dazu bereit war, diesen blutigen Beruf auszuüben. Deshalb wurden anfangs nur solche Leute zum Scharfrichter ernannt, die dazu gezwungen werden konnten. Im römischen Reich waren das hauptsächlich Sklaven und Legionäre.

Im Mittelalter vererbte sich der Beruf von dem Vater auf den Sohn. Kinder von Henkern konnten ihrerseits auch nur Henker werden, andere Berufe standen ihnen nicht offen.

Frauen

Die Hinrichtung von Frauen bereitete vielen Henkern besondere Probleme. Denn Henker waren in der Regel keine geborenen Sadisten oder Mörder, sondern vielmehr ganz normale Menschen, die aufgrund ihrer Herkunft gezwungen waren, diesen Beruf auszuüben. Da niemand zum Töten geboren wird, besteht bei den meisten Menschen eine angeborene Tötungshemmung. Diese musste von den Henkern überwunden werden, was ihnen bei Frauen besonders schwerfiel.

Für die betroffenen Frauen bedeutete dies oftmals zusätzliche Pein, da die Hinrichtung aufgrund der Hemmung häufig stümperhaft vollzogen wurde. Im Falle der Maria Stuart musste der Henker dreimalig zuschlagen, bis die Königin starb.

Glücksbringer

So sehr er tagsüber geschmäht wurde, so sehr wurde er des Nachts verehrt. Denn der Henker galt als ein Heilkundiger und Magier, der das Glück beschwören könne. Im Schutze der Dunkelheit kamen Menschen zu ihm, um sich Tränke brauen zu lassen oder um seinen Rat einzuholen.

Heilkräfte

Bis ins vorige Jahrhundert hinein schrieb der Volksglaube dem Blut von Enthaupteten Heilkräfte zu. Deshalb drängten sich stets Menschenmassen um das Schafott, um das Blut aufzufangen. Blutgetränkte Tücher von zwei enthaupteten Mördern wurden noch 1864 von den Henkersknechten für zwei Taler das Stück an die Menge verkauft.

Ein Knöchelchen eines Gehängten in der Brieftasche hingegen sollte vor Geldsorgen schützen. Splitter vom Galgen oder Schwert wurden als Glücksbringer hoch gehandelt.

Heirat

Auch in der Wahl seiner Ehefrau wurden dem Henker Beschränkungen auferlegt. Henkern war es nur erlaubt, in andere Henkerfamilien einzuheiraten. Söhne konnten nur Henkerstöchter und Töchter nur Henkerssöhne heiraten. So entstanden regelrechte Henkerdynastien, die alle miteinander versippt und verschwägert waren. Die berühmtesten Sippen waren die Sansons in Frankreich, welche auch König Ludwig XVI. und Marie-Antoinette guillotinierten, die Deibles in Deutschland und die Grossholz und Vollmars in der Schweiz.

Henkersmahlzeit

Nachdem der Richter das Todesurteil gesprochen hatte, wurden dem Angeklagten in der Regel eine Vielzahl von Vergünstigungen zuteil. Er konnte den Kerker gegen eine komfortable Einzelzelle tauschen, sich zu essen und zu trinken bestellen, was das Herz begehrte, und selbst der Wunsch nach weiblicher Gesellschaft wurde erfüllt. Der Grund war aber nicht, wie man vielleicht vermuten könnte, humanitäre Überlegungen, um dem Angeklagten sein schweres Schicksal etwas zu erleichtern, sondern vielmehr tiefverwurzelter Aberglaube.

Die Menschen glaubten, dass bei einer Hinrichtung nur der Körper stirbt, aber nicht die Seele. Ist die Seele zufrieden, geht sie direkt in das Reich der Seelen über; stirbt ein Mensch aber im Zorn, bleibt die Seele auf Erden und will Rache üben. Besonders starke Seelen, wie beispielsweise Verbrecherseelen, können dabei besonders schwere Schäden anrichten. Daher tat man alles, um den Verurteilten zu besänftigen. Ebenso versuchten alle am Tod des Delinquenten beteiligten Personen die Verantwortung zu verschieben: Der Richter übergab den zum Tod Verurteilten an einen Nachrichter und entledigte sich so der Verantwortung, dieser beschuldigte den Henker, welcher sich wiederum bei seinem Opfer entschuldigte und dem Richter die Schuld gab. Im alten Athen wurde sogar nach der Tat das Beil vor Gericht gestellt, für schuldig befunden und anschließend verbrannt oder im Meer versenkt.

Die Angst vor der Rache des Toten war auch der Grund dafür, warum Henker bevorzugt während des letzten Gebets des Angeklagten zuschlugen. Denn wer betet, kann nicht zürnen ...

Kapuze

Fast alle Henker trugen bei der Ausübung ihres Berufes eine Kapuze. Dies taten sie aber nicht, um anonym zu bleiben, dafür waren sie zu bekannte Persönlichkeiten. Vielmehr versuchten sie, sich durch diese Maßnahme vor einem Fluch oder dem bösen Blick des Delinquenten zu schützen.

Psyche

Kaum ein Henker war ein geborener Killer. Sie wurden durch Umstände, die sie nicht beeinflussen konnten, gezwungen, andere Menschen in den Tod zu befördern. Diese Tätigkeit verursachte bei vielen Henkern schwere psychische Störungen. Alkoholsucht, Depressionen und Selbstmord waren die häufigsten Ausprägungen. Einige wurden auch selbst hingerichtet, weil sie straffällig geworden waren.

Schuld

Den Tod eines anderen verursacht zu haben, löst bei den meisten Menschen tiefe Schuldgefühle aus. Aus diesem Grund wurden verschiedene ‚Techniken' entwickelt, um die Schuld des Richtenden zu mildern. In manchen Kulturen wurden die Hinrichtungen von einem sogenannten Opferpriester vollstreckt.

Die Logik dabei war folgende: Jeder Delinquent hatte in irgendeiner Form gegen ein von den Göttern gegebenes Gebot verstoßen. Um den Götterzorn nicht herbeizubeschwören, mussten diese Verbrechen geahndet werden. Der Opferpriester trat dabei als Werkzeug und Stellvertreter der Gottheit auf. Da er nur den Willen seines Gottes erfüllte, traf ihn persönlich keine Schuld.

Eine weitere ‚Technik' ist die Hinrichtung ‚zu gesamter Hand'. Dabei wird die Hinrichtung nicht von einer einzelnen Person, sondern von der gesamten Gemeinschaft vollzogen. So bleibt für jeden Beteiligten die Option offen, dass sein ‚Beitrag' nicht der tödliche gewesen ist. Zu solchen Hinrichtungsarten ist die Steinigung oder das Erschießungskommando zu zählen. Bei Erschießungen wird beispielsweise immer das Gewehr eines Soldaten nur mit Platzpatronen geladen. Dabei wird den Soldaten aber nicht gesagt, welches es ist. So kann sich jeder einreden, keinen tödlichen Schuss abgegeben zu haben. Dem Opfer nützt das freilich reichlich wenig ...

Bei den meisten Hinrichtungsarten wurde versucht, den Akt des Tötens möglichst nicht selbst auszuführen. Beliebt war deshalb die Methode, das Töten den Naturgewalten zu überlassen. Der eigene Beitrag bestand ‚nur' darin, den Verurteilten diesen Gewalten hilflos auszuliefern. Zu diesen Todesarten gehört z. B. das Hängen (Schlinge um den Körper, nicht um den Hals!), das Rädern oder die Kreuzigung.

Tod

Starb ein Henker, fand sich niemand, der bereit war, ihn zum Friedhof zu tragen. Die Witwe konnte meist nur Gesindel überreden, ihren verstorbenen Gatten unter die Erde zu bringen.

„Ich war ein guter Henker" – Ein Scharfrichter erzählt

Sommer 1991: An einem Sonntagmorgen geht Gunnar Dedio, Autor und Filmproduzent aus Leipzig, an der Quelle Fontaine-de-Vaucluse, nahe Avignon, spazieren. Eher zufällig kommt er mit einem älteren Herrn ins Gespräch. Im Laufe der Unterhaltung erfährt er dessen Lebensgeschichte, die des letzten französischen Henkers. Sein Name: Fernand Meyssonier. Am Ende seiner Erzählungen lädt er den Deutschen zu sich nach Hause ein und zeigt ihm sein kleines privates Museum, eine einzigartige Sammlung von Folter- und Hinrichtungswerkzeugen. Besonders stolz ist der passionierte Henker auf eine Guillotine, die er seinem deutschen Gast mit routinierten Handgriffen vorführt. Als sie sich verabschieden, ist Dedio irritiert und fasziniert zugleich.

Die Begegnung ist Ausgangspunkt einer sechsjährigen Recherche, an dessen Ende ein beeindruckender Dokumentarfilm über die letzten Henker Europas stehen wird. Gemeinsam mit dem Regisseur Jens Becker spürt Dedio noch lebende „Vollstrecker des Todes" auf, um sie zur Mitarbeit zu bewegen. Kein leichtes Unterfangen. Henker scheuen das Licht der Öffentlichkeit, sie sprechen nicht gerne über ihren Beruf. Doch den beiden gelingt es, mit einigen ehemaligen Henkern lange Interviews zu führen: Joseph Malta, der die Nazi-Kriegsverbrecher in Nürnberg erhängte; Paul Sakowski, ein deutscher KZ-Henker; Ionel Boeru aus Bukarest, der das Diktatoren-Paar Elena und Nicolae Ceausescu exekutierte; György Pradlik und Reuf Ibrisagic, Vollstrecker aus Budapest und Sarajewo; sowie Fernand Meyssonier, französischer Henker in Algerien.

Ihr Film, unter dem Titel *Henker – Der Tod hat ein Gesicht* in Zusammenarbeit mit verschiedenen TV-Anstalten produziert, ist ein eindringliches Dokument. Männer, die berufsmäßig und „im Namen des Gesetzes" Menschen töteten – nicht einmalig, sondern gewissermaßen regelmäßig – erzählen: von ihrem Beruf, ihrer Kindheit und Jugend, ihrem Alltag, ihrem Leben. Persönliche Schilderungen kollidieren oft mit historischen Tatsachen, aber so verhält es sich mit Lebensberichten: Sie sind immer subjektiv, nicht selten widersprüchlich, manchmal beschönigend.

Fernand Meyssonier, der heute als Pensionär in der Provence lebt, ist von Anfang an bereit, mit Gunnar Dedio und Jens Becker zu sprechen. Vielleicht sieht er darin eine Möglichkeit, sich mit seinem Handeln zu versöhnen.

„Mein Vater war Chef-Henker in Algerien. Ich besitze noch seinen ehemaligen Berufsausweis mit den entsprechenden Vermerken der französischen Zivilverwaltung. Man muss nämlich wissen, dass es damals in Algerien vier Henker und Assistenten gab. Die meisten übten nebenher noch einen anderen Beruf aus, waren also auf das Henkerssalär nicht angewiesen, sondern machten den Job vor allem wegen der guten Beziehungen.

Ich denke, bei meinem Vater war das auch so. Er besaß in Algier eine Gaststätte. Dort verkehrten regelmäßig wichtige Leute: die Männer bekannter Familien aus der Nachbarschaft, Polizisten, Kommissare und Staatsanwälte ... Obwohl mein Vater in Algerien Henker war und das jeder wusste, wurde er von den Algeriern nie behelligt oder bedroht. Er hatte auch keine Feinde. Nur während der Ereignisse um die Unabhängigkeit wurde er verhaftet. Logisch, weil er vielleicht 200 Hinrichtungen ausgeführt hatte, wurde er denunziert. Als er im Gefängnis saß, brachten ihm einige Araber sogar Kuchen, unglaublich ...

Meine Mutter beschwerte sich dann beim Staatsanwalt, der damals noch ein Franzose war. Dieser bat daraufhin den algerischen Präfekten, meinen Vater freizulassen ... Mein Vater bekam 3000 Franc pro Hinrichtung. Ich habe noch alte Dokumente mit genauen Auflistungen: So gab es im Juni 1947 exakt 30 Hinrichtungen. Auf einem anderen Papier sind insgesamt elf Hinrichtungen festgeschrieben. Am Ende eines jeden Monats erstellte mein Vater eine Rechnung über den gesamten Monat. Ohnehin war mein Vater sehr gewissenhaft und protokollierte alles exakt. So besitze ich Unterlagen über die Hinrichtung eines Mohamed Taieb, der vom Militärtribunal zum Tode verurteilt worden war. Mein Vater exekutierte ihn um 5 Uhr morgens. Und er schrieb auf, dass die Prozedur genau 50 Sekunden dauerte – vom Herausführen des Verurteilten aus dem Sekretariat bis zum Zeitpunkt, als das Fallbeil der Guillotine niedersauste ...

Ich erinnere mich dunkel, dass ich mit sieben oder acht Jahren dabei war, als mein Vater in Oran zwei Araber hinrichten musste. Was ich allerdings nie vergessen werde, ist die erste Hinrichtung, die ich ganz bewusst miterlebte – 1948, mit knapp 17 Jahren. Ich muss gestehen, dass ich im letzten Moment beinahe Nein gesagt hätte, mir das anzuschauen. Doch dann obsiegte Neugier und Interesse.

Mein Vater hatte mich also mitgenommen und ich blieb natürlich in seiner Nähe. Doch er meinte, dass ich an dieser Stelle seinen Stellvertreter bei der Arbeit stören würde, und schickte mich in eine andere Ecke, von der ich die Hinrichtung viel besser beobachten konnte. Selbstredend fiel das ein paar anwesenden Justizbeamten auf, und sie fragten, was ich hier zu suchen hätte. Als man ihnen erklärte, dass ich der Sohn des Henkers Herrn Meyssonnier sei, ging das in Ordnung. Insgesamt dauerte alles eine Dreiviertelstunde, die wir ausharren mussten. Es war dunkel, eine beängstigende Szenerie. Ich erinnere mich noch an jede kleinste Einzelheit, als wäre es gestern gewesen.

Dann öffnete sich die Flügeltür auf dem Gefängnishof und der Verurteilte wurde von den beiden Helfern herausgeführt. Bereits da raste mein Herz wie nach einem 100-Meter-Sprint. Sie führten den Todeskandidaten etwa fünf, sechs Meter zur Guillotine, legten ihn auf die Kippe und schoben ihn zurecht. Der eine Helfer hielt den Kopf fest, damit dieser zwischen den Halbschalen herausragte. Dann wurde er gekippt – und eine Sekunde später fielen Beil und Kopf. In diesem Ausgenblick schoss ein Blutstrahl heraus, als ob man ein großes Wasserglas drei Meter ausgeschüttet hätte. Schrecklich.

Mich durchschüttelte eine unglaubliche Angst. Gleichzeitig beeindruckte es mich, solche Gewalt zu erleben. Das war ein kolossaler Unterschied zu dem, was ich vorher in Filmen gesehen hatte. Meine erste Hinrichtung hat mich wirklich sehr bewegt und mitgenommen, die folgenden Nächte habe ich kaum schlafen können. Sicher, nach 200 Hinrichtungen gewöhnt man sich langsam an diesen Beruf. Aber das erste Mal, das vergisst man nicht, das hat mich tief geprägt.

Nein, es war wirklich nicht das Vergnügen, einen Verurteilten hinzurichten, die Lust, jemanden exekutieren zu wollen, die mich dazu brachte, selbst Henker zu werden. Mich hat auch niemand gezwungen, man konnte ablehnen.

Mein Vater freilich war Henker, weil er Henker werden wollte, vor allem, weil er davon viele Vorteile hatte: seine Gaststätte, die Beziehungen zu Polizisten, Staatsanwälten, Abgeordneten, der Waffenschein, den er haben durfte ... Solche Privilegien wollte ich auch ganz einfach genießen. Und ich hatte dann diese Vorteile: Polizeischutz, ich konnte kostenlos in Algier Tram fahren, ich besaß sogar einen Kriegswaffenschein für eine deutsche P 38-Pistole.

Ich bin also Henker geworden, weil ich das so gewollt habe. Und zum anderen, weil mein Vater diesen Beruf sozusagen vererbt hat. Denn in Frankreich konnte der Generalstaatsanwalt nicht bestimmen, wen er als Henker haben wollte. Wenn alles gut lief, durfte mein Vater Freunde von ihm zum Henker ernennen oder eben seinen Sohn. Das war ungefähr so wie bei Alain Delon und dessen Sohn, der ebenfalls Schauspieler wurde und kein Bauer.

Es versteht sich von selbst, dass ich nicht mit 16 Jahren Henker werden konnte. Zuerst wollte ich damals einfach nur eine Hinrichtung sehen. Mein Vater hatte mich mitgenommen, und dann musste ich fast zehn Jahre warten, bis ich selbst zum Henker ernannt wurde. Zunächst habe ich also 1948 als freiwilliger Helfer begonnen. Da spielte ich natürlich nur eine Nebenrolle, war mehr Handreicher, hatte keine richtige Verantwortung zu übernehmen. Doch etwa ein halbes Jahr später hatte der eine Helfer einen tödlichen Unfall, und zufällig fast zur gleichen Zeit wurde der andere Helfer von der algerischen Befreiungsfront FLN ermordet. So stieg ich in der Funktionshierarchie auf und nahm den Platz als erster Stellvertreter ein. Plötzlich war ich der erste Helfer meines Vaters.

Von nun an hatte ich wichtigere Aufgaben zu erfüllen, was nicht ganz ungefährlich war. Denn bei einer Exekution war es stets so, dass der Chefhenker das Beil fallen ließ und ich, der erste Stellvertreter, den Kopf des Verurteilten festhielt. Die drei anderen haben den Verurteilten nur zur Guillotine gebracht und festgeschnallt. So hätte es denn Unfälle geben und ich mir Finger abhacken können, da ich nicht wollte, dass meinem Vater bei einer Hinrichtung etwas schiefgeht und ich deshalb von Anfang an große Risiken einging. Schließlich wurde ich dann 1956, mit 25 Jahren, offiziell zum Henker ernannt. Ich habe mindestens 200 Hinrichtungen durchgeführt ...

Über meine Zeit als Henker habe ich ja noch viele Unterlagen aufgehoben. So belegt ein Dokument, dass wir am 25. April 1958, genau um 5 Uhr morgens, einen Amrouch Ben Ibrahim hinrichteten, im Gefängnis von Constantine. Das Prozedere an sich dauerte nur fünf Sekunden ... Am meisten zu tun hatte ich in den Jahren 1957/1958, da gab es die meisten Hinrichtungen. Aus den Akten geht hervor, dass wir allein im Februar 1957 fast 30 Hinrichtungen ausgeführt haben. 30 Hinrichtungen in einem Monat plus die Spesen – da konnten wir unser mageres Monatsgehalt versechsfachen.

Unter denen, die ich in jenen Jahren in Algerien hinrichtete, gab es natürlich auch viele Terroristen der FLN, der Nationalen Befreiungsfront Algeriens. Wenn ich mich recht erinnere, waren es immerhin 144 ... Sicher, die gaben sich meist als Politische, als Kämpfer der nationalen Befreiungsbewegung, als Partisanen aus. Doch für mich waren das Terroristen, Attentäter, einfache Kriminelle, Verbrecher, die unter das Gemeinrecht fielen ...

Das mit der FLN in Algerien kam mir immer ein bisschen so vor wie mit der FFI, der französischen Heimatarmee, der militärischen Organisation der Résistance in Frankreich während des Zweiten Weltkriegs. Auch da gab es manche, die unter dem Deckmantel der Politik töteten, vergewaltigten, raubten. Und dann gab es andere, die wirklich für ihr Land und eine Idee kämpften und starben. Doch sowohl dann in Frankreich wie in Algerien wurden alle in einen Topf geworfen und nun zu Helden erklärt. Aber wie will man heute nachweisen, ob einer ein Politischer oder ein Krimineller war? Das ist sicher schwierig. Mir persönlich kann allerdings keiner etwas vormachen, ich habe jahrelang mit eigenen Augen gesehen, welche schlimmen Verbrechen begangen wurden. Und heute sind alle Helden, sogar Straßen und Plätze sind nach ihnen benannt. Wie ehedem in Frankreich, wo es Straßen gab, die die Namen von Männern trugen, die für Vichy waren. Nachher hatte man die Namen wieder gelöscht. Das ist aber Geschichte ...

In Algerien hatte ich damals keine Skrupel, die Leute hinzurichten. Es gab ja Hunderte, die nach dem Zivilrecht zum Tode verurteilt waren. Aber nie habe ich jemanden aus Rache hingerichtet, nur weil er erklärte, ein Partisan zu sein. Ich übte meinen Beruf aus, mehr nicht. Und von den Algeriern wurde ich niemals bedroht. Ich glaube, die hatten Verständnis für unser Handeln. Denn wenn zum Beispiel ein Algerier seinen Vater oder seine Schwester umgebracht hat, dann gibt es das Gesetz der Vergeltung – und das ist stets die Todesstrafe.

Um die Hinrichtungen durchzuführen, mussten wir in verschiedenen Landesteilen unterwegs sein. Meist fuhren wir mit dem Auto dort hin, manchmal reisten wir aber auch mit dem Flugzeug. Gab es einen Missionsauftrag in Oran oder Konstantinopel zu erfüllen, flogen wir natürlich von Algier mit einer Militärmaschine mit dem blau-weiß-roten Kennzeichen. Während wir vormals unseren Dienst vor allem in sochen Gefängnissen wie dem ‚Bida' und dem ‚Batna' verrichteten, arbeiteten wir in der Zeit der Auseinandersetzungen, also in den Jahren 1956 bis 1959, meist in einer der drei Zentralen in Algier, Oran und Constantine.

Das ‚Barbe Rousse' war eine Haftanstalt in Algier, sie befand sich im oberen Teil der Casbah, der Altstadt. Es war zwar ein altes Gefängnis, aber trotzdem modern ausgestattet. Und es gab dort fast 2000 Gefangene. Die Guillotine befand sich in der Garage des Gefängnisses und wurde für Hinrichtungen auf dem Hof aufgebaut. Wenn es so weit war, holte uns die Polizei nachts zu Hause mit dem Auto ab und brachte uns um 3 Uhr morgens ins Gefängnis. Die Exekution selbst fand auf dem Ehrenhof des Gefängnisses statt, die Verurteilten brauchten von der Tür nur drei Stufen herunterzusteigen und bis zur Guillotine vier Meter zu laufen. Dort hatte schon mein Vater eine Platte aus Beton gießen lassen, damit wir keine Probleme bekamen, die Guillotine genau waagerecht aufzustellen.

Constantine war ein Militärgefängnis, da ging es bisschen anders zu. Wenn der Verurteilte aus seiner Zelle zur Exekution geführt wurde, musste er einen langen Weg zurücklegen, ungefähr einhundert Meter. Vor allem war es in Constantine meist so, dass wir an einem Tag mehrere Hinrichtungen vorzunehmen hatten. Einmal passierte dort etwas sehr Unangenehmes. Einer der Helfer hatte den Verurteilten anstelle am Brustkorb an den Füßen geschoben. Durch den Stoß, der durch das Fallbeil verursacht wurde und durch den ganzen Körper ging, wurde er nach hinten gedrückt, taumelte und fiel beinahe hin. Ich stand am anderen Ende, hatte den Kopf des Hingerichteten in den Händen und bekam dessen Blutstrahl mitten ins Gesicht. Für die etwa zehn Bewacher muss das schauerlich gewesen sein. Drei oder vier von ihnen wurde auf der Stelle übel, sie fielen um, mit dem Gewehr in der Hand. Kein Wunder – sie sahen spritzendes Blut und einen Typen mit einem Kopf in der Hand. Das ist etwas anderes als eine Fliege, die man zerquetscht ...

Nun ja, es war im Großen und Ganzen überall gleich: die Gefängnisse, die Guillotine, die ganze Szenerie ... Nur die ‚Schauspieler' waren andre, die Verurteilten verhielten sich unterschiedlich. Da gab es welche, die vorher für ihre Nächsten noch ein paar Worte aufschreiben wollten. Andere beschimpften die Justizbeamten und Henker, wehrten sich, bissen, traten gegen den Korb. Manche brüllten, fluchten und heulten. Die Mutigen sangen die algerische Nationalhymne. Und einige haben sich in die Hosen gepinkelt.

Und dann kann ich mich noch genau daran erinnern, dass es sich bei einer meiner ersten Hinrichtungen um eine Frau handelte. Sie hieß Madeleine Mouton. Sie wurde jedenfalls ohnmächtig, der Arzt musste ihr eine Spritze geben, damit sie wieder zu sich kam. Das hat mich damals sehr bewegt und schockiert. Aber ich habe nur diese einzige Frau hingerichtet.

Der Ablauf der Hinrichtung wiederholte sich im Wesentlichen immer. Am Vortag wurde die Guillotine aufgebaut, dazu brauchten wir höchstens 20 bis 25 Minuten. Dabei achteten wir tunlichst darauf, dass das Gegengewicht nicht schon hochgezogen wurde, denn es gab schon Unfälle, wo jemand den Hebel berührt und die Guillotine ausgelöst hatte. Also ließen wir das Gewicht noch unten am Boden liegen.

Zehn oder fünfzehn Minuten vor der eigentlichen Hinrichtung holten wir den Todeskandidaten ab. Er kam aus der Gerichtskanzlei und musste ein paar Meter über den Ehrenhof laufen. Seine Hände, Arme und Oberschenkel waren gefesselt, an jeder Seite schritt ein Helfer. Sie brachten ihn direkt vor die Kippe und legten ihn darauf. Sein Kopf wurde von zwei Halbschalen, der sogenannten Brille, eingeschlossen. Dann nahmen mein Vater und ich die Posten ein.

Wenn ein Verurteilter auf die Guillotine gekippt wurde, versuchte er unweigerlich, den Kopf zwischen den Schultern einzuziehen. Um ein möglichst sauberes Enthaupten zu garantieren, musste ich deshalb an seinem Kopf, zirka zwei Zentimeter hinter seinen Ohren, ziehen. Ich durfte mich nicht irren und musste schnell sein. Zugleich musste ich aufpassen, dass meine Daumen und Finger so lagen, dass sie durch das Fallbeil nicht mit abgeschnitten werden konnten. Denn zwei oder drei solcher Pannen hatte ich schon miterlebt.

Im Vergleich dazu ist das Hängen viel einfacher und gefahrloser. Dem Verurteilten wird das Seil um den Hals gelegt, mit dem Knoten der Schlinge auf der linken Seite, so dass beim Fallen ins Leere der Halswirbel bricht. Doch ich finde, dass die Guillotine der schnellste Tod ist, auch wenn Blut fließt.

Dann fragte mich mein Vater, ob ich bereit sei. Ich nickte, er löste das Seil aus, das Beil raste herunter. Das ausgelöste Gegengewicht wog allein schon 38 Kilo, zusammen mit dem Fallbeil machte das fast 45 Kilo aus, und bei einer Fallhöhe von knapp zweieinhalb Metern durchtrennte dann ein Gesamtgewicht von 800 Kilo den Hals. Das Ganze dauerte nicht länger als zwei Sekunden. Der Kopf blieb in meinen Händen, und nach vollzogenem Akt legte ich ihn in den in unmittelbarer Nähe stehenden Korb.

Wenn es nur eine einzige Hinrichtung gab, zog ich nach verrichteter Arbeit das Seil von der Guillotine ab. Aber wenn wir mehrere Todeskandidaten hatten, musste das Seil natürlich jedes Mal wieder hochgezogen und eingehängt werden, dafür gab es eine zweite Kordel. Sobald das Fallbeil wieder oben war, holten die Helfer den nächsten Verurteilten. Es kam vor, dass wir an einem Morgen fünf hinrichteten, aber normalerweise ging auch das sehr rasch vonstatten. Kippen – zack, dann war es vorbei. Kein Leben mehr, ein schneller Tod.

Es war auch vorgekommen, dass bei der Hinrichtung mehrerer Leute nicht mehr der richtige Kopf zum jeweiligen Körper gefunden wurde, die Toten also mit vertauschtem Kopf – oder Körper – beerdigt werden mussten. Das war schon schlimm. Doch mein Vater löste auch das Problem. Anstelle von Körben, in die sonst die abgeschlagenen Köpfe gelegt wurden, nahmen wir nun gleich die Särge, wo der Hingerichtete komplett hineingelegt wurde. So trennten wir: ein Sarg – ein Toter.

Wenn die Exekution vorbei war, fühlten wir uns alle erleichtert. Dann wurden Kippe, Korb und Planken mit einem Schlauch und viel Wasser abgestrahlt. Wir bauten die Streben ab, danach die ganze Guillotine und verfrachteten sie in den bereitstehenden Laster. Nach einer knappen halben Stunde waren wir mit allem fertig. Dann hatte ich Zeit und duschte ausgiebig. Das war ein Ritual.

Jede Hinrichtung hat ihre eigene Atmosphäre. Wer dabei war, weiß, dass dabei ganz eigenartige Gefühle ausgelöst werden. Was man gesehen, gehört und gerochen hat, vergisst man sein ganzes Leben nicht. Eine halbe oder eine Stunde vor der Hinrichtung sind viele Menschen anwesend, es wird viel und laut gesprochen. Aber es ist kein richtiger Krach, sondern mehr ein Murmeln, wie in einer Kirche. Die Justizbeamten und die anderen reden mit gedämpfter Stimme, ziemlich leise. Das ist schon bedrückend. Die Geräuschkulisse verändert sich, wenn der Gefangene aus der Kanzlei geholt wird. Von seinem Aufwecken bis hin zur Hinrichtung vergeht höchstens eine halbe Stunde, er weiß oder spürt zumindest, was passieren wird. Einige fangen an zu schreien und zu kreischen, andere schluchzen und weinen. Sonst herrscht Stille. In diese Lautlosigkeit schneidet der Ton des Fallbeils, ein dumpfer Ton. Und dann das klatschende Geräusch, wenn der Kopf in den Korb fällt ...

Der Geruch des menschlichen Blutes, das fließt, ist auch ein ganz besonderer. Er unterscheidet sich beispielsweise stark von dem der Pferdeschlächterei. Bereits als ich das allererste Mal mit meinem Vater bei einer Hinrichtung war, roch ich das Menschenblut, obwohl die Holzplanken gründlich mit einem Wasserstrahl gereinigt worden waren. Noch heute, nach mehr als 40 Jahren, könnte ich mit geschlossenen Augen feststellen, wo Menschenblut geflossen ist. Wenn irgendwo zehn Liter Blut auf dem Boden geklebt haben und inzwischen längst abgewaschen sind, könnte ich es trotzdem riechen.

Dabei ekle ich mich vor Blut selbst gar nicht. Viel mehr widert es mich an, wenn ich einen Verurteilten, der Kindern die Kehle durchgeschnitten hatte, berühren musste. Nach dessen Exekution musste ich mir mehrmals die Hände waschen und mich duschen. Ich hielt es nicht aus, seinen Geruch an mir zu riechen, das war schlimmer als das Blut. Gewiss, beim ersten Mal hat mich das furchtbar mitgenommen. Doch spätestens nach der zehnten oder fünfzehnten Hinrichtung wurde alles eine Frage der Gewohnheit. Man gewöhnt sich an alles, auch an Blut.

Ich weiß, dass andere, die mit Hinrichtungen zu tun hatten, es vermieden, den Verurteilten in die Augen zu blicken. Bei mir war das anders, ich schaute ihnen stets in die Augen. Schon weil ich vor dem Todeskandidaten Angst hatte. Man wusste ja nie, was er wenige Augenblicke vor seinem Tod dachte, vorhatte und wie er reagieren würde. Während ich ihm die Fußgelenke fesselte, hätte er mich etwa in den Nacken beißen können. So gab es Fälle, wo einer einen Hocker nahm und um sich schleu-

derte. Deshalb haben wir dann die Gefangenen schon in der Zelle gefesselt und ihnen Handschellen angelegt. Ich fixierte also den Verurteilten und ließ keinen Blick von ihm. Freunde, die einer Hinrichtung beigewohnt hatten, sagten mir danach, ich hätte sie nicht einmal bemerkt. Ich konzentrierte mich völlig auf mein Gegenüber, sah ihm in die Augen, die so etwas wie der Spiegel der Seele sind. Ich versuchte zu verstehen, was er tun und mir vielleicht sagen wollte.

Einmal, 1957, passierte etwas sehr Merkwürdiges, an das ich mich noch genau erinnern kann. Ich blickte dem Verurteilten in die Augen und spürte förmlich, wie er sich wahrscheinlich in diesem Augenblick die gleichen Fragen stellte wie ich: Gibt es ein anderes Leben nach diesem Leben? Gibt es einen Gott oder nicht? Dieser Typ sah mich an, und es war wie eine Gedankenübertragung, als er zu mir sagte: ‚Nachher werde ich mit Gott sein.' Das war wirklich unglaublich. Man will leben und besitzt nur dieses eine Leben. Diese Fragen, die man sich stellt, die auch in meiner Lieblingsoper ‚Faust' auftauchen ... Und der Verurteilte hat es dann ein paar Sekunden später genau erfahren.

Obwohl ich katholisch und sogar Kirchendiener war und als Kind fast jeden Sonntag mit meinen Eltern und Großeltern in die Kirche ging, glaube ich nicht mehr an Gott. Seit langem zweifle ich an ihm und seiner Gerechtigkeit, ist mir bange davor. Und das wird immer schlimmer, wenn ich überall diese Ungerechtigkeiten sehe. Denn das gehörte ja zu den hässlichen Seiten meines Berufes: Ich hatte immer Angst, dass es Ungerechtigkeit gibt, dass es einen Unschuldigen trifft. Das war für mich ein ständig wiederkehrender Alptraum.

Ich wusste zwar, dass es bei den rund 200 Todeskandidaten, die ich hingerichtet habe, keinen Justizirrtum gab. Trotzdem legte ich jedes Jahr zu Allerheiligen ein Gebinde auf das Grab des unschuldig getöteten Lesieux. Ich wollte um Vergebung bitten, weil sich ja vielleicht irgendwann später mal hätte herausstellen können, dass auch ich einen Unschuldigen hingerichtet habe. Das wäre furchtbar gewesen.

Aufgrund meiner Haltung zu Gerechtigkeit und Ungerechtigkeit bin ich nur Henker gewesen. Wenn ich nämlich nicht sicher gewesen wäre, dass ein Typ schuldig ist, hätte ich keine Hinrichtung vornehmen können. Aber ich hätte niemals Staatsanwalt werden wollen. Ich hätte nie im Leben die Todesstrafe verhängen können, höchstens im Extremfall, wenn man wirklich handfeste Beweise besitzt. Man forderte die Todesstrafe viel leichter, als ich es getan hätte, ich hätte viel zu viel Angst gehabt, dass ich mit einem Urteil irre. Und hätte es einfach nicht gekonnt, Leute zum Tode zu verurteilen, wie es vor 40, 50 Jahren gemacht wurde. Aber Ungerechtigkeiten gab es bei uns nicht, diese Dinge gehörten in die Zeit bis zum 19. Jahrhundert.

Ich denke, man muss Henker im wahrsten Sinne des Wortes sein. Ich war ein guter Henker, weil ich die Todeskandidaten stets respektierte und human mit ihnen umging ...

Ein guter Henker ist derjenige, der seine Aufgabe schnell erledigt. Denn man müsste schon ziemlich krank sein, wenn man eine Hinrichtung absichtlich lange sich hinziehen lassen würde. Eigentlich konnte uns niemand daran hindern, eine Hinrichtung vielleicht fünf Minuten dauern zu lassen. Aber aus Respekt gegenüber dem Verurteilten haben wir das gerade nicht getan. Wir haben uns wirklich bemüht, eine Hinrichtung so rasch wie möglich über die Bühne zu bringen. Der Verurteilte wurde in seiner Zelle geweckt, und spätestens eine halbe Stunde später fiel er in einen unendlichen Schlaf, war er tot. Der Weg von der Kanzlei bis zur Guillotine nahm nicht einmal eine halbe Minute in Anspruch. Damit der Verurteilte dabei nicht dauernd die Guillotine anstarrte, ging mein Vater schon auf ihn zu und warnte ihn vor Stufen, damit er nicht stolpert. Das war auch ein bisschen Menschlichkeit.

Für die Geschwindigkeit, mit der die Hinrichtungen vollzogen werden, brauchen die daran Beteiligten ein gutes Fingerspitzengefühl. Mir fiel es anfangs schwer, mich auf das Arbeitstempo meines Vaters einzustellen, der darin ja schon langjährige Berufserfahrung hatte. Einmal, zwischen zwei Todeskandidaten, hatte ich keine Zeit, das Gewicht wieder hochzuziehen, ich kam einfach nicht nach. Und bevor die Helfer den nächsten auf die Kippe legen konnten, bat ich meinen Vater, langsamer zu machen. Ein andermal versuchte ich es ganz schnell, zu schnell. Anstatt den Kopf des Hingerichteten in den Korb zu legen, hatte ich ihn in den Korb geworfen. Sofort rügte mich mein Vater ‚das tut man nicht, Du spielst hier doch kein Basketball!' Es kam auf unsere Kaltblütigkeit an, damit das Fallbeil nicht zu früh oder zu spät fiel.

Respekt gegenüber dem Todeskandidaten – das ist das Wichtigste für einen Henker. Mutig und tapfer kann meines Erachtens nur der Verurteilte sein. Wenn er sich bei seiner Hinrichtung würdevoll und beherrscht verhält. Dann beeilten wir uns, damit alles so schnell wie möglich vorüber war.

Das Ende meiner Berufslaufbahn als Henker hängt mit der algerischen und französischen Geschichte und mit Charles de Gaulle zusammen. Der Präsident hatte nämlich 1959 bei einer Generalamnestie alle Todeskandidaten begnadigt, darunter in Algerien über 900 zum Tode Verurteilte. Sicher, das jemand begnadigt wurde, war nichts Außergewöhnliches. Es kam immer mal vor, dass für einen die Todesstrafe in lebenslänglich umgewandelt wurde. Aber nun wurden alle auf einmal verschont. Urplötzlich hatte ich nichts mehr zu tun, war sozusagen arbeitslos.

Insgesamt habe ich gute Erinnerung an meine Heimat Algerien. Ich führte dort

Die Hinrichtung der Mitverschwörer des Lincoln-Mörders John Wilkes Booth am 7. Juli 1865: Mary E. Surratt, Lewis T. Powell, David E. Herold und George A. Atzerodt am Galgen. Fotografie von Alexander Gardne

Der ehemalige deutsche Henker Johann Reichhart (1893–1972) auf der Anklagebank vor einer Spruchkammer in München am 23.08.1947. Er war der letzte deutsche Scharfrichter. Sein Amt übernahm er 1924 in Bayern von seinem Onkel. Während des Dritten Reichs vollstreckte er über 2.800 Todesurteile. Nach dem Krieg richtete er im Auftrag der US-Militärregierung über 150 verurteilte Nazis hin

Sowjetische Soldaten vor dem Fallbeil in der Hinrichtungsstätte Plötzensee. Foto Mai 1945.

Hinrichten durch Erschießen: Der Exekutionsraum im Utah State Prison nach der Hinrichtung von Ronnie Lee Gardner am 18. Juni 2010. Vier Einschusslöcher sind in der Holzwand hinter dem Stuhl zu sehen.

Hinrichten durch Strom: Der elektrische Stuhl „Old Sparky“ im Prison Museum Huntsville, Texas.

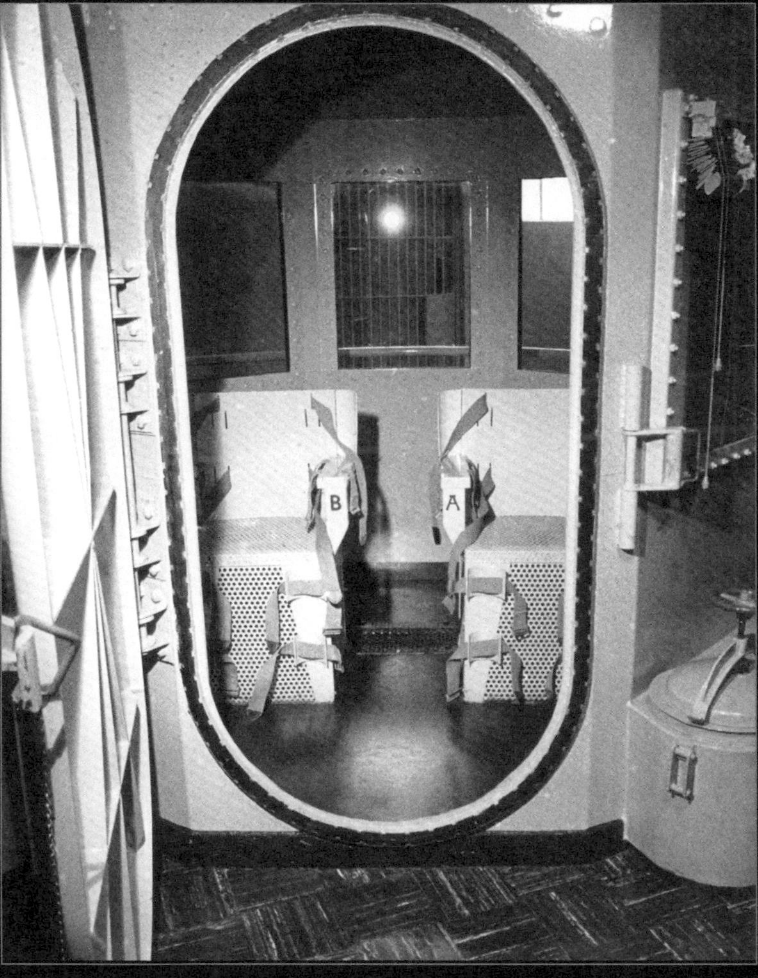

Hinrichten durch Gas: Die Gaskammer des Gefängnisses San Quentin im US-Bundesstaat Kalifornien, Januar 1972. Rechts neben der Tür das Ventil-Rad, mit dem die einströmende Gasmenge kontrolliert werden kann.

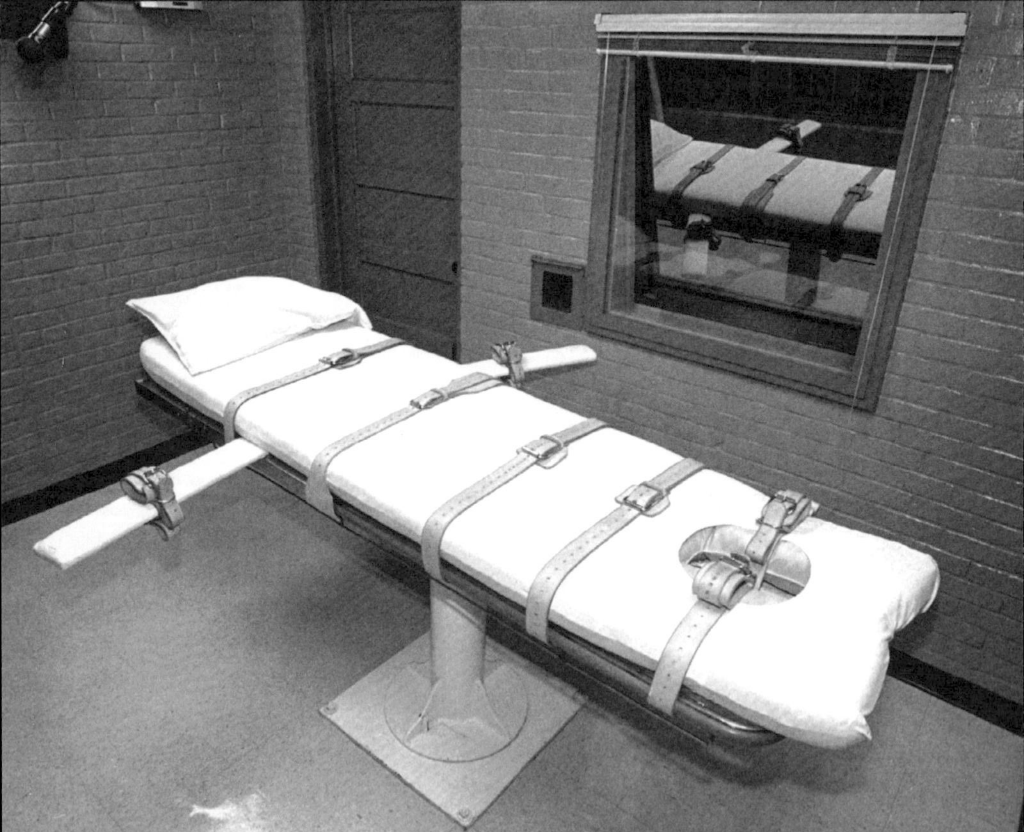

Hinrichten durch Gift: Die Todeszelle (Foto von 2000) des berüchtigten Huntsville-Gefängnisses in Texas, in der der in Nürnberg geborene Raubmörder Troy Albert Kunkle getötet wurde.

ein angenehmes Leben. Aber das ist lange vorbei, das ist Geschichte. Und die muss man nicht immer wieder von neuem unter dem Teppich hervorkehren. Es macht ja auch nicht viel Sinn, den Deutschen heute noch vorzuhalten, was sie vor 60 Jahren unter den Nazis gemacht haben. Ich sage mir jedenfalls, dass man irgendwann mal die Seite umblättern muss ...

Übrigens weiß meine Tochter, dass ich als Henker gearbeitet habe. Aber wir reden nicht über Hinrichtungen. Ich erzähle ihr das nicht gern. Auch Simone, meiner Frau, nicht, mit der ich schon fast 40 Jahre zusammenlebe und die mit mir natürlich nach Frankreich zurückkehrte.

Heutzutage gibt es in Frankreich keine Todesstrafe mehr. Mitterand hat sie 1981 abgeschafft. Aber ich weiß nicht ... Ich kenne mich ja ein bisschen aus bei Recht und Unrecht, bei seiner Geschichte seit dem Mittelalter. Und ich kann da nicht einfach pro oder kontra sagen.

Allein wenn ich an solch scheußliche Verbrecher wie Dutroux in Belgien denke. Ein Typ, der Kinder gefoltert, vergewaltigt und ermordet hat. Denen kann man nicht verzeihen, die haben den Tod verdient ...

Mitunter habe ich das Gefühl, dass man in Frankreich glauben machen will, es habe Folterung und Todesstrafe niemals gegeben. Als schäme man sich der eigenen Geschichte. Das ist in Amerika völlig anders. Trotzdem kann ich das, was sie in den USA machen, weder verstehen noch gutheißen. Sicher, in den USA geht es im Vergleich mit unserer Guillotine bei Hinrichtungen moderner zu, was dort passiert, finde ich dennoch schrecklich. Da werden Geisteskranke und sogar Kinder zum Tode verurteilt. In Frankreich hat man noch nie Minderjährige hingerichtet. Da müsste man schon in die Zeit der Revolution zurückkehren, um solchen Horror zu finden. Also da bin ich entschieden dagegen, das kann man doch nicht machen.

In mein Museum kam mal ein amerikanischer Justizbeamter, ich glaube, er war Richter, der großes Interesse an der Guillotine zeigte. Ich unterhielt mich lange mit ihm, und er erklärte mir, dass bei ihnen zum Tode Verurteilte stets das Recht hätten, ein Gnadengesuch einzureichen. Einer hätte 20 Jahre in der Zelle gesessen und auf seine Hinrichtung bzw. die Bestätigung seines Gnadengesuchs gewartet. Andere wären nach monate- oder jahrelangem Warten in den Hinrichtungsraum geführt worden und eine Viertelstunde später wieder zurück in ihre Zelle, um dann schließlich doch ein paar Tage später exekutiert zu werden. Das verstehe ich nicht, das ist, als ob der Verurteilte zwei Strafen verbüßen muss – 20 Jahre, und dann wird er doch hingerichtet.

Der Amerikaner erzählte mir auch, dass es schließlich gar nicht so selten vorkäme, dass ein Verurteilter zum elektrischen Stuhl geführt wird und in der letzten

Sekunde ein Telefonanruf mit der Begnadigung kommt. Man schnallt ihn ab und bringt ihn zurück in die Zelle. Also ich finde das furchtbar und schrecklich, das ist eine Tortur. Ich bin total gegen die Art und Weise, wie das in den USA mit den Todesurteilen gehandhabt wird.

Eine solche Folter gab es in Algerien und Frankreich nicht. Wenn jemand zum Tode verurteilt worden war, wurde innerhalb von fünf, sechs Monaten entschieden, ob eine Begnadigung erfolgt oder nicht. Spätestens zu diesem Zeitpunkt gab es eine klare Entscheidung, man ließ die Todeskandidaten nicht jahrelang im Gefängnis warten. Und wenn das Gnadengesuch abgelehnt worden war, weckten wir den Gefangenen auf, und innerhalb von 30 Minuten ging er vom normalen in den ewigen Schlaf über."

Der Mann am Fallbeil – Johann Reichhart

Johann Reichhart ist ein gehetzter Mann. Gestern noch war er in Wien, zuvor in Dresden und Berlin, nun ist er auf dem Weg nach München. Seit Jahren durchquert er mit der Bahn oder seinem Opel *Blitz* das Land. Ständig auf Dienstreise, im Auftrag der Gerechtigkeit. Sein Beruf: Scharfrichter. Unter seinem Fallbeil sterben gemeine Mörder, Räuber und Sexualverbrecher. Jetzt, im Jahre 1943, hat er es häufiger mit einem neuen Typus von Verurteilten zu tun: „Volksschädlinge", „Wehrkraftzersetzer" und „Kriegswirtschaftsverbrecher".

NS-Sondergerichte fällen Tag für Tag Todesurteile, gegen die es keinerlei Rechtsmittel gibt. Und so ist der Henker viel unterwegs, fährt von Hinrichtung zu Hinrichtung, um sein blutiges Handwerk auszuüben. Reichhart hat viel Routine darin, das Leben von Menschen zu beenden.

Vier Jahre zuvor ist seine Tätigkeit durch eine Rundverfügung des Justizministeriums über „Maßnahmen aus Anlass von Todesurteilen" neu geregelt worden. Auf 21 Schreibmaschinenseiten wurden akribisch alle Einzelheiten einer Hinrichtung aufgelistet, von der Bekanntgabe der Entschließung des Führers über den Vollstreckungsort und die Unterbringung des Scharfrichters bis hin zur Art der Vollstreckung und zum Verbleib des Leichnams – Punkt für Punkt. Alle Vorbereitungen zur Hinrichtung – so hieß es – seien möglichst rasch und geräuschlos umzusetzen.

Reichhart erfüllt diese „kriegsnotwendige" Tätigkeit zur vollen Zufriedenheit seines Arbeitgebers. Spätestens am Nachmittag des Tages vor der Vollstreckung reist er mit seinen beiden Gehilfen an, bezieht Quartier in nahegelegenen Diensträumen mit Schlafgelegenheiten, ausnahmsweise auch mal in einem Gasthof, nimmt danach die Hinrichtungsstätte in Augenschein und überzeugt sich von deren Funktionalität. Dann bekommt er ein Auftragsformblatt ausgehändigt, dessen Wortlaut er mittlerweile beinahe auswendig kennt:

„Der Scharfrichter ... Reichhart ... wird beauftragt, den rechtskräftig zum Tode und zum dauernden Verlust der Ehrenrechte Verurteilten ... (Vor- und Zunahme) ... mit dem Fallbeil hinzurichten, nachdem der Führer und Reichskanzler entschieden hat, dass der Gerechtigkeit freier Lauf zu lassen sei."

Am 22. Februar 1943 wird der Gerechtigkeit wieder freier Lauf gelassen. Reichhart erhält eine Nachricht, dass er in wenigen Stunden an drei jungen Studenten ein Todesurteil zu vollstrecken habe. Nur vier Tage zuvor, am 18. Februar, sind sie im Innenhof der Münchner Universität vom Hausmeister beim Verteilen von Flugblättern gegen das Hitler-Regime erwischt worden. Der Hausmeister verständigte umgehend die Gestapo, die die drei noch am selben Tag verhaftete und danach umgehend in das berüchtigte Gestapogefängnis im Wittelsbacher Palais einlieferte. Ihre Namen: Sophie und Hans Scholl, ein Geschwisterpaar, sowie Christoph Probst.

Die Verhandlung vor dem für Hochverrat zuständigen Volksgerichtshof findet an diesem Tag unter dem Vorsitz Roland Freislers statt. Gerade wenige Monate als Präsident des Volksgerichtshofs im Amt, ist er eigens aus Berlin angereist. Er will an den dreien öffentlichkeitswirksam ein Exempel statuieren. Freislers Verhandlungsstil ist gefürchtet: Er brüllt die Angeklagten nieder, erniedrigt sie, verletzt alle noch halbwegs gültigen rechtlichen Grundlagen. Seine Verhandlungen gleichen stalinistischen Schauprozessen. Für die meisten Angeklagten, die sich vor dem fanatischen Richter zu verantworten haben, steht das Todesurteil bereits vor der Verhandlung fest: „Tod durch das Fallbeil!"

Nach nicht einmal zweistündiger Verhandlung durchschneidet Freislers eisige Stimme die Stille des Gerichtssaals: „Die Angeklagten Sophie Scholl, Hans Scholl sowie Christoph Probst werden zum Tode verurteilt!" Unmittelbar danach werden die drei Studenten in das zentrale Hinrichtungsgefängnis München-Stadelheim überführt, wo Scharfrichter Reichhart bereits der Auftrag zur sofortigen Vollstreckung in gewohnter Papierform vorliegt.

Reichhart und die Stadelheimer Justizbeamten kennen sich gut. Über die Jahre hat sich zwischen ihnen ein beinahe kollegiales Verhältnis entwickelt. Seit neue *Richtlinien für Scharfrichter* kurz nach Kriegsbeginn in Kraft traten, ist die Zahl der Hinrichtungsstätten von elf auf vierzehn erhöht und sind die

Zuständigkeitsbereiche der inzwischen vier Scharfrichter neu geordnet worden. Johann Reichhart ist in Stadelheim regelmäßig anzutreffen. Er ist für den „Bezirk II“ zuständig, der die Vollzugsanstalten Dresden, Frankfurt-Preungesheim, München, Stuttgart und Wien umfasst. Als gebürtiger Bayer ist ihm Stadelheim von allen Arbeitsplätzen der angenehmste, seine „Heimat-Hinrichtungsstätte“, wie er sie nennt. In den letzten Jahren hat er hier zahllose Todesurteile vollstreckt. Die Hinrichtung dreier so junger Menschen freilich ist auch für ihn nicht alltäglich.

Als Sophie Scholl von einer Gefängniswärterin hereingeführt wird, trägt sie ein weißes Kleid. Noch kurz zuvor ist es ihren Eltern gelungen, sie und ihren Bruder Hans noch einmal zu sprechen. Ein Abschied für immer. Sophie wirkt ruhig, den Vollzugsbeamten gegenüber ist sie freundlich. Vielleicht nehmen die Beamten deshalb das Risiko auf sich, den drei Todeskandidaten vor der Hinrichtung noch eine gemeinsame Zigarette zu überlassen.

Das Fallbeil steht in einer Holzbaracke im Gefängnishof. Reichharts Gehilfen packen die junge Sophie und legen sie auf die Richtbank. Sekunden später wird ihr Kopf vom Körper getrennt. Dann legt Hans seinen Kopf auf den Bock. Bevor das kalte Eisen herunterschnellt, ruft er: „Es lebe die Freiheit!“ Schließlich wird das Urteil an Christoph Probst vollstreckt. Drei junge Menschen, denunziert von einem Hausmeister wegen des „unrechtgemäßen Verteilens“ eines Flugblatts, zum Tode verurteilt von einem fanatischen NS-Richter, gleichgültig hingenommen von den deutschen Volksgenossen.

Die Gehilfen säubern das Fallbeil routiniert vom Blut der Hingerichteten, danach wird das Vollstreckungsprotokoll ordnungsgemäß unterzeichnet. Die Hinrichtungen sind – so vermerkt es das Protokoll nüchtern – „ohne besondere Vorkommnisse“ im Beisein der bestellten Zeugen im „Namen des Volkes“ ordnungsgemäß ausgeführt worden. Reichhart hat sein Henkershandwerk ordnungsgemäß und störungsfrei erfüllt.

Nun darf er seine Rechnung stellen: 40 Reichsmark gibt es für ihn, 30 Reichsmark jeweils für die Gehilfen (das Kaufkraftäquivalent einer damaligen Reichsmark entspricht der heutigen Kaufkraft von etwa vier Euro). Bei einer *Mehrfachvollstreckung* wie an diesem Tag gibt es für jede Hinrichtung noch einmal gesondert 30 Mark. Eine Auswärtsprämie, sonst immerhin 60 Mark, kann Reichhart diesmal nicht geltend machen. Sie wird erst ab einer Entfernung von 300 Kilometern zwischen Wohnort und Hinrichtungsstätte ausbezahlt. Dafür aber kann Reichhart nach getaner Hinrichtungsarbeit endlich wieder einmal sein Haus in Gleißental nahe Deisendorf aufsuchen, das er sich im Herbst 1942 hat kaufen können. Sein Einkommen ist aufgrund der immer zahlreicheren Todesurteile, die er zu vollstrecken hat, innerhalb weniger Jahre erfreulich gestiegen. 1943 fließen ihm neben seinem jährlichen Grundeinkommen von 3000 Reichsmark weitere Sonderzahlungen für 764 durchgeführte Enthauptungen in Höhe von mehr als 41 000 Reichsmark zu. Reichhart, der als junger Mann eine Metzgerlehre absolvierte, ist nun als staatlich angestellter Scharfrichter finanziell ein gemachter Mann.

Davon hat er immer geträumt. Sein Aufstieg begann nach dem Ende des Ersten Weltkriegs. Ohne Verletzungen war er 1918 aus dem Krieg heimgekehrt und versuchte sich in diesen wirtschaftlich schwierigen Zeiten mit wenig Erfolg als Gastwirt, Buchvertreter und Tanzlehrer. Erst eine Offerte seines Onkels, der ebenfalls das Amt eines Scharfrichters ausübte, sollte die Wende bringen.

Franz Xaver Reichhart war gegen Ende des 19. Jahrhunderts in das Amt des Scharfrichters gelangt. Zunächst war er erster Gehilfe, ab 1894 dann Scharfrichter im Rang eines bayerischen Beamten. Als er mit 73 Jahren nach über 30 Jahren in Pension ging, hatte er 58 Menschen geköpft. Trotz seines blutigen Handwerks sah er sich als frommer Christ. Für jeden Hingerichteten stiftete er eine Kerze und ließ auf eigene Kosten zur Rettung des Seelenheils der von ihm geköpften Verbrecher eine Totenmesse lesen.

Auf Vorschlag des Onkels übernimmt nun Neffe Johann, inzwischen 31 Jahre alt, das Scharfrichteramt. Einerseits aus Verpflichtung gegenüber seinem Onkel, der ihm bei finanziellen Engpässen immer hilfreich zur Seite gestanden ist; andererseits, weil er sich Hoffnungen macht, in Zeiten anhaltender Wirtschaftskrise eine Festanstellung im bayerischen Staatsdienst zu erhalten. Und sicherlich kommt auch noch eine Portion Eitelkeit hinzu: Nun übt er ein Amt aus, das ihm Ansehen verleiht und die Macht, einen Menschen aus dem Leben zum Tode zu befördern. Später wird er sich gerne damit rühmen, der „schnellste Scharfrichter Deutschlands" zu sein. Am 27. März 1924 unterschreibt er seinen Arbeitsvertrag bei dem Ersten Staatsanwalt des Landgerichtsbezirks München I. In sperrigem Beamtendeutsch wird darin akribisch aufgelistet, was der Freistaat Bayern von seinem künftigen Scharfrichter erwartet. Reichhart ist nun bereit, Menschen zu töten: „im Namen des Volkes".

„1.

Ab 1.4.1924 übernimmt Reichhart die Ausführung sämtlicher in dem Freistaat zur Vollstreckung kommenden Todesurteile, soweit Vollstreckung durch Enthauptung mit dem Fallbeil erfolgt.

2.

Reichhart ist verpflichtet, zum Zweck der Vollstreckung von Todesurteilen auf Anfordern des Ersten Staatsanwalts bei dem Landgericht München I sich jederzeit zur Verfügung zu stellen. Eine Entfernung von seinem Wohnort über 24 Stunden hinaus ist nur mit der Zustimmung des Ersten Staatsanwalts bei dem Landgericht München I zulässig. Reichhart verpflichtet sich, über seine Wahrnehmungen bei Hinrichtungen strenge Verschwiegenheit zu bewahren.

3.

Als Vergütung erhält Reichhart für jede Hinrichtung 150 Goldmark, ferner bei Vollstreckung von Todesurteilen außerhalb Münchens eine Aufwandsentschädigung einschließlich Übernachtungsgeld von täglich 10 Mark. Ersatz der Kosten einer Eisenbahnkarte 3. Klasse Personenzug von München zum Hinrichtungsort und zurück. Bei Hinrichtungen in der Pfalz kann die Benutzung eines Schnellzuges 3. Klasse vom Staatsanwalt München I genehmigt werden.

4.

Auslagen für den Transport der Fallschwertmaschine und Messer vom Verwahrungsort in München zum Hinrichtungsort und zurück, notwendige Straßenbahnkosten in München, die Eisenbahnkosten vom Wohnort nach München und zurück 4. Klasse sowie für die Benachrichtigung der Nachrichtergehilfen (zunächst zwei) werden nach Anfall ersetzt. Weitere Auslagen werden nur insoweit ersetzt, als die Genehmigungen hierzu vom Ersten Staatsanwalt beim Landgericht München I oder dem Staatsanwalt des Hinrichtungsortes erteilt ist. Hierunter fallen beispielsweise Zeitüberschreitungen, Übernachtungen, Verzögerungen etc.

5.

Reichhart verpflichtet sich, zur Unterstützung bei Hinrichtungen zwei Nachrichtergehilfen anzunehmen. Die Wahl derselben bedarf der Genehmigung durch den Ersten Staatsanwalt beim Landgericht München I.

6.
Die beiden Nachrichtergehilfen erhalten für jede Hinrichtung eine Vergütung von 60 Goldmark, eine Aufwandsentschädigung einschließlich Übernachtungsgeld von 6 Mark, Ersatz der Reisekosten vom Wohnort zum Hinrichtungsort und zurück in gleicher Weise wie der Nachrichter selbst, endlich den Ersatz etwa notwendig werdender Straßenbahnauslagen in München."

Johann Reichhart und seine Gehilfen können ans Werk gehen. Zuvor sind ihm von seinem Onkel alle notwendigen Handgriffe beigebracht worden und er selbst hat die Zeit bis zu seinem Dienstantritt genutzt, um am Fallbeil zu üben. Zunächst mit Puppen, später an einer Leiche, die ihm von der Gerichtsmedizin zur Verfügung gestellt wurde.

Am 24. Juli 1924 ist es so weit: Im Landgerichtsgefängnis der niederbayerischen Stadt Landshut hat Reichhart seine erste Hinrichtung durchzuführen. Da es für den gesamten Freistaat Bayern nur eine Guillotine gibt, muss sie vom Standort München-Stadelheim jeweils zu den verschiedenen Einsatzorten transportiert werden. In aller Regel geschieht das mit der Bahn. Bevor das schwere Gerät auf Reisen geht, wird es noch Punkt für Punkt auf seine intakte Verwendbarkeit geprüft. Dazu wird – Ordnung muss sein – jeweils ein Protokoll erstellt:

„In Anwesenheit eines Zeugen wurde die Kiste, welche die Fallschwertmaschine enthält, geöffnet. Die Fallschwertmaschine samt Zubehör mit Messern befand sich in den weiteren Kisten und lag vollständig und unversehrt vor. Hierauf wurde die Fallschwertmaschine an den Block angeschraubt, ein Messer eingesetzt und vom Nachrichter Reichhart eine zweimalige Probe vorgenommen. Die Probe ergab ein vollständig richtiges Funktionieren der Maschine. Sodann wurde die Maschine wieder auseinandergenommen und samt den Messern versperrt. Die Schlüssel nahm Erster Staatsanwalt Friedrich an sich."

Welches Messer vor Ort zum Einsatz kommt, entscheidet Scharfrichter Reichhart erst, nachdem er sich mit einem Blick durch den Spion der Gefängniszelle ein Bild von der körperlichen Konstitution des Todeskandidaten gemacht hat. Und dass er schon bald in Sekundenschnelle ein untrügliches Augenmaß dafür hat, das jeweils richtige Messer einzusetzen, sollen seine Gehilfen später bestätigen.

Werden an einem Tag mehrere Hinrichtungen in Folge angesetzt, zieht man es vor, die Messer jedes Mal auszuwechseln. Erst Jahre später, als in den letzten Kriegsmonaten mitunter mehr als ein Dutzend Todesurteile an einem einzigen Tag zu vollziehen sind, fehlt zum Auswechseln der Messer die Zeit.

Reichhart ist nun ein vielbeschäftigter Mann. Im ersten Jahr seiner Scharfrichtertätigkeit vollzieht er sieben, im darauffolgenden Jahr neun Hinrichtungen. Doch dann werden immer häufiger – vor allem im Jahr 1928 – Todesurteile in lebenslange Freiheitsstrafen umgewandelt. Das spricht für eine humanitäre Gesinnung innerhalb der Richterschaft der Weimarer Republik, hat aber zur Folge, dass Reichharts Scharfrichtereinkommen immer geringer wird. Am 11. März 1929 wendet er sich deshalb mit einem Antrag um Bewilligung eines nachträglichen Salärs an das Bayerische Staatsministerium der Justiz.

„Der Unterzeichnende stellt an das hohe Ministerium der Justiz die ergebenste Bitte, eine besondere Honorierung für das Jahr 1928 gütigst gewähren zu wollen. Gründe hierfür sind folgende: Meine letzte Vollstreckung war am 20. Januar 1928 in Kempten. Hatte in der Zwischenzeit oftmals sehr viel Geschäftsverluste durch das öftere Hinwarten. Da nun seit Letzterem sämtliche Mörder, die zum Tode verurteilt, begnadigt wurden, war ich in meinen geschäftlichen Reisen so gehindert, dass ich manche Woche keinen Pfennig verdient habe. Meine Familie besteht aus drei Kindern im Alter von 7–6–1 1/2 Jahren. Habe im Jahre 1927 auf 28 durch die letzte sehr schwere Entbindung meiner Frau 5 Ärzte, die Klinik, sowie bis zur Erholung meiner Frau 1000 Mark bezahlen müssen. Mein Verdienst ist so minderwertig, dass ich mein Leben nur fristen kann mit 5 Personen, mein Durchschnittsverdienst ist 50 bis 70 Mark, aber oftmals verdiene ich die ganze Woche gar nichts ... Stelle dadurch nochmals an das hohe Ministerium der Justiz Ergebenste Bitte, mir eine besonders Honorierung für das Jahr 1928 als Geld und für verlorengegangene Ehre zukommen zu lassen."

Das Ministerium kommt Reichhart entgegen und bewilligt ihm eine einmalige Sondervergütung über 500 Reichsmark für entgangene Hinrichtungen. Auch erteilt es ihm die Erlaubnis für eine Nebentätigkeit gleich welcher Art. Für die „verlorengegangene Ehre" freilich kann auch das Ministerium keinen Ausgleich schaffen. Trotz staatlicher Sonderzahlung, Reichhart ist enttäuscht. Er denkt daran, sein Scharfrichterhandwerk zu beenden. Zu prekär ist mittlerweile die wirtschaftliche Lage für ihn und seine Familie. Zeitweise übersiedelt er ins holländische Den Haag und versucht sich dort – unterbrochen von nur wenigen Hinrichtungseinsätzen in der Heimat – mit einem Gemüsehandel notdürftig über Wasser zu halten. Doch durch eine Indiskretion hat sich die wahre Identität des deutschen Gemüsehändlers in der holländischen Provinz herumgesprochen und die Kunden bleiben aus. Wer will schon bei einem deutschen Scharfrichter Obst und Gemüse kaufen?

Als am 30. Januar 1933 die Nationalsozialisten in Deutschland an die Macht kommen, ist für Reichhart Besserung in Sicht. Nach seiner Rückkehr wird ihm bedeutet, dass auf seine Erfahrungen als Scharfrichter im neuen Staat nicht verzichtet werden kann. Schon im Juni 1933 wird er mit einem neuen Vertrag ausgestattet, der ihm ein Jahreseinkommen von 3000 Reichsmark garantiert. Die stattliche Anhebung ist auch der Tatsache geschuldet, dass die Justizministerien von Bayern und Sachsen eine Vereinbarung getroffen haben, dass Reichhart nun auch in Sachsen die Vollstreckung von Todesurteilen übernehmen soll. Fortan reist er – immer vornehm in Frack und mit Zylinder – auch nach Dresden und Weimar, wo ihm das Land Sachsen landeseigene Gehilfen zur Verfügung stellt. Zwar ist er nicht, wie er es sich immer gewünscht hat, verbeamtet worden, doch verfügt er nun wieder über ein regelmäßiges Einkommen, das dem eines Oberregierungsrates entspricht. Immerhin.

Wenige Monate später wird das Salär nochmals erhöht, auf jetzt 3720 Reichsmark. Sein oberster Dienstherr ist nun nicht mehr das bayerische Justizministerium, sondern durch die Übertragung der Hoheitsrechte auf das Reich der Reichsjustizminister mit Dienstsitz in Berlin. Auch dort schätzt man schnell die tadellose Berufsauffassung des Scharfrichters Reichhart. Einem Karriereaufstieg steht nichts im Wege: Er gilt als treuer Anhänger der Hitlerpartei, als Mann, der sich bewusst in den Dienst des neuen Staates stellt, in dem er schon bald eine zweifelhafte Berühmtheit erlangen wird. Ein Henker, anpassungsfähig, obrigkeitshörig und mit der richtigen politischen Gesinnung – kurz: der ideale deutsche Hinrichter.

Über die richtige „deutsche“ Hinrichtungsart indes wird im Justizministerium immer wieder diskutiert. Zur Klärung der Frage, welche Enthauptungsmethode die zweckmäßigste und „angemessenste“ ist und ob auch andere Vollstreckungsmethoden – etwa Erschießung oder die „freiwillige“ Einnahme von Gift – zur Anwendung kommen können, wird im Ministerium eigens eine Kommission eingesetzt. Auf einer Sitzung im März 1934 vertreten die Kommissionsmitglieder unterschiedliche Ansichten.

Aus dem Protokoll:

Staatssekretär Dr. Freisler: *„In Deutschland hat sich das Handbeil am meisten eingebürgert. Ich glaube, man sollte nach dieser Richtung hin nicht allzu viel ändern. Beim Fallbeil ist es schwieriger, die Hinrichtung geheim zu halten, besonders dann, wenn die Maschine transportiert werden muss. Das Fallbeil hat auch den Anschein des Seelenlosen und Unpersönlichen. Den Schierlingsbecher halte ich für diskutabel, möchte ihn aber nicht allgemein für zulässig erklären. Vielleicht steckt darin ein hoher sittlicher Wert ..."*

Senatspräsident Prof. Dr. Klee: *„Für Handbeil; für Differenzierung des Vollzugs der Todesstrafe nach der Seite der Verschärfung, dagegen nicht nach der Seite der Milderung; kein Erschießen, kein Giftbecher."*

Prof. Dr. Nagler: *„Gegen Differenzierung. Für Fallbeil."*

Prof. Dr. Dahm: *„Tritt für Handbeil ein. In der Todesstrafe kommt die Überlegenheit des Staates, die Würde der Gemeinschaft zum Ausdruck. Dieser Gedanke erfordert eine würdige Form der Hinrichtung. Gegen Erhängen und Erschießen. Freitod nur in Ausnahmefällen als eine Art Gnadenmaßnahme ..."*

Reichsjustizminister Dr. Gürtner: *„Zusammenfassend kann ich als Meinung der Herren feststellen ... Es soll eine Hinrichtungsart geben, die Enthauptung, deren Vollzug zu vereinheitlichen ist. Die Frage, ob Handbeil oder Fallbeil, ist schwer zu lösen, da vielfach persönliches Erleben und die Tatsache eine Rolle spielt, in welchem Land jemand geboren und aufgewachsen ist. Ich habe einen gewissen soupcon gegen das Handbeil und würde das Fallbeil vorschlagen, halte das aber nicht für die Kardinalfrage. Der Freitod ist mir sympathisch. Dazu aber wäre das Vorgelände zu erkunden, insbesondere wie sich etwa die christliche Weltanschauung dazu stellt."*

Staatssekretär Dr. Freisler: *„Ich nehme an, dass die Frage, ob die Todesstrafe durch Enthauptung mit dem Handbeil oder mit dem Fallbeil erfolgt, vom Führer selbst entschieden wird ... Enthaupten durch Muskelkraft enthält etwas Ursprüngliches, Männliches, Natürliches ..."*

Reichsjustizminister Dr. Gürtner: *„Wenn es auf die Enthauptung abkommt, so würde die Enthauptung auf mechanischem Wege durch das Fallbeil bestimmt die Lösung für das Reich werden."*

Im Frühjahr 1936 entscheidet schließlich der Führer und Reichskanzler Adolf Hitler persönlich, dass im ganzen Deutschen Reich der Vollzug der Todesstrafe durch „die Guillotine" zu erfolgen habe. Nach einer Übergangszeit bis Mitte 1938, als von den Scharfrichtern die vorerst letzten Hinrichtungen mit dem Handbeil vorgenommen werden, sind bis Ende 1938 alle als zentrale Hinrichtungsstätten vorgesehenen Vollzugsanstalten mit sogenannten „Fallbeilgeräten" ausgestattet.

In einer Rundverfügung des Reichsministeriums vom 25. August 1937, unterzeichnet vom späteren Volksgerichtshofpräsidenten Dr. Roland Freisler, mit dem Reichhart in den kommenden Jahren noch mehrmals Kontakt haben wird, sind zuvor in neuen „Richtlinien für Scharfrichter" (Aktenzeichen 1418-IIIa/4/953) für das gesamte Reichsgebiet neben Reichhart zwei weitere Scharfrichter bestimmt worden: Ernst Reindel, Besitzer einer Abdeckerei in der Nähe von Magdeburg, sowie Friedrich Hehr aus Hannover, gelernter Metzger.

Im Wortlaut der Richtlinien heißt es:

§ 1

1. Aufgabe des Scharfrichters ist es, auf Verlangen der Justizbehörde innerhalb des ganzen Reichsgebietes die Todesstrafe durch Enthaupten oder durch Erhängen zu vollziehen.

2. Die Reichsjustizverwaltung behält sich vor, den einzelnen Scharfrichtern die Hinrichtungen in bestimmten Vollzugsanstalten zuzuweisen.

§ 2

Der Scharfrichter muss jederzeit zur Dienstleistung zur Verfügung stehen. Er ist verpflichtet, die ihm erteilten Aufträge pünktlich auszuführen und den im Zusammenhang mit einem Vollstreckungsauftrag gegebenen Weisungen Folge zu leisten. Sofern er sich länger als für 24 Stunden von seinem Wohnort entfernt oder durch Krankheit oder andere Umstände an der Dienstleistung verhindert ist, hat er dies dem für seinen Wohnsitz zuständigen Oberstaatsanwalt sofort anzuzeigen.

§ 3

Der Scharfrichter wird von den Vollstreckungsbehörden zur Dienstleistung über den für seinen Wohnsitz zuständigen Oberstaatsanwalt angefordert. Die Gehilfen werden durch den Scharfrichter in unauffälliger Weise benachrichtigt.

§ 4

Der Scharfrichter ist verpflichtet, über die ihm erteilten Vollstreckungsaufträge und deren Erledigung vor und nach der Vollstreckung strengstes Stillschweigen zu bewahren und das Gleiche auch seinen Gehilfen zur Pflicht zu machen. Er hat sich ferner vor, bei und nach der Vollstreckung in jeder Beziehung einwandfrei zu verhalten und bei der Hinrichtung in einer dem Ernst der Handlung entsprechenden Kleidung zu erscheinen. Die Reichsjustizverwaltung behält sich vor, wegen der Kleidung nähere Weisungen zu geben.

§ 5

Der Scharfrichter hat die zu seiner Unterstützung nötigen Gehilfen, deren Zahl auf drei festgesetzt wird, selbst zu stellen: er ist für deren Wohlverhalten und angemessene Kleidung verantwortlich. Die Zahl der Gehilfen bedarf der Genehmigung des für den Wohnsitz zuständigen Oberstaatsanwalts.

§ 6

1. Der Auf- und Abbau des Richtgeräts ist Sache der Vollzugsanstalt.
2. Der Scharfrichter ist verpflichtet,
a) vor jeder Hinrichtung das Richtgerät auf seine Brauchbarkeit zu prüfen;
b) nach jeder Hinrichtung das Richtgerät und den Richtplatz zu säubern; die dazu erforderlichen Gerätschaften werden ihm von der Vollzugsanstalt zur Verfügung gestellt.
c) den Hingerichteten einzusargen.

§ 7

1. Als Vergütung für die Vollstreckungen und die im § 6, Abs. 2 näher bezeichneten Leistungen erhält der Scharfrichter einen Betrag von 3000 Reichsmark jährlich, der in monatlichen Teilbeträgen von 250 RM am Ersten des Monats im Voraus bezahlt wird.
2. Ferner erhält er und seine Gehilfen für jede Hinrichtung eine Sondervergütung von

60 RM. Die Sondervergütung erhöht sich auf 65 RM, wenn die Hinrichtung an einer Vollzugsanstalt, die mehr als 300 Kilometer vom Wohnsitz des Scharfrichters entfernt liegt, vorzunehmen ist.
3. Tages- und Übernachtungsgelder werden nicht gewährt. Dagegen werden, wenn die Hinrichtung außerhalb des Wohnsitzes des Scharfrichters stattfindet, die Fahrtkosten 3. Klasse, einschließlich etwaiger Eil- und Schnellzugzuschläge, erstattet. Zur Benutzung von Schlafwagen (Liegewagen) bedarf der Scharfrichter in jedem einzelnen Fall die Genehmigung des für seinen Wohnsitz zuständigen Oberstaatsanwalts. Befindet sich der Scharfrichter bei Eingang eines Vollstreckungsauftrags aus außerdienstlichem Anlass nicht an seinem Wohnsitz, so wird der hierdurch entstehende Mehraufwand nicht erstattet.
4. Abs. 3 gilt für Gehilfen entsprechend.
5. Übernachten der Scharfrichter und seine Gehilfen in der für die Hinrichtung bestimmten Vollzugsanstalt, so brauchen sie hierfür ein Entgelt nicht zu entrichten. Für gewährte Beköstigung haben sie die tatsächlich entstandenen Auslagen zu erstatten.
6. Sonstige Auslagen werden dem Scharfrichter und seinen Gehilfen nur insoweit erstattet, als sie von dem für den Wohnsitz des Scharfrichters zuständigen Oberstaatsanwalt oder von dem Leiter der Vollstreckungsbehörde ausdrücklich genehmigt worden sind.
7. Der Scharfrichter ist berechtigt, einem sonstigen Erwerb nachzugehen, soweit seine Scharfrichtertätigkeit dadurch nicht beeinträchtigt wird.

§ 8

Wird ein Vollstreckungsauftrag zurückgezogen, so bestimmt der Reichsjustizminister nach billigem Ermessen, in welcher Höhe die im § 7, Abs. 2 vorgesehene Sondervergütung zu zahlen ist.

§ 9

1. Die feste Vergütung (§ 7, Abs. 1) wird von der für den Wohnsitz des Scharfrichters zuständigen Oberjustizkasse ausgezahlt.
2. Die Sondervergütung (§ 7, Abs. 2), die Fahrtkosten (§ 7, Abs. 3, 4) und die Auslagen (§ 7, Abs. 6) werden von dem Leiter der Vollstreckungsbehörde festgesetzt und dem Scharfrichter und seinen Gehilfen je gesondert unmittelbar zur Zahlung angewiesen.
3. Der für den Wohnsitz zuständige Oberstaatsanwalt kann dem Scharfrichter und seinen Gehilfen auf die nach Abs. 2 zu zahlenden Beträge einen Vorschuss anweisen, der vom Leiter der Vollstreckungsbehörde entsprechend zu verrechnen ist.

§ 10

1. Die Reichsjustizverwaltung kann jederzeit erklären, dass sie die Dienste des Scharfrichters nicht weiter in Anspruch nehmen wolle. Wird die Abgabe dieser Erklärung nicht durch einen Grund veranlasst, der in der Person des Scharfrichters liegt, so zahlt die Reichsjustizverwaltung die feste Vergütung (§ 7, Abs. 1) noch sechs Monate weiter.

2. Der Scharfrichter kann jederzeit den Wunsch aussprechen, nach Ablauf einer Frist von drei Monaten seine Tätigkeit zu beenden.

§ 11

Der Rechtsweg wird für die Verfolgung von Ansprüchen aus diesen Richtlinien ausgeschlossen.

Die nationalsozialistische Gerichts- und Hinrichtungsmaschinerie beginnt in Schwung zu kommen. Jeder der drei Scharfrichter bekommt klar umgrenzte Gebiete zugewiesen: Reichhart soll die bayerischen Todesurteile in München-Stadelheim vollstrecken; für seine Einsätze in Dresden und Weimar wird er angewiesen, die Münchner Guillotine mitzubringen. Ernst Reindel werden die Vollstreckungen in Berlin-Plötzensee, Breslau und Königsberg übertragen. Scharfrichter Hehr schließlich soll die Todesurteile in Hamburg, Hannover, Köln und im hessischen Butzbach vollziehen. Nach dem 1938 erfolgten Anschluss Österreichs werden die Einsatzbereiche nochmals geändert. Reichhart, inzwischen auch zum Parteimitglied geworden (am „Tag der Arbeit“ am 1. Mai 1937), übernimmt nun auch die Hinrichtungen in Wien.

Der Umgang unter den drei Scharfrichtern ist eher reserviert, durchaus nicht ohne Konkurrenz. Jeder mit einem starken Geltungsdrang ausgestattet, wollen sie ihren Dienstvorgesetzten in Berlin beweisen, dass sie ihr Handwerk routiniert und vor allem effizient beherrschen. Reichhart lässt die von ihm verwendete Guillotine von einem Tischler extra umbauen und das Kippbrett durch eine unbewegliche Bank ersetzen. Der mit einer *Kriminalpatentzange* gefesselte Delinquent wird dann von den Gehilfen mit blitzschnellen Handgriffen über die Bank gelegt und kurz festgehalten, bis das Fallbeil herabsaust. Und weil er auf die übliche Augenbinde, die dem Todeskandidaten vor der Hinrichtung angelegt wird, ebenfalls verzichtet, dauert der gesamte Tötungsvorgang bei Reichhart nur noch wenige Sekunden. Eine zeitsparende Erfindung, das müssen auch Reichharts Henkerkollegen neidlos anerkennen.

Für alle Scharfrichter gilt: Nicht nur die Art des Enthauptens ist vereinheitlicht worden, auch die Vorgaben, wann die Vollstreckung zu erfolgen hat, haben die NS-Justizbürokraten im Berliner Ministerium neu geregelt. Waren zunächst Vollstreckungen in den Morgenstunden durchzuführen, so kann ab 1942 zu jeder Tages- und Nachtzeit hingerichtet werden. Auch die Zeit von der Verkündung des Urteils bis zur Vollstreckung wird von anfänglich zwölf Stunden zunächst auf sechs Stunden, schließlich auf 2 bis 3 Stunden verkürzt, so dass ein Verurteilter in den Nachmittagsstunden die Ansetzung seiner Hinrichtung für den selben Abend erfahren kann. Bald schon ist die Zahl der zur Todesstrafe verurteilten Gefangenen so hoch, dass weitere Hinrichtungsstätten und neue Scharfrichter in Dienst gestellt werden. In 22 gleichmäßig über das Reichsgebiet verteilt liegenden Hinrichtungsstätten verrichten nun Johann Reichhart und seine Scharfrichterkollegen mit routinierter Präzision ihr blutiges Handwerk. Einzelhinrichtungen werden vermehrt zu Mehrfachhinrichtungen zusammengefasst, der Vollzug der Todesstrafe verliert vollends seinen Ausnahmecharakter. Den Schlussakt im Vollzug der Todesstrafe bildet in der Regel die Verwertung der Leiche durch die Anatomie.

„Hier ist der Ort, wo der Tod sich freut, dem Leben zu dienen", diese Worte stehen über dem Haupteingang des Anatomischen Instituts der Berliner Universität an der Berliner Charité. Zu allen Zeiten war es nicht unüblich, die Leichen Hingerichteter der Anatomie für die Ausbildung des medizinischen Nachwuchses zur Verfügung zu stellen. An der Verwertung der Leichname herrscht ständiger Bedarf und so sehen sich einige Institute auch jetzt bei der Leichenzuteilung benachteiligt, zumal einer großen Anzahl Anatomischer Institute nur eine begrenzte Zahl ortsnaher Hinrichtungsstätten gegenübersteht. Zwar sind bereits ab 1937 jeder der zentralen Hinrichtungsstätten durch eine Neuregelung des „Zuweisungs- und Verteilungsschlüssels der Leichen Hingerichteter" ein oder mehrere Anatomische Institute zugewiesen worden, dennoch kommt es immer wieder zu Klagen und Beschwerden zur Überlassung der Leichen, ja zu regelrechten Verteilungskämpfen.

Hinzu kommt der Umstand, dass die Leichen Hingerichteter auf Wunsch an die Angehörigen herausgegeben werden müssen, was die Herren Anatomie-Professoren als „empfindliche" Störung der Forschung empfinden. Im April 1939 beschweren sich die Universitäten Köln und Greifswald beim zuständigen Staatssekretär im Reichsjustizministerium, „man möge doch darauf gesetzlich hinwirken, dass ... 1. eine Obduktion Hingerichteter nach den üblichen Regeln grundsätzlich gestattet wird und dass ... 2. die Vorschrift der Auslieferung des Leichnams an die Angehörigen aus einer Muss-Vorschrift in eine Kann-Vorschrift überführt wird." In diesem Falle würde es auf dem Weg über die Gefängnisverwaltung ein Leichtes sein, „das geeignete Material" zu erfassen.

Es dauert bis 1943, dann wird endlich eine verbindliche Verfügung zum Verfahren bei Todesfällen in Justizvollzugsanstalten erlassen, freilich mit einer Reihe besonderer Regelungen. So wird die Herausgabe des Leichnams eines wegen Hochverrats, Landesverrats oder eines aus politischen Beweggründen Hingerichteten nur mit dem Einverständnis der Geheimen Staatspolizei (Gestapo) möglich, so, als könne der Exekutierte über den Tod hinaus Geheimnisverrat üben. Insgesamt verändert sich die „Leichen-Besorgungslage" für die nationalsozialistische Forschung und Lehre an den medizinischen Universitäten in dem Maße, wie die NS-Justiz tagtäglich Terrorurteile spricht und Menschen zum Tode verurteilt. Ein Mitarbeiter des Biologisch-anatomischen Instituts der Universität Berlin, unweit von der Hinrichtungsstätte Plötzensee gelegen, beschreibt später die Situation:

„Leichen gab es. Die Mehrzahl waren ganz überwiegend Leichen junger, gesunder Männer. Und noch etwas war der Mehrzahl von ihnen gemeinsam: Ihnen fehlte der Kopf. Knapp über der Schulterhöhe war ihr Hals säuberlich durchtrennt."

Sein Chef, Institutsleiter Professor Stieve, sorgt sich dennoch angesichts der zunehmenden nächtlichen Luftangriffe um den reibungslosen Ablauf der Anlieferung von Leichen Hingerichteter. Über ein Gespräch mit Vertretern der Vollstreckungsbehörde wird protokolliert:

„Erwünscht ist, namentlich auch wegen der Störungen, die nachts durch Luftangriffe stattfinden können, die Vollstreckung von Todesurteilen in Berlin-Plötzensee auf den Abend zu verlegen und zwar auf 20 Uhr. Professor Stieve war damit einverstanden und erklärte, dass die Leichen dann noch am selben Abend zur Anatomie abgeholt werden könnten, wenngleich der Leichenbedarf für das kommende Semester bereits jetzt gedeckt sei. Ein späterer Zeitpunkt sei für das Anatomische Institut aber nicht tragbar, weil sonst die Bearbeitung der Leichen zu Forschungszwecken sich zu spät in die Nacht ausdehnen würde, so dass die beteiligten Ärzte nicht mehr mit den Verkehrsmitteln nach Hause kommen könnten."

Ein Dokument der Banalität und Barbarei in barbarischen Zeiten. Busabfahrtszeiten diktieren die Uhrzeit der Hinrichtung.

Als nach schweren Luftangriffen auf Berlin in der Nacht vom 3. auf den 4. September 1943 auch die Hinrichtungsstätte in Berlin-Plötzensee erheblich beschädigt wird, entwickeln die NS-Justizbürokraten umgehend Maßnahmen, damit der Vollzug der Todesstrafe nicht ins Stocken gerät.

„Im Hinrichtungsraum war das Dach abgedeckt, der Fliesenboden teilweise zerstört und das Fallbeil vom Brand angegriffen aus der Bettung gebrochen und lag am Boden. Wieweit es noch verwendungsfähig ist, muss eine nähere Untersuchung ergeben ... Unter der Voraussetzung, dass dieses oder ein anderes Beil in den nächsten Tagen intakt verfügbar ist, glaubt Herr Oberregierungsrat Vacano mit den Mitteln der Anstalt die Hinrichtungsvorrichtung spätestens in 14 Tagen wieder betriebsfähig zu haben. Gegebenenfalls muss in Kauf genommen werden, dass das Dach noch fehlt. Von der Vorrichtung zum Hängen ist die Querstange mit den verschiebbaren Haken noch vorhanden ...“

Zu dieser Zeit warten mehr als 300 Verurteilte in den Zellen auf ihre Hinrichtung. Weil die NS-Justizbürokraten keinen Aufschub dulden, wird bis zur Wiederherstellung des Fallbeils kurzerhand die nahegelegene Hinrichtungsstätte in Brandenburg-Görden für zuständig erklärt und zum Tode verurteilte Gefangene unmittelbar dorthin überführt. Ferner wird überlegt, die Verurteilten auf Schießständen der Wehrmacht durch Polizeikommandos erschießen zu lassen, was in einzelnen Fällen dann auch geschieht. Der amtierende Reichsjustizminister Thierack äußert gar den Gedanken der Vollstreckung durch die Verabreichung von Gift oder Gas, was jedoch für die vollzugsmäßige Praxis abwegig ist. Zudem beschließt sein Ministerium eine starke Vereinfachung des Gnadenverfahrens. Die Prüfung der Gnadengesuche soll nun im Eiltempo erledigt werden, um damit die Vollstreckung der Todesurteile zu beschleunigen.

Das beschleunigte staatliche Hinrichten kann fortgesetzt werden – wenn nicht mit dem Fallbeil, dann durch den Strick. Wenige Tage nach den Luftangriffen am 7. September wird der Auftrag für die Vollstreckung der Todesurteile von zunächst 186 Verurteilten erteilt. Um 19.30 Uhr beginnen die ersten Vollstreckungen. Jeweils acht Verurteilte werden gefesselt hintereinander über die Höfe der Anstalt zum Hinrichtungsraum geführt und dort in

Abständen von 20 Minuten durch den Scharfrichter Röttger und seine Gehilfen gehängt.

Wilhelm Röttger, gelernter Pferdemetzger und Fuhrunternehmer aus Berlin-Moabit und mittlerweile als Verstärkung für die drei staatlich bestellten Henker eingestellt, vollzieht von allen Scharfrichtern des Dritten Reiches mit großem Abstand die meisten Hinrichtungen. 3000 Reichsmark Fixum, zusätzlich 30 Mark „Kopfprämie", beträgt das Einkommen des freischaffenden Henkers Röttger, das er durch ein enormes Arbeitspensum erheblich zu steigern weiß.

Da er nicht alle acht Mann gleichzeitig hängen kann, läßt er die anderen sieben Männer bei Beginn der Vollstreckung vor dem Eingang warten, um sich dann einen nach dem anderen hereinführen zu lassen. Röttger selbst steht auf einem Trittpodest und legt den Verurteilten eine Schlinge um den Hals, nachdem die Gehilfen den Verurteilten hochgehoben haben. Nachdem er die Schlinge in einen Haken eingehängt hat, lassen die Gehilfen den Körper los. Die Bewusstlosigkeit tritt augenblicklich ein. Ein Anstaltsgeistlicher, der an diesem Abend in Plötzensee anwesend ist, gibt später zu Protokoll:

„Als nun an einem der folgenden Abende mich der Anstaltsleiter noch gegen 19 Ihr zur Anstalt herüberbitten ließ und mir eröffnete, dass der Justizminister soeben habe anrufen lassen, die 300 Todeskandidaten, die wir mit so viel Mühe nach dem Bombenangriff aus dem brennenden Haus gerettet hatten, sollten diese Nacht alle hingerichtet werden, da habe ich ihm voller Entsetzen entgegengehalten: ‚Wie ist das möglich? Wir haben doch keine Hinrichtungsmaschine mehr?' Darauf der Anstaltsleiter: ‚Der Justizminister hat es befohlen!' Mit vier Pfarrern mussten die Verurteilten vorbereitet werden. Mit Einbruch der Dunkelheit am 7. September gegen 19.30 Uhr begannen die Hinrichtungen.

Die Nacht war kalt. Ab und zu wurde die Dunkelheit durch Bombeneinschläge erhellt. Die Strahlen der Scheinwerfer tanzten über den Himmel. Die Männer waren in mehreren Gliedern hintereinander angetreten. Sie standen da, zunächst ungewiss, was mit ihnen geschehen sollte. Dann begriffen sie.

Immer je acht Mann wurden namentlich aufgerufen und abgeführt. Die Zurückgebliebenen verharrten fast bewegungslos. Nur hin und wieder ein Flüstern mit mir und meinem katholischen Amtsbruder. Einmal unterbrachen die Henker ihre Arbeit, weil Bomben in der Nähe krachend niedersausten. Die schon angetretenen fünf mal acht Mann mussten für eine Weile wieder in ihre Zellen eingeschlossen werden.

Dann ging es weiter. Alle diese Männer wurden gehängt. Die Hinrichtungen mussten teilweise bei Kerzenlicht durchgeführt werden, weil das elektrische Licht ausgesetzt hatte. Erst in der Morgenfrühe, um acht Uhr, stellten die erschöpften Henker ihre Tätigkeit ein, um sie am Abend mit frischen Kräften wiederaufnehmen zu können. Bis zum nächsten Morgen um 8.30 Uhr wurden so die ganze Nacht hindurch mit wenigen Pausen 186 Menschen gehängt."

In dem Hinrichtungswahn werden auch sechs Menschen gehenkt, die zuvor gar nicht auf der vom Reichsjustizministerium eingereichten Liste standen. Aber was gilt ein Menschenleben, gleich ob zuvor wegen Nichtigkeiten zum Tode verurteilt oder zufällig in einer der Todeszellen inhaftiert. Allein im September 1943 richtet Röttger – um die Zahl der zum Tode Verurteilten „weisungsgemäß schnell zu reduzieren" – insgesamt 324 Menschen in Berlin-Plötzensee und Brandenburg-Görden. Die Kopfprämie von 30 Reichsmark überweisen ihm die NS-Schreibtischtäter umgehend.

Spätestens seit 1943, als sich die Kriegseuphorie wendet, verstärkt sich der Widerstand gegen das NS-Regime. Besonders nach dem Attentat auf Hitler am 20. Juli 1944 werden von Sondergerichten immer häufiger Todesurteile verhängt, die die Scharfrichter kaum mehr bewältigen können. Das führt zum Einsetzen sogenannter Partei-Henker, die für die traditionelle Scharfrichterschaft nicht nur eine Verstärkung, sondern auch eine Konkurrenz bedeuten. Hatten 1937 drei staatlich bestellte Scharfrichter das Henkershandwerk verrichtet, umfasste sechs Jahre später die Liste der vom Reichsjustizministerium eingesetzten Scharfrichter neun Namen: Gottlob Bordt, Friedrich Hehr, Karl Henschke, August Köster, Johann Mühl, Wilhelm Röttger, Alois Weiss, Fritz Witzka und schließlich Johann Reichhart. 1944 kam noch Alfred Roselieb hinzu.

Für sie alle sind ab 17. Januar 1945 einmal mehr neue Richtlinien verbindlich. So wird der Paragraph 6 um einen Punkt erweitert: „An der Richtstätte wird der Deutsche Gruß vermieden". Ergänzend wird bei der Vollstreckung die Möglichkeit eingeräumt, eine Erschießung anzusetzen, beziehungsweise eine Erhängung. Eine Erschießung kommt dann in Frage, „wenn die Vollstreckung durch Enthaupten Schwierigkeiten bereitet oder Verzögerungen mit sich bringt".

Deutschland, Anfang 1945: die Sondergerichte verurteilen zum Tode, die Scharfrichter und ihre Helfer vollstrecken. Bis zum bitteren Ende. Das Land versinkt in Schutt und Asche, der Untergang des *Tausendjährigen Reiches* steht unmittelbar bevor, doch die NS-Henker verrichten ihr blutiges Handwerk, wie es ihnen aufgetragen. Am Ende werden sie mehr als 16 000 Todesurteile vollstreckt haben. Davon 11 881 allein die drei Scharfrichter Johann Reichhart, Wilhelm Röttger und Ernst Reindel. Reindel ist es, der als gnadenloser „Schlächter von Berlin" Mitverschwörer des 20.-Juli-Widerstandes auf Befehl Hitlers an Fleischerhaken aufhängt. Sein grausames Tun wird im Auftrag des Reichsfilmintendanten Hinkel auf Wunsch Hitlers von einem Kamerateam gefilmt. Einer von ihnen wird später berichten:

„Nachdem der Prozess beendet war, wurden wir kurzfristig vom Reichsfilmintendanten Hinkel nach dem Gefängnis Plötzensee befördert, um dort Aufnahmen von der Urteilsvollstreckung vorzunehmen. Im Gefängnis angekommen stellten wir fest, dass der Raum für Filmaufnahmen viel zu dunkel war. Der Reichsfilmintendant sagte, dass auf jeden Fall Aufnahmen gemacht werden müssten, gleich wie sie ausfallen würden ..."

Noch am 16. April 1945 – Berlin ist bereits schwer umkämpft – finden in Plötzensee Hinrichtungen statt. Röttger, Reindel, Reinhart und Kollegen töten bis zuletzt – ihre Henkersarbeit ist zur barbarischen Routine geworden. Skrupel? Nachdenklichkeit? Mitleid? Ein jeder tut nur seine „nationale Pflicht". Ob am Fallbeil, im Gerichtssaal oder im Justizministerium: Scharfrichter, Justiz-Staatsekretäre, Staatsanwälte, Richter, Gefängnisaufseher, Medizinprofessoren, Ärzte, Kameraleute – sie alle erledigen ihre Aufgaben gewissenhaft und fanatisch für Führer, Volk und Vaterland. Bis zum letzten Tag, bis zur letzten Stunde, bis zum Kriegsende. Bis zum Untergang.

Dann ist der Krieg aus. Verloren, sagen die Deutschen. Der Wahn hat ein Ende und damit die Barbarei. Die kollektive Reinwaschung beginnt. Niemand will mehr Täter, Mitläufer und Wegseher gewesen sein. Und Johann Reichhart? Muss er sich jetzt am Ende irgendwelche Vorwürfe machen? Kann nun Unrecht sein – fragt er sich –, was vor wenigen Wochen noch Recht war? Hat er sich nicht immer an Recht und Ordnung gehalten? Hat er nicht nach bestem Gewissen sein Handwerk ausgeübt, ganz so, wie es die Herren im Justizministerium vorgegeben und in Rundverfügungen angeordnet hatten? Hat er nicht, wie es seine Pflicht und Aufgabe als Scharfrichter war, all die Urteile ordnungsgemäß vollstreckt, die Staatsanwälte gefordert und Richter gesprochen hatten? Verlässlich, gesetzestreu, konsequent – so wie es ihm in seinem Arbeitsvertrag aufgetragen war.

München, 30. April 1945: Die Siegermacht Amerika besetzt München.

Die Sieger sprechen Urteile über die Besiegten. Auch Todesurteile. Und diese müssen vollstreckt werden. Mitte Mai fahren US-Soldaten am Haus von Johann Reichhart in Gleißental vor. Hierhin hat er sich aus Angst vor Verhaftung zurückgezogen. Sie haben den Hinweis bekommen, dass sich der „damned Nazi-Murder" dort aufhält. Sie greifen ihn auf, fesseln ihn an den Händen und bringen ihn mit einem Jeep nach München in das Stadelheimer Gefängnis, wo er bis zum Ende des Krieges zahlreiche seiner mehr als 1200 Todesurteile vollstreckt hat, darunter zahlreiche unschuldige Widerstandskämpfer wie die Geschwister Scholl. Soll jetzt auch er, der so viele Menschen mit dem Fallbeil geköpft hatte, als Kriegsverbrecher hingerichtet werden?

Doch die Haft des Scharfrichters ist nur von kurzer Dauer. Bereits nach einer Woche öffnen sich für ihn die Gefängnistore. Amerikanische Offiziere bringen ihn in das nahegelegene Landsberg am Lech, in das dortige Gefängnis, in dem einst schon Adolf Hitler nach seinem Putschversuch inhaftiert worden war und nun NS-Kriegsverbrecher die Zellen füllen. Reichhart ahnt, was die Amerikaner von ihm wollen: Sie brauchen ihn für jenes Handwerk, für das ihn der Freistaat Bayern während der Weimarer Republik und die Nationalsozialisten in den zurückliegenden Jahren gebraucht haben. Und so richtet Johann Reichhart schon wenige Wochen nach Kriegsende wieder – diesmal für die amerikanische Militärregierung.

Im Landsberger Gefängnishof werden zwei neue Galgen aufgebaut. Reichhart weiß auch damit umzugehen. Bereits 1942 hatte er selbst einen Galgen nach englischem Vorbild konstruiert, doch war dieser vom Reichsjustizministerium abgelehnt worden, weil die NS-Juristen für das Erhängen des Delinquenten die qualvollere Variante des Strangulierens vorzogen, das als besonders entehrende Strafe im gleichen Jahr neben dem Fallbeil wieder eingeführt worden war. Dabei heben zwei Helfer den Hinzurichtenden empor und der Scharfrichter legt im gleichen Moment einen Strick um den Hals des Delinquenten. Auf Kommando hin drücken die Assistenten die Schultern des Gefesselten in Richtung Boden. Der Tod tritt nach wenigen Sekunden ein. Reichhart und seine Mannen erledigen das Töten in Landsberg am Galgen mit schneller Präzision.

Dafür genießt der Henker Reichhart Privilegien. Wenn Todesurteile zu vollstrecken sind, wird er von einer Militärpatrouille im Jeep von seinem Wohnort Gleißental abgeholt und ins Landsberger Gefängnis chauffiert. Statt Geld gibt es überwiegend Konserven, Alkohol und Zigaretten – in diesen Nachkriegszeiten eine attraktive Währung. 165-mal knotet Reichhart den Strick, um Parteiprominenz, KZ-Schergen und SS-Wirtschaftsbonzen in den Tod zu befördern. Die amerikanische Militärjustiz ist von seinen Henkersdiensten so überzeugt, dass sie gar erwägt, ihn als Vollstrecker bei den im Nürnberger Kriegsverbrecherprozess verurteilen NS-Größen einzusetzen. Doch die Militärregierung besinnt sich. Reichharts Aufgabe wird darauf beschränkt, den US-Sergeanten Hazel Woods in die „Kunst des Erhängens am Galgen" einzuweisen. Woods ist es, der am 16. Oktober 1946 schließlich den Todeskandidaten den Strick um den Hals legt, darunter Rippentrop, Keitel, Kaltenbrunner, Rosenberg, Frank, Frick, Streicher und Jodl.

Wenige Monate zuvor, im August 1945, war bei der Münchner Stadtverwaltung eine an den damaligen Oberbürgermeister Karl Scharnagl adressierte Anzeige eingegangen, in der mit Hinweis auf Reichharts privilegierte Lebenssituation eine Strafverfolgung wegen seiner Henkerstätigkeit während der Nazi-Herrschaft und dessen Enteignung gefordert wurde. Die Anzeige wird an die zuständige Staatsanwaltschaft weitergeleitet, die jedoch wenig Interesse zeigt, gegen den ehemaligen NS-Scharfrichter strafrechtlich vorzugehen. Solange er noch für die amerikanische Militärregierung Henkersdienste verrichtet, will man offensichtlich nicht tätig werden. Schließlich ist Reichhart immer noch bayerischer Staatsbediensteter. Am 6. April 1946 und später am 7. Februar 1947 schließt das bayerische Staatsministerium der Justiz mit ihm einen neuen Arbeitsvertrag, der nun auch Grundlage für Reichharts Tätigkeit als Henker unter der US-Militärregierung ist.

Doch Reichharts Lage wird prekär: Wenige Monate später, im Mai 1947, holt die Militärpolizei Reichhart aus seiner Wohnung und bringt ihn nach Moosburg an der Isar in ein Internierungslager, freilich ein ganz besonderes Lager. Es ist reserviert für „besondere Hoheitsträger der NSDAP" und für höhere SA- und SS-Angehörige. Hier trifft der ehemalige Scharfrichter auf Hitlers ehemaligen Vizekanzler Franz von Papen, auf Feldmarschall Hugo Sperrle, auch auf Emmy Göring, die Frau des Reichsmarschalls Hermann Göring. Sie ist es vermutlich, die ihrem zum Tode durch den Strang verurteilten Ehemann noch rechtzeitig die Zyankali-Kapsel in die Gefängniszelle geschmuggelt hat.

Reichhart ist also in bester Gesellschaft. Doch die prominenten Mithäftlinge meiden ihn, als sie erfahren, wer er ist. Als er sich später – im Dezember 1948 – vor einer Spruchkammer in München wegen seiner NS-Henkertätigkeit verantworten muss, zeigt er sich in seinem Schlusswort bitter enttäuscht darüber, wie vor allem die Justiz mit ihm umging:

„Ich habe Todesurteile vollzogen in der festen Überzeugung, dem Staat mit meiner Arbeit zu dienen und rechtmäßig erlassene Gesetze zu befolgen. Erst jetzt ist mir so recht bewusst geworden, wie sehr ich in meinem blinden Glauben und Gehorsam vom Staat und seinen Oberen ausgenutzt, ja missbraucht worden bin. Ich habe Mörder, Gewaltverbrecher, Hochverräter und Volksschädlinge enthauptet und gehängt, weil ich an der Rechtmäßigkeit der Todesurteile nicht zweifelte. Ich werde aber alles tun, um sicherzustellen, dass ich der letzte Reichhart gewesen bin, der in das Amt des Nachrichters hineindrängte. Mögen künftig die Richter die Todesurteile selbst vollstrecken."

Nach zwei Verhandlungstagen wird Johann Reichhart als „Belasteter" der Gruppe 2 eingestuft. Ihm werden zehn „Sühnemaßnahmen" auferlegt:

1.

Einweisung in ein Arbeitslager für die Dauer von 2 Jahren zur Verrichtung von Wiedergutmachungs- und Aufbauarbeiten. Die bereits verbüßte Internierung von 1 ½ Jahren wird angerechnet.

2.

Einziehung von 50 % des Vermögens einschließlich Sachwerte.

3.

Dauernde Unfähigkeit, ein öffentliches Amt einschließlich des Notariats und der Anwaltschaft zu bekleiden.

4.

Verlust des Wahlrechts, der Wählbarkeit sowie des Rechts, sich irgendwie politisch zu betätigen oder einer politischen Partei als Mitglied anzugehören.

5.

Verlust der Rechtsansprüche auf eine aus öffentlichen Mitteln zahlbare Pension oder Rente.

6.

Verbot, Mitglied einer Gewerkschaft sowie einer wirtschaftlichen oder beruflichen Vereinigung zu sein.

7.

Verbot auf die Dauer von 5 Jahren:
a) in einem freien Beruf oder selbständig in einem Unternehmen oder gewerblichen Betrieb jeglicher Art tätig zu sein, sich daran zu beteiligen oder die Aufsicht oder Kontrolle hierüber auszuüben,
b) in nichtselbständiger Stellung anders als in gewöhnlicher Arbeit zu beschäftigen,
c) als Lehrer, Prediger, Schriftsteller, Redakteur oder Rundfunkkommentator tätig zu sein.

8.

Der Betroffene unterliegt Wohnungs- und Aufenthaltsbeschränkungen nach Anordnung des Wohnungsamtes oder sonst zuständiger Stellen.

9.

Er verliert alle ihm erteilten Approbationen, Konzessionen und das Recht, einen Kraftwagen zu halten.

10.

Der Betroffene trägt die Kosten des Verfahrens. Streitwert: 26 000 Mark."

Johann Reichhart legt Berufung ein, der Ortsbürgermeister bescheinigt ihm Loyalität und Zuverlässigkeit, doch die Berufungskammer belässt es bei ihrem Urteilsspruch. Tief gekränkt verlässt er den Gerichtssaal, Arm in Arm mit seinem Sohn Hans, der das Spruchkammerurteil als eine einzige ungerechte Demütigung empfunden hat, über die er nie mehr hinwegkommen sollte. 1950 scheidet er, gerade 23 Jahre alt, freiwillig aus dem Leben.

Insgesamt 3126 Todesurteile – davon 250 Frauen – hat sein Vater von 1924 bis 1945 vollstreckt: Mörder, Gewaltverbrecher, aber auch Widerstandskämpfer und vermeintliche Gegner des NS-Regimes. Auf Befehl der amerikanischen Militärmacht henkt er weitere 156 Menschen. Seine 23 Jahre währende Scharfrichterkarriere hat ihn wohlhabend gemacht, allein 1943 verdiente er die gewaltige Summe von 41 748,20 Reichsmark. Am Ende jedoch ist er ein isolierter alter Mann, dem man noch eine bescheidene Invaliden- und Militärrente in Höhe von gerade mal 220 Mark im Monat genehmigt. Nebenbei betreibt er in Deisendorf bei München eine Hundezucht und gerät nur noch einmal in die Öffentlichkeit, als bekannt wird, dass er zum Ehrenmitglied eines „Vereins zur Wiedereinführung der Todesstrafe e.V." ernannt wurde.

Kurz vor seinem 79. Geburtstag stirbt Johann Reichhart 1972 in einem bayerischen Krankenhaus, nahe München.

Nachtrag: Die Auftraggeber des Todes – oder: „Wir haben nur unsere Pflicht getan"

Johann Reichhart durfte kein öffentliches Amt mehr bekleiden, wurde enteignet, ja selbst das Halten eines Autos wurde ihm untersagt. Er war bis zu seinem Tod ein geächteter Mann. Die, die ihm mit menschenverachtenden Gesetzen, skandalösen Anklagen und grausamen Urteilen die Menschen ans Schafott lieferten, was wurde aus ihnen? Wurden all jene Justizstaatssekretäre, Staatsanwälte und Richter, die an den NS-Sondergerichten unter Hitler grausame Strafen gefordert und Urteile gesprochen hatten, zur Rechenschaft gezogen? Oder waren sie lediglich „deutsche Beamte", die geltendes Gesetz angewandt hatten?

Diese Logik sollte im Nachkriegsdeutschland bis weit in die siebziger Jahre zur eisernen Rechtsüberzeugung werden, wann immer – selten genug – die Rolle der NS-Justiz zu verhandeln war. Die Formel von der bloßen Pflichterfüllung kursierte unter den ehemaligen NS-Juristen, häufig mit dem Hinweis, damit Schlimmeres verhindert zu haben. Eine Rechtfertigung, die bereits im Nürnberger Juristenprozess nicht ohne Erfolg strapaziert worden war. Im dritten von insgesamt zwölf Prozessen, die von den Amerikanern im Lauf des Tribunals gegen die Hauptkriegsverbrecher durchgeführt wurden, hatten sich am 17. Februar 1947 gerade einmal 16 deutsche Juristen wegen Kriegsverbrechen, Verbrechen gegen die Menschlichkeit und Organisationsverbrechen zu verantworten.

Freilich, die exponiertesten Vertreter waren ohnehin nicht mehr zur

Verantwortung zu ziehen: Reichsjustizminister Gürtner war bereits 1941 gestorben, sein Nachfolger Thierack hatte nach Kriegsende in einem englischen Straflager Selbstmord begangen, ebenfalls Reichsgerichtspräsident Bumke, der nach dem Einmarsch der US-Armee in Leipzig seinem Leben ein Ende setzte, und Volksgerichtshofspräsident Freisler war in den letzten Kriegstagen bei einem Bombenangriff während einer Verhandlungspause ums Leben gekommen. Nun waren also 16 prominente Repräsentanten der Justiz angeklagt, für deren zweifelhafte Karrieren man hinreichendes Beweismaterial hatte herbeischaffen können.

Für das Reichsjustizministerium standen der ehemalige Staatssekretär und zeitweilige kommissarische Justizminister Dr. Franz Schlegelberger, der ranghöchste Angeklagte, sowie die beiden Staatssekretäre Curt Rothenberger und Herbert Klemm vor Gericht, außerdem der Generalstaatsanwalt Günther Joël und weitere drei hohe Funktionsträger der NS-Justiz. Zwei Angeklagte schieden wegen Haftunfähigkeit bzw. durch Selbstmord vorzeitig aus dem Verfahren aus. Für den Bereich der Staatsanwaltschaft hatten sich der frühere Oberreichsanwalt beim Volksgerichtshof, Ernst Lautz, und der Reichsanwalt Paul Barnickel zu verantworten, für die Sondergerichte drei Vorsitzende aus Nürnberg und Stuttgart, für den Volksgerichtshof schließlich der Präsident des Vierten Senats, Günther Nebelung, sowie ein Laienrichter. Sie alle waren exemplarische Justiztäter. Es ging in diesem Prozess ohnehin weniger darum, Einzeltaten nachzuweisen – die gleichwohl ausführlich zur Sprache kamen –, sondern es ging darum, zu zeigen, dass die Justiz bis zuletzt Teil und Komplize des nationalsozialistischen Terrorsystems gewesen war.

Hauptanklagepunkte waren die Justizmorde und andere Gräueltaten, die die Angeklagten dadurch begingen, dass sie Recht und Gerechtigkeit in Deutschland zerstörten und dann in leeren Hüllen der Rechtsformen zur „Verfolgung, Versklavung und Ausrottung von Menschen in einem Riesenausmaß benutzten“, wie es die Anklagevertretung formulierte. Die Beweisaufnahme fiel für die deutsche Justiz ebenso vernichtend aus wie für die einzelnen Angeklagten. Hier standen nicht fanatische Nationalsozialisten vom Typus Freisler oder Thierack, sondern vielmehr exemplarische Vertreter des konservativen Juristenstandes vor Gericht, aber gerade diese Tatsache offenbarte die tiefe Verstrickung der Justiz mit dem braunen Terrorregime. Sie entpuppten sich als Prototypen willfähriger Juristen, ohne die die nationalsozialistischen Machthaber nicht überlebensfähig gewesen wären. Das Fazit der Ankläger:

„Die Angeklagten sind solch unermesslicher Verbrechen beschuldigt, dass bloße Einzelfälle von Verbrechenstatbeständen im Vergleich dazu unbedeutend erscheinen. Die Beschuldigung, kurz gesagt, ist die der bewussten Teilnahme an einem über das ganze Land verbreiteten und von der Regierung organisierten System der Grausamkeit und Ungerechtigkeit unter Verletzung der Kriegsrechte und der Gesetze der Menschlichkeit, begangen im Namen des Rechts und unter der Autorität des Justizministeriums mit Hilfe der Gerichte. Der Dolch des Mörders war unter der Robe des Juristen verborgen."

Unter den Roben fanden sich – könnte man dazufügen – auch Handbeile und Stricke, die alsbald den Vollstreckern in die Hand gelegt wurden. Auch wenn der Nürnberger Juristenprozess einer der wenigen, vielleicht sogar der ernsthafteste Versuch war, das Justizsystem des Dritten Reiches zu erhellen und zu brandmarken, so ist die strafrechtliche Ahndung des Unrechts der NS-Justiz gescheitert. Mehr noch: Das Verfahren hatte keinerlei reinigende Wirkung auf die deutsche Juristenzunft. Im Gegenteil. Viele ehemalige Juristen sahen in Nürnberg eine Sieger- und Vergeltungsjustiz am Werk und solidarisierten sich mit den Kollegen. Hatten sie denn nicht alle nur ihre Pflicht erfüllt?

Die meisten dachten wie ihr Kollege, der Ex-Marinerichter und spätere Ministerpräsident Hans Karl Filbinger, der einmal aussprach, was alle ehemaligen NS-Juristen schon frühzeitig für sich reklamierten: „Was damals rechtens war, kann heute nicht Unrecht sein." Ein schlechtes Gewissen wegen ihrer Komplizenschaft in der Nazi-Zeit konnten die Juristen so kaum entwickeln. Die Verantwortung für das, was geschehen war, bürdeten sie der politischen Führung auf.

Neu waren diese Töne nicht. Wie seinerzeit die Weimarer Richter, die nicht der Republik, sondern dem „Staat" gedient hatten, so fühlten sich auch die ehemaligen Richter des *Dritten Reiches* nun nicht mehr als NS-Komplizen, nein, sie hatten angeblich allein der „Staatsidee" gedient. Dabei war keineswegs zu leugnen, dass die meisten Richter Mitglied der NSDAP gewesen waren oder aber dem NSRB, dem *Nationalsozialistischen Rechtswahrerbund*, angehört hatten. Doch die Entnazifizierung hatte längst nicht mehr Vorrang, und ein einfacher Parteigenosse gewesen zu sein, galt nicht mehr als Makel. Hatte man überhaupt eine andere Chance? Wollte nicht jeder letztlich nur in Ruhe seine richterliche Laufbahn ungehindert absolvieren? Hatte man nicht allein seine Pflicht getan, als Richter, Staatsanwalt, Justizbeamter? Einem

Richter, der behauptet, er habe nur die Staatsräson im Auge gehabt, konnte nichts geschehen. Oder anders ausgedrückt: Ein überzeugter Nazi konnte nach dieser Argumentation durchaus eine edle Gesinnung haben. Selbst NS-Juristen, die sich im Hitler-Deutschland besonders eifrig hervortaten, mussten um ihre Nachkriegskarriere nicht bangen. Tausende von belasteten Richtern wurden also nicht nur verschont, sie durften wieder amtieren. So kehrten sie rasch an die Richtertische zurück, besetzten die Stühle als Landgerichts- und Oberlandesgerichtspräsidenten, fanden Unterschlupf in den Justizministerien. Von dieser Richtergeneration war kaum ein Beitrag zur Vergangenheitsbewältigung zu erwarten. Verständlich: Zahlreiche Richter hatten zuvor dem braunen Terrorregime gedient und hätten erst einmal selbst entnazifiziert werden müssen. Doch keine Krähe hackt der anderen ein Auge aus.

Ehemalige Volksgerichtshofrichter durften jetzt wieder Recht sprechen, häufig in herausragenden Positionen. Beispielsweise Otto Rathmayer, Ankläger am Volksgerichtshof, Mitwirkung an mindestens 78 Todesurteilen: Er brachte es nach dem Krieg bis zum Landgerichtsrat in Landshut, wo er sich bis 1963 erneut für die Rechtskultur verdient machen durfte. Beispielsweise NS-Juristen wie Dr. Gerhard Lehnhardt, Ankläger am Volksgerichtshof, Mitwirkung an mindestens 47 Todesurteilen, bis 1960 Oberlandesgerichtsrat in Neustadt an der Weinstraße; Dr. Helmut Jaeger, Erster Staatsanwalt beim Volksgerichtshof, Mitwirkung an mindestens 4 Todesurteilen, bis 1966 Oberlandesgerichtsrat beim Oberlandesgericht in München; ebenfalls Dr. Kurt Naucke, Erster Staatsanwalt beim Volksgerichtshof, Mitwirkung an mindestens 19 Todesurteilen, später Oberstaatsanwalt in Hannover. Ebenso Walter Roemer, Erster Staatsanwalt und Sachbearbeiter beim Volksgerichtshof, Mitwirkung an mindestens 25 Todesurteilen, darunter das gegen Alexander Schmorell und Prof. Kurt Huber von der Widerstandsgruppe *Weiße Rose*. Roemer war auch Vollstreckungsleiter bei Hinrichtungen in der Strafanstalt München-Stadelheim – er und Scharfrichter Reichhart kannten sich. Nach dem Krieg machte Roemer weiterhin Karriere: als Ministerialdirektor und Abteilungsleiter im Bundesjustizministerium.

Freisprüche für die NS-Juristen waren nicht die Ausnahme, sondern die Regel. Die NS-Ankläger und Todesrichter mussten in der Adenauer-Republik nichts befürchten, am wenigsten das Ende ihrer gutdotierten Karrieren. Im Gegenteil: Beinahe in allen Verfahren gegen die Nazi-Justiz durften die Angeklagten mit besonderem Feingefühl und Verständnis ihrer Zunftkollegen rechnen. Kaum ein Urteil war der Nachkriegsjustiz barbarisch genug, als dass es nicht doch Gründe dafür sah, das „damals anzuwendende“ Recht nachträglich zu legitimieren.

Etwa 80 Prozent der Richter und Staatsanwälte, die bis zum 8. Mai 1945 dem Terrorregime Hitlers zu Diensten standen – die zwischen 1933 und 1945 in Zivil- und Militärverfahren schätzungsweise 50 000 Todesurteile gefällt hatten und meistens auch vollstrecken ließen –, sie alle saßen wieder in den Sälen *Justitias* der jungen Adenauer-Republik. Allein beim Bundesgerichtshof, der höchsten Instanz im Straf- und Zivilrecht, lag 1953 der Anteil NS-belasteter Richter bei mindestens 72 Prozent, in den Strafsenaten 1962 gar bei 80 Prozent. „Möglicherweise ist tatsächlich der Beweis erbracht“, schrieb später dazu der Historiker Jörg Friedrich, „dass ein Rechtsstaat auf einem Justizmassengrab stehen kann“.

Mit so viel Nachsicht und Wohlwollen durfte Johann Reichhart nicht rechnen. Er war nur ein vom Staat gebrauchter *Hinrichter*, und so traf ihn das Schicksal aller Scharfrichter: Er war Teil des Systems – aber niemand suchte seine Nähe.

VERMARKTER

Der Preis des Tötens

Amerikas Kampf gegen das Böse

Amerika kann sich auf seine Justiz verlassen: Immer schon setzt sie im Kampf gegen das Böse vor allem auf harte und lange Strafen. Und Amerika kann sich auf seine Politiker verlassen: Die Law-and-Order-Beschwörung gehört zur Grundausstattung ihrer Wahlkampf-Rhetorik, vor allem bei den Republikanern.

Beginnen wir mit einer Geschichte. Einer unschönen Geschichte, einer exemplarischen Geschichte. Sie liegt etwas zurück, spielt im Jahr 2003 und handelt von einem republikanischen Politiker, der versuchte, in einem liberalen Bundesstaat die Todesstrafe wieder einzuführen. Sein Name: Mitt Romney. In Massachusetts, dort wo Amerika einst gegründet worden war, in einem Staat, der seit 1947 keinen Menschen mehr hingerichtet hatte, wollte der smarte Politiker Gouverneur werden – und sich und seinen Wählern zeigen, dass auf einen rechtschaffenen Republikaner Verlass ist. Die Wiedereinführung der Todesstrafe – das war sein Thema. Das wollte er durchsetzen. Und der Weg dahin begann vielversprechend. Er gewann die Wahl. Er wurde Gouverneur. Als er dann auf dem Boston Beacon Hill von Januar 2003 bis 2007 die Regierung führte, näherte er sich dem „Projekt Todesstrafe" mit ruhiger Hand, aber sehr ausdauernd. Er setzte Kommissionen ein, ließ Juristen und Mediziner befragen, veranstaltete Experten-Hearings. Am Ende ließ er das Parlament über die Frage abstimmen: Soll dieser Staat wieder töten dürfen? In einer Zeit, als zahlreiche Bundesstaaten darüber diskutierten, die Todesstrafe abzuschaffen, hätte er gerne ein JA gehört.

Damals sagte der Mann – der sich Jahre später als Präsidentschaftskandidat zeitweise Chancen einräumte, Nachfolger von Obama zu werden –, dass Terroristen, die Anschläge begehen, dass Verbrecher, die morden, und dass

Täter, die besonders grausame Morde begehen, in Zukunft die Todesstrafe erhalten sollten. In all diesen Fällen sollte der Staat Massachusetts wieder das Recht haben, zu töten.

Jeffrey Pokorak, Juraprofessor an der Suffolk University Law School, einer der größten juristischen Fakultäten des Landes, erinnert sich: „Für Romney war die Todesstrafe ganz klar ein politisches Thema, mit dem er glaubte, sich in seiner Partei profilieren zu können. Einige andere republikanische Gouverneure hatten ja schon versucht, hier die Todesstrafe wieder einzuführen, waren aber gescheitert."

Mitt Romney war also auf der Suche nach einem harten öffentlichkeitswirksamen Thema, das zeigen sollte, dass er ein Mann der Tat ist, einer, der etwas bewegen kann. Das hat auch mit seiner Familiengeschichte zu tun: Romneys Vater George war ebenfalls Gouverneur, in Michigan, einem jener US-Staaten, in denen die Todesstrafe abgeschafft worden war. Sein Sohn Mitt aber wollte ein Zeichen setzen, ein Zeichen seiner Durchsetzungsfähigkeit, ein Zeichen seiner Stärke. Und er wusste, dass sich in einer Umfrage eine knappe Mehrheit der Bürger von Massachusetts für die Todesstrafe ausgesprochen hatte. Ein idealer Zeitpunkt also, sich zu profilieren – in der Partei, beim Wahlvolk. Also erarbeitete eine von Romney beauftragte Regierungskommission einen Gesetzesentwurf, den sie im April nach langer, intensiver Beratung vorstellte. Ein paar Monate später, am 15. November 2005, kam schließlich der Tag, an dem Mitt Romney sein Gesetz im Abgeordnetenhaus vorstellte, das dem Staat Massachusetts wieder das Recht geben sollte, Menschen hinzurichten. Das Abstimmungsergebnis war aus seiner Sicht ernüchternd: 100 Abgeordnete stimmten gegen den Gesetzesentwurf, nur 53 waren dafür. Eine Niederlage für Romney, ein Sieg für die Humanität. Alles blieb, wie es war. Die Todesstrafe, sie ist seither tot in Massachusetts.

Mitt Romney hat die Wahl damals gegen Obama verloren. Amerika blieb so ein weiterer Präsident erspart, der – wie zuvor George W. Bush – die Todesstrafe nicht als eine „gerechte", sondern als eine notwendige Strafe begreift. Aber auch Obama war explizit kein Gegner der Todesstrafe – jedenfalls nicht öffentlich. Und seit Donald Trump dürfen alle rechtschaffenen US-Bürger wieder einem Präsidenten vertrauen, der nicht nur für die Todesstrafe plädiert, sondern dem Verbrechen einen „Krieg" angedroht hat.

Verbrechensbekämpfung und Strafverfolgung ist in den USA keine abstrakte politische Frage. Anders als in Europa wird eine direkte Korrelation zwischen Bestrafung von Kriminellen und dem Schutz des Bürgers behauptet. Ob Richter oder Politiker: Wer mit Kriminalität zu sanft umgeht, riskiert, nicht oder nicht mehr gewählt zu werden. Kriminalität und Verbrechensbekämpfung sind ein Dauerthema.

Das hat Folgen. Obwohl die USA nur fünf Prozent der Weltbevölkerung ausmachen, sitzen 25 Prozent aller weltweit Inhaftierten in Amerika ein: 2,4 Millionen. Das autoritär-repressive China, das viermal so viel Einwohner wie die USA zählt, folgt mit 1,5 Millionen Strafgefangenen deutlich dahinter.

Knapp 49 Prozent der amerikanischen Gefängnisinsassen sitzt wegen Gewaltdelikten ein. Vor allem seit die Strafverfolgungsbehörden massiv gegen die Drogenkriminalität vorgehen, hat sich die Zahl der Inhaftierungen vervielfacht. Allein etwa 140 000 Straftäter verbüßen eine lebenslange Freiheitsstrafe, weitere 100 000 sitzen in verlängerter Einzelhaft. Aber beinahe die Hälfte der Gefängnisinsassen wurde wegen anderer – oft banaler – Verfehlungen schuldig gesprochen, nicht selten wegen geringfügiger Verstöße gegen die öffentliche Ordnung wie „Herumlungern", Nichtbezahlung von Geldbußen, Beleidigungen gegen Polizeibeamte oder wegen Vergehen im Bereich der Drogenbeschaffung für den Eigenkonsum. Das alles wird häufig mit absurden Kurzstrafen geahndet – und führt zu überfüllten Gefängnissen.

Vom „Land oft he Free" wie in der Hymne der USA besungen, bleibt da nur wenig übrig, wie der US-Korrespondent der Tageszeitung *Die Welt*, Ansgar Graw, konstatiert: „Wenn nahezu ein Prozent der erwachsenen Bevölkerung hinter Gittern sitzt, bekommt die stolze Zeile einen Missklang." Die ernüchternde Bilanz: Zu den Inhaftierten kommen rund 4,8 Millionen hinzu, deren Haftstrafen ausgesetzt sind oder die unter Bewährungsvorbehalt stehen.

Tatsache ist: In den USA entscheiden viele Faktoren, die nur wenig mit dem eigentlichen Verbrechen zu tun haben, ob ein Angeklagter ins Gefängnis muss oder zum Tode verurteilt wird. So belegen Studien, dass die Hautfarbe bei der Frage, wer eine härtere Strafe bekommt oder wer zum Tode verurteilt wird, durchaus eine Rolle spielt. Ein weiterer Verfahrensmangel ist die bei der Auswahl der Jury zuweilen festzustellende Rassendiskriminierung, die darin besteht, dass die Staatsanwaltschaft, die eine Reihe potentieller Geschworener ohne Begründung ablehnen kann, bei der Ablehnung offensichtlich sach- und rechtswidrig die Übereinstimmung der Hautfarbe der Geschworenen mit der des (schwarzen) Angeklagten zum Kriterium macht. Dies wurde vom Obersten Gerichtshof mehrfach beanstandet und mit der Aufhebung von Todesurteilen vor allem texanischer Gerichte sanktioniert. Hinzu kommt die häufig unzureichende Vertretung unterprivilegierter Straftäter durch Pflichtverteidiger.

Schwarze werden also häufiger angeklagt und verurteilt – daran hat sich in den letzten Jahrzehnten nur wenig geändert. Kritische Anwälte nennen das eine Rassenjustiz.

Schließlich kommen noch wahltaktische Erwägungen hinzu, die durch lautstarke Forderung nach härteren Strafen für Angeklagte dazu beitragen, die Zellen zu füllen. Ganz im Sinne zahlreicher privatwirtschaftlich betriebener Einrichtungen, die aus finanziellen Gründen an einer optimalen „Auslastung" interessiert sind. Ihr Geschäftsmodell: die Unterbringung und Verpflegung von Straftätern, etwas Resozialisierung inbegriffen – falls genügend Personal, Kompetenz und Planung vorhanden. 1719 Haftanstalten gibt es in den USA auf der Ebene der Bundesstaaten, 102 von der Bundesregierung selbst. Hinzu kommen 3283 lokale Gefängnisse, die in der Zuständigkeit der örtlichen Sheriffs liegen und für kleinere Rechtsbrüche und Untersuchungshäftlinge geführt werden. Schließlich sitzen in 2259 Jugendbesserungsanstalten rund 70 000 Minderjährige ein.

Das alles kostet Geld, viel Geld. Insgesamt mehr als 80 Milliarden Dollar im Jahr. Eine Summe, die selbst straffreudige Republikaner zum Nachdenken über die Sinnhaftigkeit des Systems bringt. „Stellen Sie sich vor, Sie müssen über das Schicksal eines Heroinabhängigen entscheiden, der wegen eines kleinen Ladendiebstahls verurteilt wurde. Wie viel Geld des Steuerzahlers würden Sie dafür ausgeben, um diese Person ins Gefängnis zu bringen – und für wie lange? Ist Haft die richtige Form der Bestrafung, um das Verhalten dieses Gesetzesbrechers zu verändern?", fragen die Autoren eines Gastbeitrages in der renommierten *Los Angeles Times* – und die Autoren sind keine Sozialrebellen, sondern der konservative republikanische Politiker Newt Gingrich und N. Wayne Hughes Jr., ein millionenschwerer Geschäftsmann, der eine Stiftung zur Betreuung von Ex-Gefangenen und Verbrechensopfern gegründet hat.

„Kalifornien gibt 62 396 Dollar pro Gefangenem und Jahr aus und zehn Milliarden Dollar für seinen Strafvollzug insgesamt", so Gingrich, einst Sprecher des Repräsentantenhauses, und sein Koautor Hughes. „Derweil wendet Kalifornien nur 9200 Dollar jährlich für einen Schüler bis zur zwölften Klasse auf, und das durchschnittliche Gehalt eines neu eingestellten Lehrers beträgt 41 926 Dollar. Und während Kalifornien 22 Gefängnisse in 30 Jahren baute, gründete es lediglich eine öffentliche Universität."

Mit ihrem Unmut stehen sie nicht allein. Immer mehr Amerikaner erkennen: Das System des Ein- und Wegsperrens ist an seine Grenzen gekommen. Die Bilanz sieht in jeder Hinsicht verheerend aus. Ein Umdenken hat begonnen. Mit plötzlich erwachtem Mitgefühl freilich hat das wenig zu tun. Die konservativen Verfechter des bisherigen Gefängnissystems wurden lediglich auf den Konflikt zweier ihrer politischen Ideale aufmerksam: Die unerbittliche Justiz brachte eine Gefängnis- und Hinrichtungsindustrie hervor, die immer mehr Steuermilliarden verschlang. Mit dem Gerede vom „verschlankten Staat" ließ sich das nur wenig vereinbaren. Reformen mussten her. Das Ergebnis: Nach jahrzehntelangem Wachstum bei Inhaftierungen sind erste rückläufige Zahlen sichtbar. Und das nicht nur in liberalen Bundesstaaten; selbst im straffreudigen Texas, wo erstmals Strafanstalten geschlossen wurden, etwa der 1100-Zellen-Komplex in Sugar Land. Geldknappheit als Grund für mildere Strafen?

Noch ist die Mehrzahl der Amerikaner bereit, das kostenintensive Strafsystem zu akzeptieren, und will darauf nicht verzichten. Auch nicht auf die Todesstrafe. Zuletzt zeigte sich das im November 2016, als in Kalifornien neben der amerikanischen Präsidentenwahl auch die Abschaffung der Todesstrafe in einem Volksentscheid zur Abstimmung stand. Dort, wo mehr Todeskandidaten als in jedem anderen Bundesstaat auf die Hinrichtung warten, waren wegen der Diskussion um die Hinrichtung mit der Giftspritze und wegen der Sanierung des Todestrakts im Gefängnis von San Quentin im Jahr 2006 die Exekutionen ausgesetzt worden. Seither wurden verurteilte Mörder in Kalifornien nicht mehr in die Todeszelle geschickt. Nun sollten die Bürger darüber abstimmen, ob die Todesstrafe generell abgeschafft werden soll.

Das Votum war knapp, aber eindeutig: Nach Behördenangaben stimmten 53,6 Prozent der Wähler gegen den Vorschlag, die Todesstrafe abzuschaffen und durch lebenslange Haft ohne Möglichkeiten der Begnadigung zu ersetzen.

Die Ausgangslage war unter juristischen Gesichtspunkten eine besondere: Normalerweise bestehen in Kalifornien gute Chancen, nicht zum Tode verurteilt zu werden. Seit Jahren wurde niemand mehr hingerichtet, seit 1978 waren es nur 13 Straftäter. Gegenwärtig befinden sich in Kalifornien 750 zum Tode verurteilte Personen in Haft. Die normale Strafe für diejenigen, die in den Todeszellen sitzen, ist damit ohnehin schon lebenslänglich. Würden die zum Tode Verurteilten nach *Proposition 34* zu „normalen" Lebenslänglichen, dann würden ihre Privilegien entfallen. Sie würden zwar weiter Anwälte erhalten, um ihre Verurteilung anzufechten, aber nicht, um sogenannte *Habeas-Corpus-Beschwerden* einzureichen und entsprechende Nachforschungen zu betreiben. Damit entfiele weitgehend die Chance, außerhalb der normalen Rechtsprechung etwa aufgrund neuer Beweise oder eines richterlichen Fehlverhaltens die Verurteilung zu kippen und freizukommen. In Kalifornien sind noch etwa 300 dieser *Habeas-Corpus-Eingaben* von zum Tode Verurteilten nicht entschieden. Die Strafgefangenen können allerdings selbst einen *Habeas-Corpus-Einspruch* oder sie müssen einen Richter dazu bewegen, einen Anwalt zu bestellen, bzw. müssen selbst einen Anwalt finden, der den Fall aufgreift.

Selbst die Gegner der Todesstrafe waren also uneins. So unterstützte etwa die Menschenrechtsorganisation *ACLU* die *Proposition 34*, während die *Campaign to End the Death Penalty* sich dagegen aussprach, weil sie die Umwandlung der Todesstrafe in eine lebenslängliche Haftstrafe ohne Bewährung ablehnte. Bislang sei niemand, der zu lebenslänglich ohne Bewährung verurteilt wurde, dennoch auf Bewährung aus dem Gefängnis entlassen worden, wenn er nicht seine Unschuld beweisen konnte.

Die Gründe dafür, dass die – wenn auch knappe – Mehrheit der kalifornischen Wähler für die Beibehaltung der Todesstrafe votierte, mag weniger mit diesen juristischen Implikationen zu tun gehabt haben als vielmehr mit dem unerschütterlichen Glauben an die Rechtmäßigkeit des Rechtssystems. Dass Menschen, die besonders scheußliche Verbrechen begangen haben und deren Schuld von einem Gericht festgestellt wurde, mit dem Tode zu bestrafen sind, dieser Überzeugung ist nicht nur die Mehrheit der Bürger Kaliforniens, sondern ganz Amerika.

Allein Kalifornien muss für die zum Tode verurteilten Gefängnisinsassen mehr als 100 Millionen Dollar im Jahr aufbringen, wie eine Datenauswertung der Wissenschaftler Arthur Alarcon und Paul Mitchell ergab. Seit der Wiedereinführung der Todesstrafe im Jahr 1978 hat der Pazifikstaat fast vier Milliarden Dollar für die „death penalty“ ausgegeben. Da seitdem 13 Verurteilte hingerichtet wurden, bezifferten die beiden Wissenschaftler die Kosten für jede Exekution auf über 308 Millionen Dollar. Die Kosten summieren sich unter anderem auch aus der langen Wartezeit zwischen Verurteilung und Hinrichtung, die sich durch Berufungsverfahren in Kalifornien auf durchschnittlich 25 Jahre erstreckt.

Dennoch: Trotz immenser Kosten, trotz problematischer Verfahrensabläufe und der Gefahr von Justizirrtümern – trotz aller Zweifel, Skepsis und

Kritik zeigt nicht nur das Beispiel Kalifornien, wo 2016 eine knappe Mehrheit der Bürger für eine Fortsetzung der Todesstrafe votiert hat, dass die Amerikaner diese archaische Strafform auch zukünftig angewendet wissen wollen. Insgesamt sind es 61 Prozent; das ist zwar die niedrigste Zahl, seit 1972 der Oberste Gerichtshof die Todesstrafe wegen verfassungsrechtlicher Bedenken vorübergehend als „grausame und ungewöhnliche Bestrafung“ aussetzte, aber immer noch eine deutliche Mehrheit. Auffällig ist in diesem Zusammenhang, dass die militantesten – oft religiös motivierten – Abtreibungsgegner häufig auch als heftigste Befürworter der Todesstrafe in Erscheinung treten. Fazit: Ein nachhaltiger Mentalitätswandel hat bislang noch nicht stattgefunden.

Schon gar nicht bei konservativen Politikern. Sie werden lediglich auf den Konflikt zweier ihrer politischen Ideale aufmerksam: Das Justizsystem brachte eine Gefängnisindustrie hervor, die als Wirtschaftsfaktor durchaus eine bedeutsame Rolle spielt, aber kaum mehr finanzierbar ist. Milliarden des Haushaltsetats für immer mehr Gefängnisplätze und teure „death rows“ (Todeszellen) lassen sich mit dem rechten Traum eines „schlanken Staates“ schlecht vereinbaren. Und so befürworten selbst konservative Hardliner wie Newt Gingrich notgedrungen erste Reformen. Das hat nicht mit jäh erwachtem Mitgefühl, sondern ausschließlich mit klammen Staatskassen zu tun. Man denkt um in Amerika, nicht aus Einsicht – und schon gar nicht aus Gnade. Allenfalls aus ökonomischer Notwendigkeit. Derzeit (im Juli 2016) sitzen 2905 Menschen in den Todeszellen der USA, davon sind 55 Frauen. Ob sie mit dem Leben davonkommen, hängt stark davon ab, in welchem Bundesstaat sie inhaftiert sind.

Noch aber ergibt sich kein eindeutiges Bild. Während in Texas bald die 550ste Hinrichtung seit der Wiederaufnahme von Hinrichtungen im Jahr 1982 vollzogen werden wird, befindet sich die Todesstrafe in den USA insgesamt auf dem Rückzug. Die Richter des Landes sprechen immer weniger Todesurteile aus. Dafür gibt es Gründe: die immer langwierigeren Prüfungen, Berufungsverfahren und Urteilsrevisionen, die den Strafvollzug und den Vollstreckungsapparat zunehmend geradezu paralysieren, aber auch die zahlreichen fälschlich Verurteilten, deren Unschuld dank neuer Verfahren nachträglich bewiesen wurde. Statistische Angaben, die Amnesty International vorgelegt hat, sind alarmierend: Demnach mussten seit 1973 über 150 Menschen aus US-amerikanischen Todeszellen entlassen werden, da sich zwischenzeitlich ihre Unschuld herausgestellt hatte oder erhebliche Zweifel an ihrer Schuld aufgetreten waren. Neue labortechnische Möglichkeiten und DNA-Beweise haben dazu erheblich beigetragen. Schließlich sind auch die internationalen Proteste, vor allem aus Europa, ein Grund – und vor allem die exorbitanten Kosten.

Im Jahr 2010 haben Gerichte 112 des Mordes für schuldig erklärte Straftäter zum Tode verurteilt, 2011 noch 78 Delinquenten in den Todestrakt geschickt, 2015 waren es 49 und nach Recherchen des *Death Penalty Information Center (DPIC)* endeten im Jahr 2016 nur 30 Mordprozesse mit der Todesstrafe; 20 Todesurteile wurden vollstreckt. Im Vergleich zum Vorjahr sank die Zahl der Hinrichtungen um fast 25 Prozent. Damit war die Zahl der Todesurteile und der Hinrichtungen seit der Einführung der Todesstrafe in den Vereinigten Staaten vor 35 Jahren so tief wie nie zuvor. Die Mehrheit der Hinrichtungen entfällt auf eine kleine Zahl von Staaten im Süden der USA.

„Dieses historische Tief reflektiert die Bedenken der Öffentlichkeit gegenüber der Todesstrafe", kommentiert DPIC-Direktor Richard Dieter die Entwicklung. Eine ambivalente Realität: Einerseits votieren die Bürger – wie zuletzt in Kalifornien – für die Beibehaltung der Todesstrafe und auch Präsident Donald Trump ist ein Befürworter der Todesstrafe. Einen direkten Einfluss auf die Rechtssysteme der einzelnen Bundesstaaten hat das US-Staatsoberhaupt zwar nicht, sollten allerdings wie erwartet Richterposten am Obersten Gericht der USA während Trumps Amtszeit frei werden, wird er durch die Neubesetzung das juristische Umfeld beeinflussen. Andererseits wachsen die Zweifel an der Fairness und Effektivität der Todesstrafe. Auch wenn es nicht die Mehrheit ist, glauben doch immer mehr Amerikaner nicht mehr daran, dass diese Strafe geeignet ist, weniger Verbrechen und mehr Gerechtigkeit in die Welt zu bringen.

Und sie bekommen Unterstützung von einem, der – zumindest als moralische Autorität – über ihrem Präsidenten steht: von Papst Franziskus, der in der ersten Rede eines Papstes vor dem US-Kongress im September 2015 den Mitgliedern von Repräsentantenhaus und Senat ins Gewissen redete. Die Todesstrafe gehöre abgeschafft. Jedes Leben sei heilig und jeder Mensch habe eine unveräußerliche Würde, mahnte der Papst. Er rief die Amerikaner auf, Einzelinteressen zurückzustellen und großherzig zu sein. Die Gesellschaft könne nur davon profitieren, diejenigen zu rehabilitieren, die wegen Verbrechen verurteilt worden seien – denn: Strafe brauche auch Hoffnung.

Franziskus Worte in Gottes Ohr. Ob sie auch die amerikanischen Abgeordneten, Richter, Staatsanwälte und Bürger erreichten, ist ungewiss.

VERKÜNDER

Die öffentliche Inszenierung

Theater des Schreckens – Volkskultur und Todesstrafe

Hinrichtungen stoßen in den USA regelmäßig auf breites Interesse; große Menschenmengen versammeln sich vor den Gefängnissen, militante Pro-Todesstrafen-Aktivisten und brave Bürger feuern das Hinrichtungsteam lautstark an, wenn es so weit ist; Radio- und TV-Reporter berichten vor Ort. Je prominenter der Delinquent, je spektakulärer der Fall, desto größer das Spektakel. Dabei bleibt – bis auf die offiziellen Justizvertreter, die Anwälte, ausgesuchte Pressevertreter sowie Familienangehörige und Zeugen – die Öffentlichkeit ausgeschlossen. Die Hinrichtung findet zwar im Namen, aber ohne die Anwesenheit des Volkes statt. Das war nicht immer so, im Gegenteil.

„Zeig der Menge meinen Kopf; es wird lange dauern, bis sie so etwas wieder sehen", schrie Danton mit lauter Stimme auf seinem Weg zum Schafott. Es sollte sein letzter großer Auftritt sein. Nicht nur Danton, viele Delinquenten – ob prominent oder namenlos – überließen ihre letzte Rolle nicht dem Augenblick. Sie probten, welche Worte und Gesten ihre letzten sein sollten, welchen Eindruck sie als Hauptdarsteller im *Theater des Schreckens* hinterlassen wollten. Nicht allen gelang dabei ein so pathetischer Auftritt wie Ludwig XV., der angesichts des nahen Todes seinem Volk zurief: „Franzosen, ihr seht euren König bereit. Bereit, für euch zu sterben. Könnte doch mein Blut euer Glück besiegeln! Ich sterbe ohne Schuld ..." Kaum dass die Worte ausgesprochen waren, war das Haupt auch schon vom Rumpf getrennt. Ein Gehilfe Sansons nahm das gefallene Königshaupt vom Boden auf und zeigte es der Menge. Die Mehrzahl wandte sich mit Schaudern ab – aber dabei gewesen sein, das wollte man schon.

Menschen drängten zu allen Zeiten danach, Augenzeuge einer Hinrichtung zu sein, möglichst nah am Bühnenrand zu stehen, um das blutige Ritual zu verfolgen. Entsetzen und Schaudern, Entzücken und Empörung, Emotion und Aktion – die Symbolik der Hinrichtungen konnte ihre Wirkung auf das Volk nur dann entfalten, wenn die Exekutionen öffentlich vollzogen wurden. Das blutige „Schwert des Gesetzes" musste für alle sichtbar sein. Erst dann hatte es eine beruhigende, eine reinigende Wirkung – und eine herrschaftssichernde. „Aufgeklärtes Töten" statt blutrünstiger Exzesse – dafür stand die Guillotine. „Sie lässt", wie der Historiker Daniel Arasse schreibt, „die Rechtsprechung des Volkes eine vernünftige Form annehmen mittels des Instrumentes, welches die Vernunft erdacht hat". Keine Frage: Die Guillotine war kühl, sachlich, rational und stand damit auch für die Würde der neuen Ordnung.

Diese Würde erforderte es, dass die Todeskandidaten ihre Rolle in diesem finalen Schauspiel annahmen. Die einen präsentierten den furchtlosen Abgang, andere schworen ewige Rache, wieder andere entschieden sich für den provokanten, lakonischen oder rebellischen Auftritt. Als Jean-Sylvain Bailly, der alte Bürgermeister von Paris, am 12. November 1793 auf das Schafott geführt wird, ruft ein Zuschauer: „Bailly, Du zitterst ja wie Espenlaub ..." Der erwidert, „ Ja, es ist sehr kalt" – und hat die Lacher auf seiner Seite.

Das Volk strömte zu den öffentlichen Hinrichtungen – es war ein Spektakel der besonderen Art: Man wusste nie genau, was einen erwartet. Vielleicht war es genau dieses Unvorhersehbare, was der Dramaturgie des Ereignisses eine besondere Faszination verlieh. In Paris verteilte man bereits Tage zuvor lange Listen, aus denen man entnehmen konnte, wer wann enthauptet wird. Nicht nur das: Es gab organisierte Touren zu den Hinrichtungsstätten; die besten Plätze rund um das Schafott waren begehrt und dementsprechend nur für die wichtigen Bürger reserviert; einige Restaurants in der Nähe der *Place de la République* boten besondere Menüs an – kurzum, die Guillotine war nun einmal die größte Touristenattraktion der Stadt, alle wollten sie sehen, wollten dabei sein, wenn ihr scharfes Eisen auf das Haupt eines Delinquenten herunterfiel. In seinem Roman *Les Miserables* schreibt Victor Hugo:

„Das Schafott ist nicht nur ein bloßer Rahmen, das Schafott ist keine Maschine, das Schafott ist kein träger Teil eines Mechanismus, gefertigt aus Holz, Eisen und Stricken. Es scheint eine Art Wesen zu sein, das gewisse dunkle Ursprünge hat, von denen wir keine Vorstellung haben können; man könnte sagen, dass dieser Rahmen sieht, dass diese Maschine versteht, dass dieser Mechanismus begreift; dass dieses Holz, dies Eisen und diese Stricke einen Willen haben."

Freilich, nicht nur in Zeiten der Französischen Revolution gab es genügend Menschen, die, angezogen vom blutigen Spektakel staatlich verordneter Grausamkeiten, keine Vorstellung im öffentlich zugänglichen *Theater des Schreckens* versäumen wollten. Die Hinrichtung als Attraktion, die unmittelbare Erfahrung von Angst und Lust, gewissermaßen eine „Angst mit Genuss ohne Risisko"– das war es, was die Faszination ausmachte: eine Mischung aus Neugierde, Staunen, Schrecken und Mitleid. Dass es ein „fremdes Unglück" sein musste, „dass Menschen zusammenlaufen, um sich Tod und Gefahren anderer anzusehen", hatte Thomas Hobbes bereits in der Mitte des 17. Jahrhunderts betont. Dass die Massen zu den blutigen Justizspektakeln strömten, ist historisch vielfältig dokumentiert. Häufig trugen sie den Charakter eines Volksfestes. Der Platz rund um das Schafott als Ort des Frohsinns und Vergnügens.

Die Ambivalenz des Geschehens, die Wirkungsweisen von persönlicher Distanz und emotionaler Betroffenheit, von Faszination und Schauder, von Ehrfurcht vor Gott und Gesetz und der Sympathie mit dem Delinquenten fasste Johann Wolfgang Goethes *Wilhelm Meister* gegen Ende des 18. Jahrhunderts in folgende Worte:

„Wie viel Tausende werden unwiderstehlich nach einer Exekution, die sie verabscheuen, hingerissen, wie ängstet sich die Brust der Menge für den Übeltäter, und wie viele würden unbefriedigt nach Hause gehen, wenn er begnadigt würde und ihm der Kopf sitzen bliebe? Das sprudelnde Blut, das den bleichen Nacken des Schuldigen färbt, besprengt die Einbildungskraft der Zuschauer mit unauslöschlichen Flecken; schaudernd, lüstern blickt die Seele nach Jahren zu dem Gerüste hinauf, lässt alle fürchterlichen Umstände wieder vor sich erscheinen und scheut es, sich selbst zu gestehen, dass sie sich in dem grässlichen Schauspiele weidet."

An anderer Stelle wird auf den revolutionären Geist der 1840er Jahre verwiesen, als das liberale Bürgertum sich nicht nur für die Abschaffung der Todesstrafe starkmachte, sondern auch das Ende öffentlicher Hinrichtungen forderte. Allerdings war niemand bereit, auf diese Hinrichtungen zu verzichten. Zwar gab es keine öffentlichen Gerichtsverfahren, doch das Ritual der feierlichen Urteilsverkündung samt öffentlicher Exekution wollte man sich nicht entgehen lassen. Diesen Zustand hatte der bayerische Jurist Paul Anselm Feuerbach schon 1813 sarkastisch kommentiert:

„Auf eine geheime Denunziation in einer geheimen Inquisitionsstube wird der Angeschuldigte untersucht; vor einem geheimen Gerichte, das unter einer geheimen Aufsicht steht, wird er gerichtet – erst am Schluss des mysteriösen Trauerspiels öffnet sich der geheimnisvolle Vorhang – der Angeschuldigte besteigt das Blutgericht."

So zog denn auch niemand ernsthaft die Abschaffung öffentlicher Hinrichtungen in Erwägung. Das Volk versammelte sich um das Schafott; je spektakulärer der Mordfall, je prominenter der Delinquent, desto größer der Andrang. Besonders die Enthauptung von Frauen sorgte für Zuschauerrekorde. 1831 verfolgten in der Hansestadt Bremen über 30000 Schaulustige die Hinrichtung der Giftmörderin Gesche Gottfried.

Die Anwesenheit eines möglichst großen Publikums beim Hinrichtungsspektakel – schaudernd oder ausgelassen – war für das Gleichgewicht zwischen Obrigkeit und Volk nicht nur erwünscht, sondern notwendig. Sie war sichtbarer Beweis dafür, dass das Urteil vom Volk auch angenommen wurde. Denn nicht die strafende Obrigkeit, sondern nur Gott selbst wurde als Quell allen Rechts betrachtet. Der Staat trat allenfalls als Vermittler göttlicher Gerechtigkeit in Erscheinung. Für die Justiz im 18. Jahrhundert waren öffentliche Hinrichtungsrituale also nicht nur ein Akt des absolutistischen Staats, sondern immer auch der Versuch eines kommunikativen Einverständnisses zwischen Obrigkeit und Volk. Der dem Staat zu Gebote stehende Apparat der Rechtsdurchsetzung und Strafverfolgung war häufig viel zu schwach, um sich ohne ein Mindestmaß an Konsens mit dem Volk Geltung verschaffen zu können. Die Auffassung des Volkes von der Todesstrafe verschloss sich hartnäckig dem offiziellen Verständnis, allein staatliche Autorität sei Herr über Leben und Tod. Das Volk und deren Volkskultur hielt daran fest, die Hinrichtung als Ausdruck allein der göttlichen Gerechtigkeit zu verstehen, als Ritual der Sühne und Vergeltung, nicht aber als Demonstration der Majestät des Staates.

Zahlreiche Texte von Bänkelsängern sind Beleg des komplizierten Verhältnisses zwischen Volkskultur und Todesstrafe. Verschiedene Standardfiguren und deren Missetaten wurden gerne besungen: die Kindermörderin, der jähzornige, mordende Ehemann, der hinterhältige Räuber. In einem Lied dieses Genres aus Sachsen kommt der Mann nach Mitternacht nach Hause und ermordet seine Frau:

„Doch Gottes Naturauge
Hat seine Tat gesehn,
Und schon am frühen Morgen
Mag er vorm Richter stehen.
Und so wird er zum Tode
Verurteilt vorm Gericht.
Auf dem Schafott soll leiden
Den Tod der Bösewicht."

Hier gibt es keine Identifikation mit dem Übeltäter, der Text des Bänkellieds ist voller moralischer Missbilligung, aber die Verhaftung des Verbrechers ist allein dem Eingreifen Gottes und nicht der staatlichen Obrigkeit zugeschrieben.

Der enorme Andrang bei Hinrichtungen brachte durchaus Probleme mit sich, denn die Zuschauer machten Lärm, verunreinigten die Plätze, und es kam immer wieder zu handgreiflichen Auseinandersetzungen beim Kampf um die besten Plätze. So erwogen in Berlin die staatlichen Behörden bereits 1820, den Richtplatz am Oranienburger Tor auf die vor der Stadt gelegene Jungfernheide zu verlegen, weil Hausbesitzer reklamierten, die Nähe des Blutgerüsts mindere den Wert ihrer Liegenschaft. Hauptargument für eine Verlegung war jedoch die Klage darüber, „dass die Erfahrung lehrt, welche Volksmasse und mit ihr Excesse dadurch herbeigeführt werden".

1843 beklagte das Kammergericht zu Berlin das Ausbleiben von Kavallerie zur Sicherung der dortigen Hinrichtungen: „Gegen eine Volksmasse, wie sie bei günstiger Jahreszeit Berlin als Zuschauer zu einer Hinrichtung liefern wird, bei der Rohheit und Zügellosigkeit dieser Masse, gewährt aber offenbar Infanterie keinen ausreichenden Schutz". Aber nicht nur das unziemliche Verhalten der Volksmassen machte den Behörden Sorgen, mitunter auch der Delinquent auf dem Schafott. Nun, da die traditionellen Elemente eines religiös-gottesfürchtigen Rituals aus der Hinrichtungszeremonie zunehmend verschwunden waren, konnten sich die „armen Sünder" ihre Rolle auf der Bühne des *Theaters des Schreckens* selbst schreiben. Sie protestierten, provozierten, feixten, beleidigten und verhöhnten. Besonders bedenklich für die Obrigkeit dabei war, dass dieses freche und kaltblütige Verhalten des Verurteilten in den letzten Augenblicken seines Lebens beim Volk durchaus auf Bewunderung stieß.

Das konnte nicht gutgehen – und das konnte den Beamten der Staatsautorität nicht gefallen. Ein bayerischer Beamter warnte, „dass das blutige Schauspiel einer Hinrichtung um so weniger geeignet ist, die Wirkungen des Schreckens und Abscheus bei der zuschauenden Volksmenge hervorzubringen, je unerschrockener und furchtloser sich der Verbrecher dabei zeigt. Mit Recht äußert sich in dieser Beziehung ein Schriftsteller: ‚... Wenn der Schuldige mit Kaltblütigkeit stirbt, wenn er dabei sich herzhaft zeigt, so ist dieses eine neue Anregung zur Eitelkeit und zum Verbrechen. Es gibt Helden jeglicher Art, es gibt ihrer auf allen Stufen der bürgerlichen Gesellschaft – der Mörder, welcher mit Festigkeit sein Haupt auf das Schafott trägt, ist auch ein Held, er findet Bewunderer, und nur zu oft getreue Nachahmer ...'"

Die Befürchtung, öffentliche Hinrichtungen könnten Menschen zum Verbrechen anstiften, anstatt sie davon abzuschrecken, die Tatsache, dass sich das Publikum zu Sympathiebekundungen hinreißen ließ, was verschiedentlich gar zu Tumulten geführt hatte – all das nährte die offiziellen Besorgnisse über die öffentliche Ordnung. So wurde schließlich in Preußen unter den Eindrücken der Ereignisse 1847 ein Entwurf des Strafgesetzbuches vorgelegt, nach dem Hinrichtungen künftig nicht mehr öffentlich, sondern in „einem geschlossenen Raume, dem Publikum nicht sichtbar" vollstreckt werden sollten. Auf diesem Wege würde es keine volksfestartigen Ereignisse und kein unkontrolliertes Verhalten der Zuschauer mehr geben. Hinrichtungen sollten durch das Läuten einer Glocke angekündigt werden und Justizbeamte sollten dabei jenen, die sich dennoch vor den Hinrichtungsorten versammelten, den tieferen Sinn der Todesstrafe in einer Rede vermitteln. Die Behörden waren der Meinung, dass das Glockenläuten „wohl geeignet ist, Eltern zu vermögen, ihre Familie in dieser Stunde zu religiösen und moralischen Betrachtungen um sich zu sammeln", wie Evans festhält.

Zeitpunkt und Ort der Hinrichtung sollten im Voraus bekannt gegeben werden, sogar ausgesuchte Zeugen konnten der Hinrichtung beiwohnen. Nichts sollte den Eindruck erwecken, dass es sich hier um ein heimliches staatliches Ereignis handelte. Gleichwohl hatte man das unkontrollierte Volk gefiltert und geordnet sowie die staatliche Autorität wiederhergestellt.

Die Neuerungen in Preußen verhinderten keineswegs die Begeisterung für öffentliche Hinrichtungen im übrigen Deutschland. Besonders in den Wirren nach der Niederlage der 1848er Revolution war jede Hinrichtung auch eine Gefahr für die öffentliche Ordnung, wenn die Zuschauer in Euphorie und Aufregung gerieten und die Obrigkeit mit Schmährufen bedachten. Die Unbezähmbarkeit der Massen schien im Lichte der revolutionären Ereignisse noch immer mehr als bedrohlich.

So wurden bei einer Hinrichtung im mittelfränkischen Ansbach mehr als 20 000 Schaulustige gezählt, und bei der Enthauptung des Mörders Josef Stopfer in München am 18. Mai 1850 soll der Andrang von Zuschauern so groß gewesen sein, dass der Hinrichtungszug kaum den Weg vom Gefängnis zum Hinrichtungsplatz schaffte. Ein Beamter kommentierte ernüchtert: „Eine solche Hinrichtung ist nichts als Spektakel für Ungebildete und Gebildete und kostet dem Staate viel Geld."

Es war ein Dilemma. In der Phantasie des aufgeklärten Bürgertums hatte man das Hinrichtungsritual in den vergangenen Jahrzehnten säkularisiert und von den religiösen Vergeltungs- und Erlösungsritualen befreit. Gedacht als letzter, feierlicher Akt des Staates, bei dem das ehrerbietige Volk zusah, wie der Henker und andere Staatsautoritäten in Frack und Zylinder mit ernster Miene ihrer Pflicht nachkamen, war der wohlorgansierte Staatsakt zu einem unkontrollierten Spektakel geworden. Das sollte nun auch über Preußen hinaus ein Ende haben.

Im Königreich Württemberg benutze man die Gelegenheit der Wiedereinführung der Todesstrafe im Jahr 1853, um die Hinrichtung in einen umschlossenen und kontrollierbaren Raum des Gefängnishofes zu verlegen. In Hamburg wurden öffentliche Hinrichtungen 1856 abgeschafft, ebenfalls im Großherzogtum Baden, das im gleichen Jahr 1856 das preußische System übernahm, nicht zuletzt deshalb, um künftig „Unannehmlichkeiten" zu vermeiden. Die Regierung befand, dass die überwiegende Mehrzahl darin nur ein Schauspiel sähe, „die Befriedigung der rohen Begierde, statt Abscheu vor dem Verbrechen, das menschliche Sühne finden soll". Was Not tue, sei die Beschränkung der Öffentlichkeit, denn „solche Wirkungen widerstreben aber zu sehr dem Interesse der Sittlichkeit und der Gerechtigkeit, als dass sie länger übergangen werden dürften". Anstatt wie bisher von der Volksmenge beklatscht zu werden, sollten Hinrichtungen im Großherzogtum Baden in Zukunft nur noch in Gegenwart einer beschränkten Zahl obrigkeitlicher Personen und von Zeugen stattfinden. Allein zwölf Zeugen sollten künftig einer Hinrichtung beiwohnen.

In aller Regel waren diese Zeugen männlich. Die Öffentlichkeit war im

19. Jahrhundert ein von Männern dominierter Raum. Frauen galten ohnehin als zu gefühlsbetont und in diesem Sinne als potentiell störend. Schließlich war eine Hinrichtung – vor allem, wenn sie nun nicht mehr unter freiem Himmel, sondern in einem abgeschlossenen Raum und vor den Augen einer nur geringen Zuschauerzahl stattfand – eine noch ungewohnte, ernste Veranstaltung. Ein Ort der Würde, der Ruhe, der Autorität – trotz der blutigen Prozedur. Dazu dienten auch neue Rituale. So mussten in Baden zu den Worten „Euer Leben ist verwirkt, Gott sei Eurer Seele gnädig", ein schwarzer Stab vor dem Verurteilten zerbrochen und vom Anfang bis zum Ende der Hinrichtungszeremonie eine Glocke geläutet werden.

Mit oder ohne Glockengeläut, das Ende der öffentlichen Hinrichtung war besiegelt. Das Königreich Sachsen 1855, Hamburg 1856, das Königreich Hannover 1860, Rheinhessen 1863 und zwei Jahre zuvor, 1861, auch Bayern: sie alle verlegten – oft im Zusammenhang mit der Einführung öffentlicher Gerichtsverhandlungen – die Hinrichtungen hinter die Gefängnismauern. Das Publikum war ausgeschlossen, es brauchte nicht wie früher als Legitimation für die Gesetzmäßigkeit des Aktes als Staffage zu dienen. Nicht nur in weiten Teilen Deutschlands, auch in anderen europäischen Ländern wurde die öffentliche Hinrichtung abgeschafft, so 1868 in Österreich und England. Schluss mit kollektivem Voyeurismus und rasender Pöbelei, obsessiver Machtdemonstration und religiöser Überhöhung.

Oder waren es doch andere Gründe, die – gewissermaßen als Teil der Reformgeschichte – den Anstoß für notwendige Veränderungen gaben, nicht so sehr sittlich-humanitäre, sondern wirtschaftlich-politische Notwendigkeiten?

Evans stellt resümierend fest:

„Öffentliche Hinrichtungen wurden vor allem deshalb abgeschafft, weil die staatliche Obrigkeit ebenso wie die bürgerlichen Liberalen nach der Revolution von 1848 befürchteten, sie könnten zu Ausschreitungen des Pöbels führen. Die Erfahrungen der Jahre 1848–1849 hatten bewiesen, für wie gefährlich Liberale und staatliche Behörden das Aufbegehren des Volkes einschätzten. Die Öffentlichkeit, die jetzt im Gefängnishof hergestellt wurde, war die gleiche Öffentlichkeit, wie sie – in größerem Maßstab – nach der Revolution durch den Kompromiss zwischen Ordnung und der merkantilen, industriellen und akademisch gebildeten Mittelschicht in Gestalt der Vereine und parlamentarischen Versammlungen der 1850er und 1860er Jahre ent-

standen war: eine Öffentlichkeit der nüchternen, verantwortungsbewussten Männer, der örtlichen Honorationen und Staatsbeamten, die sich ungeachtet aller politischen Differenzen darauf einigen konnten, dass die öffentliche Ordnung aufrechtzuerhalten sei und der öffentliche Meinungsstreit den Regeln des bürgerlichen Austauschs zu gehorchen habe. In der Abschaffung der öffentlichen Hinrichtung erblickten sie ein Mittel, diesen neuen Konsens in die Tat umzusetzen."

Das Volk freilich, das nun zu akzeptieren hatte, bei Hinrichtungen nicht mehr Augenzeuge sein zu können, wollte nicht ohne weiteres den Ausschluss akzeptieren. Das belegt ein Vorfall, der sich 1853 in Darmstadt zutrug, wo ein stadtbekannter Geschäftsmann eine Tribüne errichtete, auf der Schaulustige gegen Gebühr einen Blick auf den Gefängnishof werfen und so die dahinter stattfindende Hinrichtung verfolgen konnten.

Auch wenn das Bedürfnis nach dem tödlichen Spektakel ungebrochen war, das *Theater des Schreckens*, aufgeführt unter freiem Himmel, gehörte – zumindest in Deutschland und Teilen Europas – der Vergangenheit an.

Was aber geschah mit den Hinrichtungsmethoden, wie wurde hingerichtet? Traditionelle Instrumente wie das Schwert oder das Handbeil vertrugen sich nicht mit dem neuen libertären Geist des Bürgertums und Beamtenstaats. „Humanität und Gerechtigkeit" wurden verlangt und keine „verpfuschten Exekutionen", etwa bei Hinrichtungen mit dem Schwert oder dem Handbeil, wo eine schwierige Kombination aus Kraft und Präzision notwendig war, der so mancher Scharfrichter nicht gewachsen war. Und was unter „Humanität und Gerechtigkeit" zu verstehen war, brachten bayerische Justizbeamte in einem Schreiben 1854 zum Ausdruck:

„Die Todesstrafe ist an und für sich schon für das begangene Verbrechen die größte der irdischen Strafen. Durch dieselbe ist der Verbrecher des Lebens, als des höchsten irdischen Gutes, verlustig erkannt, und hiermit der Gesetzgebung Genüge getan. Durch den Tod ist das Verbrechen gesühnt, und den Anforderungen des Staates genügt. Wenn aber nicht die Art des Todes, sondern der Tod selbst, als die Strafe erachtet werden muss, so erwächst hieraus für den Staat die Verpflichtung, diejenige Art des Todes zu wählen, welche am sichersten und schnellsten den Tod bringt."

Die Beamten des bayerischen Justizministeriums sprachen sich daraufhin für die Einführung der Guillotine als Standardmethode der Hinrichtung aus –

gegen das Hängen und das Erschießen –, denn schließlich sei dies auch durch den biblischen Spruch „Wer Blut vergießt, dessen Blut soll wieder vergossen werden!" nun einmal „tief in den Gemütern des Volkes eingewurzelt". In Deutschland war die Guillotine bereits in Sachsen, Württemberg, Rheinland, Hamburg und Hessen-Darmstadt in Gebrauch, jetzt also auch in Bayern. So wurden Ende des 19. Jahrhunderts im Deutschen Reich allein noch zwei Hinrichtungsmethoden angewandt: in einigen preußischen Provinzen das Handbeil, ansonsten die Guillotine. Es gab zwar keinerlei Einwände gegen die Einführung der Guillotine, aber Kritiker verwiesen auch auf die Schreckenszeit der Französischen Revolution und die damit verbundenen Assoziationen, als Symbol schrankenloser blutiger Destruktivität.

„Vor dem Morde, unter dem Deckmantel der gesetzlichen Form, würde das deutsche Volk, was bei dessen Charakter anzunehmen ist, in jeder Lage zurückgeschreckt sein" begegnete der bayerische Justizminister Friedrich von Ringelmann (1803–1870) jeglichem Verdacht, durch den Einsatz der Guillotine könnte in Deutschland der Vollzug der Todesstrafe an Würde und Ernst verlieren, in rasender Barbarei enden, wie einst während der Französischen Revolution. Im Gegenteil, so der Politiker, vielmehr werde „die Einführung der Guillotine in einem deutschen Staat wie Bayern ganz andere Empfindungen bei der Bevölkerung auslösen". Zu diesem Zeitpunkt konnte er nicht wissen, wie rigoros deutsche Justizbeamte und deren Vollstrecker nach 1933 von der Guillotine Gebrauch machen sollten. Und die blutroten Plakate des Volksgerichtshofs, die in den Städten angeschlagen waren, um die Hinrichtungen anzuzeigen, sollten nirgendwo zu öffentlichen Protesten führen.

Was bleibt? Die Faszination, Zeuge einer Hinrichtung zu sein, ist kein voyeuristischer Anachronismus. Die Geschichte der Todesstrafe und ihrer Vollstreckung zeigt: Menschen von ambivalenter mentaler Konstitution drängen danach, möglichst nah am Bühnenrand zu stehen. Es braucht nur ein staatlich sanktioniertes Hinrichtungsereignis und die jahrhundertealte Dramaturgie kollektiver Vergeltungsrituale wiederholt sich in jeweils neuer zeitgemäßer Inszenierung. So beispielsweise am 17. Juni 1939 in Versailles, als es schon im Vorfeld der Hinrichtung des Mörders Eugen Weidmann zu tumultartigen Szenen kam, als Zuschauer bereits am Abend zuvor die Hinrichtungsstätte stürmten, um sich die besten Plätze zu sichern. Polizeikräfte mussten dafür sorgen, die Ordnung wiederherzustellen, was jedoch zur Folge hatte, dass sich die Exekution um Stunden verzögerte. Die Bilder erinnerten an eine vergangene Epoche. Das *Theater des Schreckens* als Neuaufführung. Es sollte eine einmalige Vorstellung bleiben, die letzte öffentliche Hinrichtung in Frankreich sein.

Wie wäre es heute? Die öffentliche Hinrichtung, ein publikumswirksames „Event"? Ein lebhaftes Volksfest *im Namen der Gerechtigkeit*? Schließlich erginge das Urteil „Im Namen des Volkes". Es ist zu befürchten, dass es an interessierten Zuschauern nicht mangeln würde. Je prominenter der Delinquent, je spektakulärer der Fall, desto größer das mediale Interesse. Vielleicht böten sich Hinrichtungen gar als quotenträchtiges neues TV-Sendeformat an? Prominente Moderatoren, schlagfertige Reporter, dazu Juristen im Expertentalk – unterbrochen von Werbeclips. Finales Reality-TV, gewissermaßen als Weiterentwicklung des bereits existierenden Court-TV, das sich beim amerikanischen Fernsehpublikum großer Beliebtheit erfreut.

Ein zynisches Szenario? Die Möglichkeit, Hinrichtungen im Fernsehen zu zeigen, ist in den USA mehrfach diskutiert worden. Bisher hat sich das Ansinnen nicht durchgesetzt – auch wegen der befürchteten weltweiten Proteste, die solche Übertragungen auslösen würden. Mit einem Rückfall in eine mediale Barbarei ist also nicht zu rechnen. Andererseits stoßen Hinrichtungen in den USA regelmäßig auf breites Interesse. Die Medien kommen diesem voyeuristischen Bedürfnis nach und berichten ausführlich darüber. Vor allem prominente Todeskandidaten sorgen für Auflage und Quote.

Schon in der Mitte des 17. Jahrhunderts stellte Thomas Hobbes verwundert fest, „dass Menschen zusammenlaufen, um sich Tod und Gefahren anderer anzusehen". Daran hat sich nur wenig geändert. Die Hinrichtung als Attraktion, diese Mischung aus Neugierde, Staunen, Schrecken und Mitleid, ist ungebrochen – sie wird es geben, solange es die Todesstrafe gibt.

Last Statement – Die letzten Worte Hingerichteter

Der „Todeszellen-Blogger" Jon Millward hat die letzten Worte von 484 Verbrechern untersucht, die im amerikanischen Bundesstaat Texas hingerichtet wurden.

Herr Millward, Sie haben die letzten Worte von 484 Mördern untersucht, die der amerikanische Bundesstaat Texas in den vergangenen 30 Jahren hinrichten ließ. Bei den „last statements" aus dem berüchtigten Gefängnis in Huntsville entdeckten Sie neben den unvermeidlichen Abschiedsworten der Todeskandidaten auch unerwartete Bekenntnisse zu Liebe und Familie. Alle 22 Tage wird in Texas ein Mensch hingerichtet. Ist dort heute schon jemand durch die Giftspritze gestorben?

Nach 18 Jahren in der Todeszelle hat es in der vergangenen Woche Marvin Wilson getroffen. Er galt als geistig zurückgeblieben, da sein Intelligenzquotient unter 70 lag. Die texanischen Justizbehörden lehnten eine Begnadigung aber ab. Wenige Stunden vor der Exekution verweigerte auch der Oberste Gerichtshof der Vereinigten Staaten einen Hinrichtungsaufschub.

Hat Wilson noch etwas gesagt, bevor er in Huntsville hingerichtet wurde?

Exekutionen unterliegen einem strengen Protokoll. Sobald der Straftäter auf der Trage festgeschnallt worden ist und die Infusionsschläuche an beiden Armkanülen hängen, legt der Gefängniskaplan ihm als tröstende Geste eine Hand auf den Fußknöchel.

Anschließend fragt ein Wächter, ob der Todeskandidat noch etwas sagen möchte. Bevor Wilson das Bewusstsein verlor, sagte er in das Mikrofon über seinem Kopf, von einem Sünder zu einem Heiligen geworden zu sein. Seine letzten Worte waren: „Ich liebe euch alle. Ich bin bereit."

Ist der versöhnliche Ton bei einer Hinrichtung nicht eher ungewöhnlich?

Im Gegenteil. Das Wort, das texanische Mörder unmittelbar vor dem letzten Atemzug am häufigsten aussprechen, ist „Liebe". Das zweithäufigste Wort lautet „Familie", dann „Dank". Oft reisen die Angehörigen nach Huntsville, um die Hinrichtung hinter einer Glaswand zu beobachten. Die Todeskandidaten drücken ihnen das letzte Mal ihre Zuneigung aus.

Sind Ihnen die „last statements" unter die Haut gegangen?

Zu Beginn meiner Recherchen haben mich die Erklärungen schon erschüttert. Nachdem ich ein paar Dutzend gelesen hatte, klangen die letzten Worte aber eher ähnlich, fast wie von einer Person. Auf der Website des Texas Department of Criminal Justice stehen sie zudem direkt neben der Beschreibung der Vergehen, deretwegen die Straftäter zum Tod verurteilt wurden. Das lässt die „last statements" in einem anderen Licht erscheinen. Zudem warten die Todeskandidaten in Amerikas hinrichtungsfreudigstem Bundesstaat im Durchschnitt fast elf Jahre auf die Hinrichtung. Ihnen bleibt daher viel Zeit, sich emotional vorzubereiten.

Die texanischen Justizbehörden haben die letzten Worte von 484 Hingerichteten – 481 Männern und 3 Frauen – veröffentlicht. Haben Sie darunter auch unerwartete Kommentare entdeckt?

Einige Todeskandidaten haben Gedichte vorgetragen oder einen Wärter gebeten, von ihnen verfasste Sätze zu verlesen. Fast schon unterhaltsam äußerte sich Vincent Gutierrez, der vor fünf Jahren durch einen Giftcocktail in Huntsville starb. Als das Pentobarbital minutenlang in seine Venen floss, fragte er in die Runde: „Wo ist der Ersatzmann, wenn man ihn braucht?" Dass Gutierrez zehn Jahre vor der Exekution einen 39 Jahre alten Soldaten ermordet hatte, um das Auto seines Opfers als Ersatzteillager zu nutzen, ist dagegen eine andere Geschichte.

Ist Ihnen ein „last statement" als besonders abstoßend aufgefallen?

Die letzten Worte des Gärtners James Jackson empfand ich als unangebracht. Er verglich seine Freundin Eve in der Todeszelle mit einem unbezahlbaren Diamanten, nachdem er seine Ehefrau Sharon und ihre beiden Töchter Sonceria und Ericka brutal erwürgt hatte. Jackson verabschiedete sich im Februar 2007 schließlich mit dem Befehl „Wärter, ermorde mich!" von der Welt.

Nachdem der Supreme Court die Todesstrafe vor 40 Jahren als „grausame und ungewöhnliche Bestrafung" für verfassungswidrig erklärt hat, wurde sie im Jahr 1974 unter anderem in Texas wieder eingeführt. Beteuern einige Todeskandidaten mit den letzten Worten auch ihre Unschuld?

Während zwei von zehn Straftätern in der Todeszelle stumm bleiben, erklärt jeder zehnte Todeskandidat, die Tat nicht begangen zu haben. Das ist ein erschreckender Gedanke, da in Texas nach Angaben des Informationszentrums für Todesstrafe seit der Wiedereinführung des „capital punishment" zwölf Menschen für unschuldig erklärt wurden.

Sie haben im vergangenen Jahr eine Studie zu Online-Bewertungen von Callgirls durch ihre Kunden veröffentlicht. Passen die Recherchen zu käuflichem Sex zur Analyse der „last statements" texanischer Todeskandidaten?

Beides hat mit gesellschaftlichen Phänomenen zu tun, die ich zum besseren Verständnis auf einige Worte herunterbrechen wollte. Die Auswertung von 5000 Berichten der Callgirl-Kunden mit insgesamt einer Million Worten zeigte, dass die Freier den Frauen als vermeintlicher Ware unerwartet hohen Respekt zollen. In der Todeszelle von Huntsville haben die Hingerichteten der vergangenen 30 Jahre etwa 40 000 Worte von sich gegeben, die sich mehr um Zuneigung und Liebe als um Gott und Vergebung drehten.

EPILOG

Nachdenken über die Todesstrafe – Ein Plädoyer

Im Jahr 1761 wird ein französischer Protestant namens Jean Calas aus Toulouse verurteilt und hingerichtet. Er wird für schuldig befunden, einen seiner Söhne umgebracht zu haben, weil dieser beabsichtigt hatte, zum Katholizismus überzutreten. Voltaire, bereits auf der Höhe seines Ruhms, geht der Sache nach und setzt durch, dass der Fall erneut verhandelt wird. Dabei ergibt sich die Unschuld des Hingerichteten. Noch ehe das Verfahren definitiv abgeschlossen ist, erscheint ein Buch, das für die nächsten hundert Jahre und darüber hinaus gleichsam das Manifest der Gegner der Todesstrafe werden sollte. Es trägt den Titel *Über Verbrechen und Strafe* und stammt aus der Feder von Cesare Beccaria, einem 25-jährigen Mailänder Juristen. Der Todesstrafe sind darin gerade einmal zehn Seiten gewidmet, doch diese Seiten sind es, die das Buch berühmt machen. Hier wird das erste Mal die Todesstrafe als unrechtmäßig grundsätzlich verworfen, weil niemand das Recht habe, sich selbst zu töten und deshalb auch niemand imstande sei, ein solches Recht wirksam an andere oder an die Gesellschaft abzutreten, darüber hinaus wird die Todesstrafe als ganz und gar nicht notwendig befunden, weil die lebenslange Freiheitsstrafe die Allgemeinheit nicht weniger gut vor dem Täter sichere als der Vollzug der Todesstrafe. Schließlich heißt es in dem Buch, die Abschreckung Dritter vom Verbrechen werde durch den Anblick des lebenslangen Leidens des Eingesperrten eher erreicht als durch das schnell vorübergehende Schauspiel der Hinrichtung.

Im Übrigen sei die Todesstrafe auch aus ethischen Gründen zu verwerfen, denn die Gesetze seien dazu bestimmt, veredelnd auf die Sitten der Menschen einzuwirken – und nicht ihnen ein Beispiel der Wildheit zu geben. Es sei daher widersinnig, wenn eben die Gesetze, welche die Tötung verpönten und bestraften, selbst eine Tötung begingen, wenn sie, um die Bürger von Morden abzuhalten, selbst einen öffentlichen Mord anordneten.

Beccarias Buch, bald in zahlreiche Sprachen übersetzt, findet große Verbreitung. Nach dessen Lektüre wird auch Voltaire zu einem leidenschaftlichen Gegner der Todesstrafe. Er begnügt sich nicht damit, Beccarias Argumente mit anderen Worten zu wiederholen; er ist es, der als einer der ersten die Möglichkeit des Justizirrtums, den er als *Justizmord* bezeichnet, als Einwand gegen die Todesstrafe ins Feld führt. Eine Provokation in einer Zeit, in der das „Wohl des Staates" im Mittelpunkt aller Vorstellungen steht.

Beccarias Argumente finden auch in Deutschland Befürworter. So wird in den 1840er Jahren in dem Maß, wie sich ein neues liberales Bürgertum formiert, das nach Reformen verlangt – angefangen beim parlamentarischen System bis hin zu grundlegenden Änderungen im Kampf gegen die Armut –, auch die Forderung nach Abschaffung der Todesstrafe ein zentrales Credo des Liberalismus. Diese Strafe sei kein Weg, um die Probleme von Armut, Verbrechen und Unruhe zu lösen, zumal die Todesstrafe fast allein gegen das verarmte Proletariat bestehe. Auch der Abschreckungsgedanke sei falsch, wirkliche Änderung erreiche man nur durch ein wirksames Polizeiwesen und öffentliche Verfahren. Öffentliche Hinrichtungen lehnen die liberalen Reformer kategorisch ab, sie führten nur zur „Demoralisation des Volkes". Ihre Kritik findet Gehör.

Noch 1824 hatte nur ein einziger Abgeordneter der württembergischen Abgeordnetenkammer den Mut, sich gegen die Todesstrafe zu erklären. Im Jahr 1838 stimmen immerhin schon 29 Abgeordnete für deren Abschaffung. Die Todesstrafe, so ein Abgeordneter, „soll nicht den Geist der Rache nähren, sondern einer mangelhaften Volksbildung und Volksgesittung voranschreiten". Natürlich bleiben sie mit dieser Meinung in der Minderheit; noch immer stimmen 53 Abgeordnete für die Beibehaltung der Todesstrafe, und nicht nur das: Auch öffentliche Hinrichtungen sollen nach wie vor durchgeführt werden – auch dafür votiert die Mehrheit. Ähnlich verhält es sich in Sachsen und in Preußen, wo im Rahmen der Erarbeitung eines neuen Strafgesetzbuches ebenfalls leidenschaftlich diskutiert wird. Auch hier behaupten sich die Befürworter der Todesstrafe.

Dennoch: Die deutschen Liberalen der 1840er Jahre sowie Beccaria und Voltaire, allesamt Verbündete im Kampf gegen die Todesstrafe – ihre Argumente von damals haben bis heute Gültigkeit und sie taugen noch immer zur leidenschaftlichen Kontroverse.

In den letzten 450 Jahren haben sich – in der westlichen Welt – die Argumente für oder gegen die Todesstrafe vor allem auf zwei Grundsätze konzentriert: den der Abschreckung und den der Vergeltung. Die These, dass eine so unwiderrufliche Strafe wie der eigene Tod Menschen davon abhält, abscheuliche Verbrechen zu begehen, ist seit dem 18. Jahrhundert von zahlreichen Autoren angezweifelt worden. Strafrechtler, Psychologen, Mediziner, Politiker, ja Philosophen, wiesen auf zweierlei hin: Der rational planende Täter geht davon aus, dass er nicht gefasst wird, während diejenigen, die in der Erregung des Augenblicks eine schwerste Gewalttat wie etwa einen Mord begehen – und das sind die allermeisten – nicht in der Verfassung sind, die Folgen ihres Handelns abzuwägen oder zu kontrollieren, „es passiert".

Dort, wo Statistiken den Abschreckungsbeweis erbringen sollen, ist ihr Erkenntniswert gering. Befürworter wie Gegner der Todesstrafe müssen sich eingestehen, dass der Beleg, ob die Abschaffung zu einer Zunahme und die Wiedereinführung zu einer Abnahme von Mordtaten geführt haben, noch aussteht. Richard J. Evans verweist darauf, dass es Indizien dafür gibt, dass Gesellschaften mit hoher Hinrichtungsrate und drakonischen Strafen dazu neigen, auch Gesellschaften mit einem hohen Maß an zwischenmenschlicher Gewalt zu sein. Kurzum, die Schwäche des Abschreckungsarguments ist evident, das erkennen auch immer mehr Befürworter der Todesstrafe. Also ändern sie ihre Rhetorik: Nun plädieren sie für die Vergeltung. Der Tod des Täters sei die einzig angemessene Reaktion der Gesellschaft, es dem Mörder heimzuzahlen. Das schwerste Verbrechen verdient die schwerste Strafe. Auge um Auge, Zahn um Zahn. Das Dilemma dieses in biblischer Tradition stehenden Rachegedankens besteht darin, dass das Vergeltungsargument willkürlich ist. Gleiches mit Gleichem zu beantworten, warum sollte das nur für Mord und nicht für andere Verbrechen gelten?

Warum nicht bei Körperverletzung, Diebstahl, Betrug? Das Vergeltungsprinzip wird aus gutem Grund nicht angewandt, um den Rechtsfrieden wiederherzustellen. Niemand würde einem Straßenräuber, der bei seiner Attacke dem Überfallenen den Arm gebrochen hat, seinerseits als Strafe den Arm brechen wollen. Und was geschieht mit einem Mehrfachmörder? Wie will man den Täter wie in mittelalterlichen Hinrichtungsritualen mehrfach morden?

Demokratische, moderne Justizsysteme – außer in den USA – haben dafür ein abgestuftes System der Bestrafung und Wiedergutmachung vorgesehen, von der Geldstrafe bis zur Gefängnisstrafe. Selbstjustiz soll es nicht geben. Der Staat allein besitzt das – ausgleichende – Gewaltmonopol. Warum also glauben die Befürworter, ausgerechnet bei schwersten Straftaten wie Mord müsse die Gesellschaft ebenfalls mit Mord antworten? Hier wird der *Ausnahmecharakter* bemüht, es soll und muss ein Exempel statuiert werden: Tod für Menschen, die mit ihrer Tat so Abscheuliches, Grausames, Niederträchtiges getan haben, dass sie keine Milde verdienen. Die Todesstrafe soll keine normale Strafe sein, sondern eine *Ausnahmesanktion* für ein Ausnahmeverbrechen.

Nun wissen wir aus der deutschen Geschichte, dass der Begriff des „Ausnahmefalls" sehr dehnbar und interpretationsfähig ist und den jeweiligen politischen Wirklichkeiten geschuldet sein kann. Im nationalsozialistischen Unrechtsstaat wurden Kritik am System, Zweifel am „Endsieg" oder negative Äußerungen über den Führer als *Wehrkraftzersetzung* und *Defätismus* definiert, was ein Todesurteil zur Folge haben konnte. Die gnadenlose Urteilspraxis des Volksgerichtshofs gibt davon erschütterndes Zeugnis.

Was aber, wenn die Ausnahmerhetorik fragwürdig ist, die Abschreckungs- und Vergeltungsargumente keiner kriminologischen, kultursoziologischen und sozialpsychologischen Überprüfung standhalten, was bleibt dann als Legitimation? Die Todesstrafe als staatliches Symbol der Macht? „Der wichtigste rationale Grund gegen die Todesstrafe ist, dass es keine rationalen Gründe für sie gibt", konstatiert Paul Bockelmann. „Sie leistet für die Bekämpfung von Verbrechen nichts, jedenfalls nichts, was nicht andere Strafen ebenso gut leisten können."

Roger Hood, Professor für Kriminologie an der Universität Oxford, sagt: Die Todesstrafe ist willkürlich, unwirksam, anachronistisch und menschenverachtend – und er nennt vier zentrale Argumente für deren Abschaffung:

- *„Die Todesstrafe ist eine Strafe, die das grundlegende Menschenrecht auf Leben verletzt. Sowohl der Europarat als auch die Europäische Union haben erklärt, ‚die Todesstrafe hat keinen legitimen Platz im Justizsystem moderner zivilisierter Gesellschaften, ihre Anwendung kann mit Folter verglichen werden und als unmenschliche und entwürdigende Strafform gemäß Art. 3 der Europäischen Menschenrechtscharta betrachtet werden' (Empfehlung 1264, 1994).*

- *Als utilitaristisches oder praktischeres Argument kann angeführt werden, dass es bislang keinen überzeugenden Beweis dafür gibt, dass die Verankerung der Todes-*

strafe im Gesetz und ihr Vollzug eine bleibende Senkung der Mordraten – oder jeder anderen Straftat, die mit Todesstrafe geahndet wird – bewirkt. Die Todesstrafe ist kein effektiveres Abschreckungsmittel als Alternativen wie lebenslange oder langjährige Freiheitsstrafen.

- *In rechtsstaatlichen Ländern (beispielsweise der USA), in denen Verfahrensgarantien einen fairen Prozess sicherstellen sollen, wird die Todesstrafe nur auf besondere Straftaten angewendet, oft werden mindernde Umstände bei der Urteilsfindung berücksichtigt, so dass die Todesstrafe nur in einer kleinen Anzahl der Fälle verhängt wird. Und doch zeigt sich auch hier, dass sich der gesamte Prozess bis zur Urteilsfindung nicht ohne ein inakzeptables Maß an Willkür, Ungleichheit und Diskriminierung umsetzen lässt.*

- *Schließlich ein Argument, das bereits 1764 von Cesare Beccaria formuliert wurde: Dass die Todesstrafe in ihrer Botschaft grundsätzlich kontraproduktiv sei, da sie genau das Verhalten – beispielsweise Mord, Tötung – legitimiert, das sie zu bekämpfen versucht. Dies trifft besonders auf jene Fälle zu, in denen die Hingerichteten als Sündenbock erscheinen und mehr noch in jenen Fällen, in denen Unschuldige hingerichtet werden – eine unvermeidliche Konsequenz der Todesstrafe. Sie untergräbt also die Legitimität und die moralische Autorität des Rechtssystems insgesamt."*

Die Menschenrechtsorganisation Amnesty International argumentiert ähnlich. Erstens: Die Hinrichtung ist eine grausame, unmenschliche und erniedrigende Form der Bestrafung. Zweitens: Die Wirksamkeit der Abschreckung ist nicht nachgewiesen. Und drittens: Die Todesstrafe wird von fehlbaren Menschen verhängt. Das impliziert auch in letzter Konsequenz Fehlurteile. Unschuldige Menschen werden hingerichtet.

Was meinen Verteidiger der Todesstrafe dazu? Sie räumen allenfalls ein, dass Justizirrtümer möglich, aber doch unerheblich sind, dass man Fehlurteile hinnehmen kann, sofern sie nur durch menschliche Fehlbarkeit verursacht sind. Der statistische Befund bezeugt jedoch, dass Justizirrtümer keineswegs selten sind und dass ein Todesurteil sehr stark von der Klasse, vom Status und der ethnischen Zugehörigkeit des betreffenden Täters, den jeweiligen politischen Verhältnissen sowie den Meinungen und dem Charakter der das Begnadigungsrecht ausübenden Machthaber abhängt. Rechtssysteme werden letztlich von Menschen getragen, hier gehen subjektive Urteile ein, die wiederum stark von äußeren Faktoren beeinflusst werden. Etwa: An welchem Ort findet der Prozess statt? Steht gerade (beispielsweise in einem US-Bundesstaat) eine wichtige Wahl an? Ist der Täter zurechnungsfähig, wer verdient Milde? Solche Unwägbarkeiten können – das zeigt die Wirklichkeit – ein Urteil beeinflussen. „Auf dem Weg von der Theorie in die Praxis nimmt die Todesstrafe unweigerlich ein Maß an Willkür an", stellt Richard J. Evans nüchtern fest.

In den vergangenen Jahren ist ein weltweiter Trend zur Abschaffung der Todesstrafe zu registrieren. Am Anfang des 21. Jahrhunderts – das zeigen die aktuellen Statistiken – ist Europa eine „todesstrafenfreie Zone" und international lehnt eine deutliche Mehrheit aller Staaten die Anwendung der Todesstrafe ab. Dennoch ist der entscheidende Durchbruch auf dem Weg zur weltweiten Ächtung und Abschaffung der Todesstrafe noch nicht gelungen. Sie ist Bestandteil der auf Religion basierenden Rechtskultur der islamischen Staaten des Mittleren Ostens sowie autoritärer Diktaturen in Asien und Afrika. Nirgendwo werden mehr Menschen exekutiert als in China; aber auch rechtsstaatliche Demokratien wie die USA oder Japan halten – wie auf den vorangegangen Seiten ausführlich dokumentiert – an der Todesstrafe fest.

Darüber hinaus ist die Zahl der Straftaten, auf die die Todesstrafe angewendet werden kann, in vielen Ländern noch hoch. Tatsächlich hat sich diese in den letzten 20 Jahren in zahlreichen Staaten noch vergrößert. China hält mehr als 60 Straftaten für todeswürdig, in mehr als 34 Ländern kann der Handel mit illegalen Drogen mit dem Tode bestraft werden, ebenso Sexual- und Wirtschaftsverbrechen.

Bei nationalen Krisen und innenpolitischen Machtkämpfen – nicht nur, wenn das Militär die Macht ergriff – wurde die Todesstrafe in vielen Fällen nach langen Jahren der Nichtanwendung wieder eingeführt, beispielsweise in einigen Karibikstaaten.

Sollten Cesare Beccaria und seine Anhänger auferstehen und eine Karte mit der globalen Todesstrafen-Statistik zu Gesicht bekommen – sie wären enttäuscht. Bei allen Fortschritten: Der Glaube an die Todesstrafe ist weiterhin weit verbreitet. Und selbst in den Ländern, in denen auf die Todesstrafe verzichtet wird, basiert die Bestimmung des Strafmaßes für schwere Verbrechen auf den alten Gedanken der Abschreckung und der Vergeltung. Eine Tatsache, die den Befürwortern der Todesstrafe nicht entgeht.

Ist Änderung in Sicht? Keine Frage: Eine entscheidende Rolle für den Erfolg der weltweiten Anti-Todesstrafen-Bewegung spielen die Vereinigten Staaten, da es sich hierbei um ein Land handelt, das sich selbst als Modell der liberalen, offenen Demokratie und als Hüter der Menschenrechte betrachtet. Einige Rechtsexperten haben jedoch erhebliche Zweifel, ob es in einer bundesstaatlichen Struktur überhaupt möglich ist, eine einheitliche Rechtskultur zu etablieren, denn obwohl die Todesstrafe unter Bundesrecht verhängt werden kann, ist sie in der Praxis eine Sache der Gesetzgebung der einzelnen US-Bundesstaaten. Andere betonen die populistische Haltung von Politikern, wenn die öffentliche Meinung nach Berichten über abscheuliche Gewalttaten erschüttert ist. „Die Haltung des Kandidaten zur Todesstrafe ist zum Lackmus geworden", konstatiert Professor Hugo Bedau, einer der führenden Köpfe der Anti-Todesstrafen-Bewegung.

Wenn dennoch jetzt ein wachsender Teil der Amerikaner über Sinn und Legitimation der Todesstrafe nachdenkt, mag das mit der Tatsache zu tun haben, dass sie sich als Mittel der Prävention nirgendwo nachhaltig bewährt hat; ebenso mit der Einsicht, dass das gesamte Hinrichtungssystem zukünftig kaum mehr finanzierbar ist. Vielleicht aber auch mit der Erkenntnis, dass Europa, mit dem die USA so viele Werte und Überzeugungen teilt, in Fragen der Menschenrechte und Rechtspraxis Standards vorlebt, die zu keinen sozialen Gefährdungen führen.

Die USA auf dem Weg von einer *Kultur der Vergeltung* hin zu einer humanen Zivilgesellschaft, das könnte neue Impulse im globalen Kampf für die Abschaffung der Todesstrafe setzen.

„Das entscheidende Argument für die Ablehnung der Todesstrafe muss sein, dass es den Staat und damit uns alle, seine Bürger, herabsetzt und entwürdigt, wenn er seine Macht dazu gebraucht, das Leben eines Menschen zu beenden", schreibt Richard J. Evans.

Nicht nur Amerikaner sollten dem zustimmen.

AUSBLICK

Zeit der Hoffnung? – Todesstrafe, die globale Realität

Es ist wie jedes Jahr. Diesmal ist es ein Dienstagvormittag im April 2020: vorne sitzen die Sprecher von Amnesty International, in den Stuhlreihen – immerhin gut besetzt – die Journalisten und Medienvertreter. Sie alle erwartet eine nüchterne, mitunter deprimierende Pressekonferenz: die Menschenrechtsorganisation legt in Berlin ihren Bericht über Todesurteile und Hinrichtungen vor.

Die Informationen stammen aus unterschiedlichen Quellen: offiziellen Statistiken der Ministerien und Verwaltungen, Berichten unterschiedlicher Organisationen der Zivilgesellschaft sowie Medienberichten – Zahlen und Informationen, die sich auf Basis eigener Recherche hinreichend bestätigen lassen. Ein schwieriges Unterfangen. In zahlreichen Ländern veröffentlichen die Regierungen keinerlei Informationen über ihre Anwendung der Todesstrafe. Im Gegenteil: Dort, wo die Öffentlichkeit davon erfahren könnte, ist jede Form der Veröffentlichung untersagt und wird mit Strafe und Repression geahndet. Der Einsatz der Todesstrafe wird als Staatsgeheimnis eingestuft. Wer Nachforschungen anstellt, wird als Staatsfeind verfolgt und angeklagt. In Staaten wie China, Vietnam, Nordkorea, Jemen, Malaysia ist es vor diesem Hintergrund unmöglich, verlässliche Angaben zu bekommen.

Die Zahlenangaben des Berichts spiegeln also – mit wenigen Ausnahmen – allenfalls Mindestwerte wider. Insgesamt liegen die Zahlen der zum Tode verurteilten Menschen sowie der vollstreckten Hinrichtungen wahrscheinlich höher. Dennoch: Die jährliche Schreckensbilanz ist ein wichtiges Dokument, sie garantiert ein Mindestmaß an Information und Gegenöffentlichkeit, benennt Realitäten und beschreibt Entwicklungen – deprimierende wie erfreuliche.

Einerseits: die Zahl der offiziell vollstreckten Todesstrafen ist zurückgegangen, um fünf Prozent im Vergleich zum Vorjahr. Von (mindestens 690) im Jahr 2018 auf 657. Dies ist die niedrigste Zahl an Hinrichtungen seit einem Jahrzehnt, die Amnesty International verzeichnet hat. Andererseits ist der Menschenrechtsorganisation zufolge in zahlreichen Ländern ein starker Anstieg an Todesurteilen zu konstatieren. In Irak verdoppelten sich die Hinrichtungen beinahe, von mindestens 52 in 2018 auf mindestens 100 in 2019. Vor allem aber Saudi-Arabien führte eine Rekordzahl von Hinrichtungen durch: Während es 2018 149 Fälle waren, stieg die Zahl 2019 auf 184, eine Steigerung um 23 Prozent und die höchste Zahl, die Amnesty International für den autoritär geführten Staat dokumentiert hat. Das Regime in Saudi-Arabien setze die Todesstrafe aber auch als „politische Waffe" gegen Oppositionelle der schiitischen Minderheit ein, berichtet Amnesty. Als Beispiel nennt die Menschenrechtsorganisation eine Massenhinrichtung von 37 Personen, unter denen sich 32 schiitische Männer befanden.

Saudi-Arabiens Kronprinz Mohammed bin Salman, der seit 2017 die Politik des Landes bestimmt und sich gerne als Motor eines Reformprozesses präsentiert – die jedoch nach Angaben von Menschenrechtsorganisationen von einer verstärkten Repression gegen Kritiker begleitet wird –, hat im Frühjahr 2020 ein Dekret erlassen, in dem er mitteilte, er wolle die Todesstrafe für Minderjährige abschaffen. Die Todesstrafe werde nicht mehr gegen Angeklagte verhängt, die zum Tatzeitpunkt minderjährig gewesen seien. Höchststrafe für Verbrechen von Minderjährigen sei stattdessen nunmehr eine zehnjährige Haft in einem Jugendgefängnis. Und auch auf die Strafe des Auspeitschens wolle man in Zukunft verzichten. Zuvor stand das Auspeitschen als Strafe auf Tötungsdelikte, aber auch auf die Störung der „öffentlichen Ordnung" sowie auf außereheliche Beziehungen. Die Richter sollen in diesen Fällen künftig Haft- oder Geldstrafen oder die Verpflichtung zur gemeinnützigen Arbeit verhängen. Soviel zum Reformeifer des „modernen" Kronprinzen.

Saudi-Arabien: Ein Land, dass weiterhin Todesstrafen vollstreckt – und dennoch auch zukünftig mit keinerlei nachhaltigen Protesten der internationalen Staatengemeinschaft rechnen muss. Ein Land, das im Jahr 2020 die Präsidentschaft in der G20-Staatengruppe der führenden Wirtschaftsmächte innehat. Proteste sind nicht zu erwarten. Denn wenn es um wirtschaftliche Interessen geht – hierfür steht exemplarisch der Umgang mit Saudi-Arabien

– rücken ethische Grundsätze in den Hintergrund. Geschäft ist Geschäft.

Die Frage etwa, wie es in den Herkunftsländern der Handelspartner um die Menschenrechte bestellt ist, wird in der deutschen Wirtschaft „pragmatisch" thematisiert. Mit dem Export von Waren und Dienstleistungen nach Saudi-Arabien zum Beispiel haben deutsche Unternehmen in den vergangenen Jahren Milliarden verdient. Sie handeln mit einem Land, das Todesstrafen vollstreckt, barbarische Körperstrafen exekutiert.

Doch für die Wirtschaft scheint das kein Hindernis zu sein: Die Unternehmen liefern weiter in das autoritäre Königreich – und schweigen. Deutsche Unternehmen haben in der jüngeren Vergangenheit so ziemlich alles an ihre saudischen Geschäftspartner verkauft, was an Wehrtechnik auf dem Markt ist: Die Listen aus den Jahren 2015 und 2016 reichen von Maschinenpistolen über Luftaufklärungssysteme, Komponenten für Kampfflugzeuge, Waffenzielgeräte und Flugkörper bis zu Panzerhaubitzen.

Dabei gehören inzwischen 270 deutsche Firmen – von den meisten Dax-Konzernen bis zu Mittelständlern – zu den Unterzeichnern des UN Global Compact, der Initiative der Vereinten Nationen zur Förderung von nachhaltiger Entwicklung und Unternehmensführung. Die Beteiligten verpflichten sich auf zehn Prinzipien. An erster Stelle: Die Unterstützung und Achtung der Menschenrechte. Auffällig jedenfalls ist, dass sich nur wenige deutsche Wirtschaftsvertreter namentlich zitieren lassen. „Wir bekommen dann große Probleme", heißt es immer wieder. „Wenn man sich überall einmischen würde, weiß man nachher nicht mehr, wem man damit geholfen und wem man geschadet hat", formuliert es der Sprecher eines in Saudi-Arabien engagierten Industriekonzerns. Die Politik sei gefragt ...

Diese beobachtet zwar seit Jahren die innenpolitischen Verhältnisse und die Menschenrechtslage mit wachsendem Verdruss und geißelt, freilich inoffiziell, die Steinzeitlichkeit des Systems, akzeptiert aber zugleich das autoritäre Land als potenten Handelspartner und regional wichtigen politischen Akteur, etwa im Kampf gegen den Terrorismus, obwohl auch aus Saudi-Arabien heraus Terrorismus entstand und gefördert wurde. Anders gesagt: Saudi-Arabien ist politisch einer dieser Staaten, auf die man inzwischen gerne verzichten würde, aber nicht kann.

Doch wie viele Verstöße gegen eigene Werte kann man dulden, nur um einen solchen Partner nicht zu verlieren? Wie viele Waffen kann man liefern in ein Land, das die Region nicht stabilisiert, sondern Krieg und Terror eskalieren lässt? Wie lange kann der notwendige Pragmatismus über die unerlässlichen Prinzipien dominieren, ohne die eigene Glaubwürdigkeit zu beschädigen? Wie oft kann man wegsehen, wenn Menschen hingerichtet werden? Es entbehrt nicht einer gewissen Heuchelei, wenn die deutsche Regierung einerseits öffentlich und lautstark vor einem autoritären Machtzuwachs Erdogans warnt, der dabei auch an die Wiedereinführung der Todesstrafe in der Türkei denkt, und anderseits zu den realen Verhältnissen in Saudi-Arabien schweigt.

Neben Saudi-Arabien fanden die meisten Hinrichtungen 2019 in China, Iran, Irak und Ägypten statt – in dieser Reihenfolge. Es ist davon auszugehen, dass die mit Abstand meisten Hinrichtungen weltweit wie in den Jahren zuvor in China stattfanden – doch ist das wahre Ausmaß der Anwendung der Todesstrafe in China nicht bekannt. So sind die Tausende von Hinrichtungen, die in China mutmaßlich vollzogen wurden, in der globalen Zahl von mindestens 657 vollstreckten Todesurteilen nicht enthalten.

Nicht nur in China, in zahlreichen Ländern, namentlich dem Irak, dem Iran, Nordkorea und Saudi-Arabien, erging die Todesstrafe nach Gerichtsverfahren, die nicht den internationalen Rechtsstandards für einen fairen Prozess entsprachen. Dies schloss in einigen Fällen ein, dass „Geständnisse“ durch Folter erpresst wurden. In nahezu allen Regionen der Welt bedienten sich Regierungen der Todesstrafe auch weiterhin, um auf echte oder vermeintliche Bedrohungen der Sicherheit von Staat oder Öffentlichkeit zu reagieren. In mindestens sieben Ländern wurde die Todesstrafe im Zusammenhang mit terroristisch motivierten Straftaten angewendet, beispielsweise wurden die meisten Exekutionen im Nahen Osten und in der Region Nordafrika damit begründet. Einige Länder erweiterten ihren Strafkatalog um terroristische Akte, die nun ebenfalls die Todesstrafe nach sich ziehen können. Selbst jugendliche Straftäterinnen und Straftäter unter 18 Jahren wurden exekutiert.

Ebenso wurden Todesurteile für Straftaten verhängt, die nicht die hohen Vorgaben erfüllen, zu den „schwersten Verbrechen“ zu zählen, auf die das Völkerrecht die Todesstrafe beschränkt. Fragwürdig ist ohnehin, dass die Definition dessen, was als „schweres Verbrechen“ zur Anklage kommt, allein den Machthabern der jeweiligen Staaten obliegt. So exekutierte Saudi-Arabien Menschen, die offiziell wegen „Terrorismus, Anstiftung zu Gewalt und krimineller Verschwörung“ verurteilt worden waren. Auch Vergehen wie Blasphemie, also Gotteslästerung, „Beleidigung des Propheten oder der Religion" werden in dem Land mit der Todesstrafe geahndet. Wer der Homosexualität und des Ehebruchs überführt wird, dem droht ebenso die Todesstrafe.

Festzuhalten bleibt: die Hinrichtungsmethoden, die angewendet werden, umfassen das gesamte Tötungsinstrumentarium, vom mittelalterlichen Enthaupten bis zur klinischen Giftspritze.

- Enthaupten (Saudi-Arabien)

- Erhängen (Afghanistan, Bangladesch, Botsuana, Indien, Irak, Iran, Japan, Pakistan, Palästinensische Gebiete [Hamas-Behörden in Gaza], Sudan)

- Erschießen (Belarus, China, Jemen, Gambia, Nordkorea, Palästinensische Gebiete [Hamas-Behörden in Gaza], Somalia, Taiwan, Vereinigte Arabische Emirate)

- Giftinjektion (China, USA)

Amnesty International ist nach wie vor in Sorge, dass in der Mehrheit der Staaten, in denen Menschen zum Tode verurteilt oder hingerichtet werden, die Todesstrafe nach Prozessen verhängt wird, die nicht den internationalen Rechtsstandards für ein faires Gerichtsverfahren entsprechen. Oft basieren diese Todesurteile und Hinrichtungen auf „Geständnissen", die möglicherweise durch Folter oder Misshandlung zustande gekommen sind. Dies ist insbesondere in folgenden Staaten der Fall: Afghanistan, Belarus, China, Irak, Iran, Nordkorea, Saudi-Arabien und Taiwan. Im Irak und Iran wurden einige dieser „Geständnisse" vor dem Prozess im Fernsehen ausgestrahlt, wodurch das Recht auf Unschuldsvermutung der Angeklagten weiter beschnitten wurde.

Zwingend vorgeschriebene Todesurteile sind mit Menschenrechtsprinzipien unvereinbar, da sie die persönlichen Umstände eines Angeklagten oder die speziellen Umstände einer Straftat nicht berücksichtigen. Sie werden in folgenden Staaten verhängt: Barbados, Indien, Iran, Malaysia, Malediven, Pakistan, Singapur, Thailand sowie Trinidad und Tobago.

Es werden weiterhin Menschen wegen Verbrechen zum Tode verurteilt oder hingerichtet, bei denen keine vorsätzliche Tötung vorliegt. Damit wird die Schwelle der „schwerste(n) Verbrechen“, die Artikel 6 des Internationalen Pakts über bürgerliche und politische Rechte für die Verhängung eines Todesurteils setzt, nicht erreicht. Aus einer Reihe von Staaten ist bekannt, dass sie die Todesstrafe für Drogendelikte anwenden, darunter China, Indien, Indonesien, Iran, Jemen, Malaysia, Pakistan, Saudi-Arabien, Singapur, Thailand und die Vereinigten Arabischen Emirate.

Weitere Straftatbestände, die mit der Todesstrafe geahndet werden, sind Ehebruch und homosexueller Geschlechtsverkehr (Iran), religiöse Vergehen wie die Abkehr vom Glauben (Iran), Gotteslästerung (Pakistan), Hexerei (Saudi-Arabien), Wirtschaftsdelikte (China), Vergewaltigung (Saudi-Arabien) und Formen des schweren Raubes (Kenia, Sambia, Saudi-Arabien). Außerdem wurde die Todesstrafe verhängt für verschiedene Arten von Verrat, Handlungen gegen die nationale Sicherheit und andere Verbrechen gegen den Staat (wie etwa im Iran für „moharebeh“ – Feindschaft gegen Gott), und zwar unabhängig davon, ob bei den Vergehen ein Mensch ums Leben kam oder nicht. Solche Todesurteile ergingen in Gambia, Kuwait, Libanon, Nordkorea, den Palästinensischen Gebieten (Palästinensische Behörde im Westjordanland; Hamas-Behörden in Gaza) und Somalia. In Nordkorea werden oft Todesurteile gefällt, obwohl die in Frage stehende Tat nach inländischem Recht nicht von der Todesstrafe bedroht ist. Dies geschieht häufig durch Militär- und Sondergerichte bzw. -tribunale, auch gegen Zivilpersonen, nicht nur in Nordkorea, sondern auch in Ägypten, Demokratische Republik Kongo, Libanon, in den Palästinensische Gebieten und der Demokratischen Republik Somalia.

Gibt es nirgendwo bescheidene Änderungen, einen Funken Hoffnung? Doch, in wenigen Staaten gibt es auch Reformen, auch das zeigen die Recherchen von Amnesty International. China und Vietnam verringerten die Anzahl der Straftatbestände, die mit der Todesstrafe geahndet werden können. Malaysia kündigte Reformen an, um Gesetze zu überprüfen, die die Todesstrafe zwingend vorschreiben. Burkina Faso, Guinea, Kenia und die Republik Korea (Südkorea) zogen Gesetzesentwürfe in Betracht, mit denen die Todesstrafe abgeschafft werden soll.

Als Amnesty International vor mehr als vier Jahrzehnten erstmals mit Kampagnen für ein Ende der Todesstrafe begann, hatten gerade 16 Länder diese Strafe völlig aus dem Gesetz gestrichen. 1977 war ein Jahr des Aufbruchs. Heute hat sich die Mehrzahl der Länder der Erde vollständig von der Todesstrafe getrennt und Dutzende weitere haben über ein Jahrzehnt lang keine Todesurteile vollstreckt beziehungsweise haben eindeutig signalisiert, diese Form der Bestrafung ganz und gar einstellen zu wollen. Trotz einiger gegenläufiger Entwicklungen, die 2019 kennzeichnen – vor allem der Hinrichtungszahlen aus Iran, Irak, Pakistan und Saudi-Arabien –, geht der langfristige Trend in Richtung einer weltweiten Abschaffung der Todesstrafe.

Festzuhalten ist: Am Ende des Jahres 2019 hatten 106 Länder (die Mehrheit der Staaten weltweit) die Todesstrafe im Gesetz für alle Verbrechen abgeschafft und 142 Länder (mehr als zwei Drittel aller Staaten weltweit) sie per Gesetz oder in der Praxis ausgesetzt oder ebenfalls abgeschafft. Das lässt hoffen.

THOMAS FISCHER

Wider die Todesstrafe – ein Nachwort

„Ohne Gnade" heißt das Buch von Helmut Ortner. In einer früheren Auflage lautete der Titel: „Wenn der Staat tötet". Dieser Titel war in gewisser Hinsicht etwas zu weit. Es geht im Buch nicht um das Töten an sich, das verschiedene Gründe haben kann, und noch nicht einmal allgemein um das Töten von Menschen durch Menschen. Es geht um ein ganz spezielles Töten: Um ein Phänomen, das wir „Todesstrafe" nennen. In diesem scheinbar einfachen Begriff steckt eine Vielzahl von Voraussetzungen, Imaginationen, Ebenen, Konnotationen. Die einfachsten sind: Tod und Strafe, Tod als Strafe. Das Kompendium Ortners schränkt, inzident, weiter ein: Tod als staatliche Straf-Sanktion. Diese Präzisierung mag kleinteilig erscheinen; sie ist es nicht, wenn man den Gegenstand erfassen will.

I.

Töten ist Vernichten, Auslöschen des Lebens, Beseitigen der Existenz. Menschen töten Tiere in unermesslicher Zahl, um sie zu essen; die meisten finden das unproblematisch, jedenfalls ethisch vertretbar, überdies wirtschaftlich nützlich; manche meinen auch, es sei ‚natürlich'. Das Töten von Menschen hat eine solche Belanglosigkeit nicht: Es ist, selbst in der Abstumpfung der Kriege, das Unerhörte, Grauenhafte, Schlimmste. In allen bekannten Rechtsordnungen wird das Töten von Menschen im Grundsatz als schwerstmögliches Verbrechen angesehen.

Das Töten von Menschen ist in vielerlei Hinsicht geeignet, Gemeinschaften zu zerstören, auf deren Existenz und Funktionieren Menschen als soziale Wesen angewiesen sind und in denen enge Beziehungen und Abhängigkeiten gegeben sind: Familien, Clans, Stämme, soziale und wirtschaftliche Systeme. Dieser Umstand legt es nahe, Tötungen als besonders verwerflich und sozialschädlich zu behandeln. Zugleich aber weist dies darauf hin, dass das Töten dem Menschen keineswegs fremd und fern liegend ist: Die Vernichtung von Konkurrenten, Störenfrieden, Rivalen um Ressourcen und Lebenschancen verspricht endgültige Lösungen und anhaltenden Erfolg.

Aus einer bestimmten Perspektive lässt sich das sozial legitimierte Töten auch als kulturelle Fortschritts-Leistung deuten: Wenn man davon ausgeht, dass zwischen Individuen und Gruppen (Horden) zunächst eine „ungeordnete", unmittelbare Form von – auch tödlicher – Gewalt herrschte, um Interessenkonflikte zu regulieren, erscheint jede Form sozial anerkannter, also auch symbolisierender Gewaltanwendung als evolutionärer Fortschritt in Richtung auf Gewaltfreiheit oder Gewaltvermeidung. Denn symbolisierende, sozial legitimierte Gewaltstrukturen haben einen stark verhaltensleitenden Effekt; schlicht ausgedrückt: Furcht vor negativen Sanktionen wirkt abschreckend und disziplinierend.

Dieser Gedanke ist an sich zutreffend; freilich folgen aus ihm keine Argumente für möglichst gewalttätige oder gar tödliche Sanktionen. Er operiert vermutlich auch letzten Endes mit der Fiktion einer Art „gesellschaftsvertraglichen" Zusammenschlusses von menschlichen Individuen zu Gruppen und Gesellschaften. Das ist aber nur ein metaphorisches Bild der (bürgerlichen) Gesellschaft angeblich „Gleicher", d.h. gleich Berechtigter. Tatsächlich sind Menschen nicht als Individuen entstanden, sondern als Gruppen von Primaten, hochentwickelten Tieren mit Empathiefähigkeit und Ansätzen einer sozial gerichteten Moral.

Man würde kaum auf die Idee kommen, eine tödliche Gewaltanwendung innerhalb einer Gruppe von Menschenaffen als „Todesstrafe" zu identifizieren, obgleich sie zweifellos – schon aufgrund ihrer außergewöhnlichen Seltenheit – in sehr hohem Maß demonstrativen Charakter und recht nachhaltige Wirkungen für Rangordnung, Interessenverfolgung und Risikobereitschaft anderer Individuen hat.

Der Weg von hier bis zur gemeinsamen, ritualisierten Tötung eines „Frevers" oder nicht integrierbaren Regelverletzers in einer Horde von frühen Jägern und Sammlern der Gattung Homo ist ein evolutionärer, kein „rechtlicher" oder politischer.

II.

Wenn von Strafe die Rede ist, kommt auch das Phänomen der Rache ins Spiel: Das Bedürfnis und der Antrieb, sich für erlittene Unbill, Verletzung, Zurücksetzung zu rächen, ist eine tief in der evolutionären Struktur des Menschen verwurzelte Komponente. Man kann sie schon bei Menschenaffen beobachten, wenngleich dort weitaus weniger ausgeprägt. Dabei spielt, wie in den sozialen Beziehungen überhaupt und in ihrer psychischen Verankerung, das Prinzip der so genannten ‚Reziprozität' eine wichtige Rolle, das auch unseren Vorstellungen von ‚Gerechtigkeit' zugrunde liegt: Verletzung und Folge, Geben und Nehmen, Vorteil und Nachteil müssen in einem ‚richtigen', einem ausgeglichenen Verhältnis stehen, um als angemessen, ‚gerecht', als akzeptabel angesehen zu werden. Das führt schon auf sehr frühen Stufen der menschlichen Zivilisation zu der ständigen Aufgabe, solche Fragen der Gegenseitigkeit, des wechselseitigen und angemessenen Ausgleichs anstelle maßloser Vergeltung so zu regeln, dass zum einen die Gemeinschaft nicht unter einem zerstörerischen Prozess gegenseitiger Vernichtung und Beschädigung leidet, zum anderen ein ‚friedlicher', also möglichst gewaltfreier, als gerecht empfundener Ausgleich gefunden und dauerhaft gemacht werden kann.

Im Einzelnen abweichend, aber nicht grundlegend anders stellt sich die Lage im jeweiligen ‚Außen' dar: Während innerhalb einzelner, einigermaßen getrennt lebender Gemeinschaften (Stämme, Siedlungen) ein hohes Maß an gewaltfreier Konformität für die Gruppe lebenswichtig ist, können fremde, außenstehende Personen und Gemeinschaften dauerhaft als Feinde, Konkurrenten und Gegner angesehen werden: Ihre Vernichtung verspricht Beute, Zuwachs des Einflussgebiets, Sicherheit vor umgekehrten Angriffen durch sie.

III.

Rache ist ein personenbezogenes, individuelles Handlungsmotiv, nicht anders als Zuneigung, Liebe, Ekel, Hass, Habgier. Es kann auf personal verbundene Gemeinschaften projiziert werden: Die so genannte ‚Blutrache' ist ein Beispiel dafür, wie ein ritualisiertes personales Motiv über Generationen hinweg fortwirken und immer neue Wechselwirkungen und Rachemotive auslösen kann.

Ähnliches gilt auch im Zusammenhang mit Fehden und so genannten Kriegen etwa zwischen verfeindeten Clans oder Stämmen: Jeder neue, auf Vernichtung von Feinden abzielende Kriegszug ist zugleich ein Rachefeldzug für vergangene Kriegshandlungen des Gegners.

Der Blickwinkel ändert sich mit dem Entstehen einer Obrigkeit im Sinn des modernen Staats. Dieser Staat ist gerade auch dadurch definiert, dass er keine ‚persönlichen' Interessen und Motive hat, sondern eine ‚allgemeine Gewalt', ein Gesamtinteresse repräsentiert und gegebenenfalls gegen die individuellen Interessen seiner Bürger durchsetzt. Die Entstehung moderner Staaten ist untrennbar mit der Zurückdrängung privater Fehden und rachemotivierter Selbsthilfe, mit der Delegitimation privater Gewalt und der Monopolisierung der Gewaltausübung bei staatlichen Organen verbunden, also bloßen Sachwaltern eines wie auch immer legitimierten, jedenfalls aber ‚übergeordneten', entpersonalisierten Allgemeininteresses. Das Credo absolutistischer Herrscher „Der Staat bin ich" ist gerade nicht eine Reklamation persönlich motivierter Interessen, sondern die Beschreibung des Aufgehens der Person in der entpersönlichten Funktion.

Weitaus deutlicher noch wird dies in den Legitimationsstrukturen von staatlicher Herrschaft in demokratischen (Rechts-)Staaten. Hier sind nicht allein Mechanismen der Herrschaftslegitimation – Wahlen von Repräsentanten, Parlamente, Räte, Mehrheitsprinzip – von personalen Interessen oder Stimmungen unabhängig, sondern auch die ausführende Gewalt von der rechtssetzenden und der rechtsprechenden getrennt. Bei einem Blick auf die ganze Spreizung dieser sozialen Entwicklung wird deutlich, dass sich zwischen einem ‚Clanchef' oder Familienführer, der den Tod eines Familienmitglieds rächen will (und muss), und einem Richter oder Justizvollzugsbeamten, der eine Strafe verhängt oder vollzieht, ein Unterschied der Legitimation auftut, wie er kaum größer sein könnte.

Vereinfacht gesagt: Der Staat kann sich an seinen Bürgern nicht ‚rächen', ohne sich selbst aufzugeben. Das gilt selbst dann, wenn einzelne seiner Repräsentanten und Organe dies subjektiv so empfinden mögen. Staatliches ‚Strafrecht' hat eine Wurzel in der Vergeltung, aber es ist keine Struktur der ‚Rache' im Sinn einer persönlich motivierten und daher den einzelnen Staatsbediensteten befriedigenden Wiedergutmachung. Die Äußerungen, Berichte und Selbstdarstellungen von Henkern, die Helmut Ortner in seinem Buch zitiert, sind ein beeindruckender Beleg dafür: Selbst in Zeiten, in denen der Henker im sozialen Nahraum als Bote und Inbegriff finsterer Grausamkeit tabuisiert und ausgegrenzt wurde, dominierten in der Eigenwahrnehmung die Elemente der Erfüllung von ‚Berufs'-Pflichten, der Gebundenheit an Recht, Ordnung und Befehle, der Beherrschung und Vervollkommnung technischer Fähigkeiten.

Und weder Herr Guillotin noch Herr Edison, die Erfinder der bedeutendsten Tötungsmaschinen der Neuzeit, handelten aus dem Motiv des Rachebedürfnisses und des grausamen Vernichtungswillens. Im Gegenteil: Sie führten, jeder auf symptomatische Weise, die staatliche Tötung von Bürgern (nicht von ‚Feinden') ins Zeitalter der industriellen Revolution und der Entpersönlichung. Mit ‚Rache' hatte das nichts zu tun.

IV.

Unter dem Gesichtspunkt staatlicher Strafzwecke ist die Tötung von Menschen als Rechtsfolge von Straftaten nicht gänzlich, aber doch weitgehend irrational: Ihre Androhung erfüllt, erwiesenermaßen und vielfach untersucht, keinen über die Verhängung von (langjährigen) Freiheitsstrafen hinausgehenden Abschreckungszweck. Sie ist, anders als behauptet, besonders aufwändig und teuer, gerade weil sie nicht Befriedigung bloßer Rachebedürfnisse sein kann. Sie enthält ein beachtliches Risiko für nicht revidierbare Fehler bei größtmöglichem Schaden, daher auch für gravierende Legitimationsverluste des staatlichen Strafsystems insgesamt. Diesen schwerwiegenden Nachteilen stehen nur zwei ‚Vorteile' gegenüber: Die mögliche Gefährlichkeit des Täters wird endgültig beseitigt und ein emotionales Bedürfnis nach Vergeltung – spiegelnd oder nicht – wird befriedigt. Der Konflikt zwischen beiden Seiten, der stets auch ein rechtspolitischer Konflikt innerhalb einer Gesellschaft ist, ist eine zusätzliche schwerwiegende Belastung und schwächt das Rechtssystem dauerhaft.

Wie bringt man die Rationalität des Staates mit dem rachemotivierten Vernichtungsbedürfnis des Einzelnen zusammen? Wir sehen hierzu zwei Konstruktionen, die sich überschneiden: die Ausgrenzung des Übeltäters als Feind und die Stellvertretung des Geschädigten als Sachwalter der Rache.

Die erste Figur dominiert etwa bei so genannten ‚Staatsverbrechen': Hochverrat, Umsturz, Landesverrat, Spionage, usw. Hier wird der Täter vom jeweiligen Staat als ‚Fremder' behandelt, als Agent einer feindlichen Macht, als Subjekt, das aus dem Kreis der Staatsbürger sozusagen herausgetreten ist oder ihm noch nie angehörte und allenfalls noch Anspruch auf (kriegs)völkerrechtlich begründete Schonung hat.

Die zweite Figur liegt empirisch und emotional näher. Hier vollzieht die staatliche Strafgewalt eine bemerkenswerte legitimatorische Kunstfigur: Sie gibt vor, zur Vermeidung individueller Rache deren Exekution stellvertretend vornehmen zu können, obgleich und gerade weil sie dieses Motiv gar nicht teilt. Das funktioniert natürlich nur, wenn die einzelnen Personen, die das persönliche Motiv tatsächlich haben, durch die Delegation an die Staatsgewalt eine Befriedigung dieses Bedürfnisses erlangen (können).

Unter den Bedingungen rational-bürokratischer Staatsstrukturen und Verwaltungsvollzüge ist das nicht möglich. Die Anwesenheitsrechte der Hinterbliebenen von Tatopfern bei der Exekution von Verurteilten, die in Staaten der USA bestehen, sind ein fast gespenstisch erscheinendes Relikt einer personen-orientierten Simulation von Rache; das gilt insbesondere angesichts der oft jahrzehntelangen Zeiträume zwischen Tat, Verurteilung und Vollstreckung.

V.

Artikel 102 Grundgesetz verbietet die Todesstrafe. Dass dieses Verbot historisch auf den Versuch zurückgeht, nationalsozialistische Kriegsverbrecher vor der Strafe zu retten, mag erwähnt sein und ist des Nachlesens wert, hat aber im Ergebnis keine Bedeutung.

Wichtiger erscheint die Verortung in Artikel 1 Grundgesetz: Die Würde des Menschen ist unantastbar. Ganz gleich, wie der Schutzbereich der Menschenwürde-Garantie bestimmt wird, ist schwer bestreitbar, dass im Staat des Grundgesetzes der „jeder staatlichen Gewalt“ obliegende Schutz der Menschenwürde nicht unabhängig von der physischen Existenz des Menschen angeordnet sein kann: Das pure Leben ist die unabdingbare Voraussetzung für die Verwirklichung von Würde. Auch über dieses Axiom kann man streiten und tut es vielfach: Warum ist tödliche Notwehr erlaubt? Warum sind Tötungen im Krieg nicht nur erlaubt, sondern besonders ehrenvoll? Warum sind tödliche „Kollateralschäden“ bei der Feindbekämpfung hinzunehmen? Welche von jeder staatlichen Gewalt zu schützende Menschwürde haben so genannte Terroristen, und wie verträgt es sich damit, dass die deutsche Bundeskanzlerin sich öffentlich ‚darüber freut, dass es gelungen ist‘, einen des terroristischen Mordes verdächtigen Menschen ‚zu töten‘? Sind die ferngelenkten Tötungen von Verdächtigen in Krisengebieten der Welt, die mit Hilfe und Zustimmung der Bundesrepublik Deutschland begangen werden, vorweggenommene Vollstreckungen nie ergangener Verurteilungen zum Tod? Und als Resultat daraus: Kann man seine Menschenwürde verlieren, verspielen? Wenn ja: Warum machen wir uns dann eigentlich so viel Mühe mit den so genannten ‚Todeskandidaten'? Warum behandeln wir sie nicht wie Tiere? Warum haben wir ein schlechtes Gewissen? Warum ordnen wir an, dass sie ‚sanft' getötet werden statt grausam, dass sie nicht leiden sollen, statt besonders schlimme Schmerzen zu erleiden, dass sie weit entfernt, an verborgenen Orten, von Tötungs-Maschinen vernichtet werden statt zur besten Sendezeit live von Henker-Popstars vor einem Millionenpublikum?

Zustimmung zu den letztgenannten Varianten kann man bekanntlich jederzeit einsammeln, wenn man in den Fußgängerzonen, Kneipen und Wohnzimmern der Republik fragt: Die Fantasien der Grausamkeit und der Gewalt, die man dort einholen kann, kennen keine Grenzen. Was der ordentliche Steuerzahler und Halteverbots-Verteidiger mit ‚Kinderschändern' oder Rentnermördern anstellen wollte, wenn man ihn ließe, kann sich mit den Schrecken der düstersten Schlachtereien und tabuisierten Kannibalismen jederzeit messen.

VI.

Wie bringt man all das zusammen? Die populär verbreitete Befürwortung der Todesstrafe ist ein beliebtes Argument, wenn es um die Legitimation der repräsentativen Demokratie und um Argumente gegen die Herrschaft eines angeblich ‚wahren' Willens des Volkes oder um Formen der direkten Demokratie geht. Man kann kaum sagen, da sei nichts dran. Aber das gilt auch für das Gegenteil: Was denn soll ‚repräsentiert' werden in der repräsentativen Bürgerherrschaft wenn nicht der Wille der Repräsentierten? So sieht man das in Staaten, die die Todesstrafe androhen, anordnen und vollstrecken, und die von der Bundesrepublik Deutschland gleichwohl als Freunde im Kampf für die Menschenrechte angesehen werden.

Der Staat, die staatliche Gewalt, so könnte man sagen, hat nicht allein die Aufgabe der Delegitimierung von Rache und Selbstjustiz, und sein materieller Inhalt erschöpft sich nicht in einer technischen Filterung und Umsetzung von quantitativ bedeutenden Interessen. Vielmehr geht es stets auch um qualitative Merkmale. Diese sind nicht ‚naturgegeben', nicht unabhängig von Zustand, Entwicklung, Struktur und Herrschaftsverhältnissen der Gesellschaft. Sie sind damit Ausdruck von normativen, das heißt wertenden Entscheidungen.

VII.

Der Staat darf seine Bürger nicht töten. Das klingt überaus plausibel, ist es aber nicht unbedingt: Kaum erklärt er irgendwem den Krieg, darf der Staat seine Bürger in Kämpfe befehlen und mit Gewalt zwingen, in denen sie mit hoher Wahrscheinlichkeit getötet werden und möglichst viele Bürger anderer Staaten töten. Im „Fernsehereignis des Jahres" stimmten kürzlich fast 70 Prozent von mehreren Millionen Zuschauern dafür, dass der Staat sogar seinen Beamten befehlen dürfe, vollkommen unschuldige Opfer einer Straftat zu töten, wenn die Chance bestehe, dadurch ‚Schlimmeres' (d. h. den Tod von noch mehr Personen) zu verhindern. Der Polizist, Soldat oder Beamte, der einen solchen Befehl nicht befolgen würde, wäre wegen Befehlsverweigerung oder Disziplinarvergehen zu verfolgen. Dem stimmt, wenn man sie nur angemessen stimuliert, 70 Prozent der friedlichen Bürger und Menschenrechtsfreunde Deutschlands zu. Ebenso viele befürworten, wenn man den ‚Einzelfall' genügend aufbereitet, den Einsatz von Folter zur Erzwingung von Geständnissen oder zur Abwehr von schweren Gefahren..

VIII.

Verstörende, verwirrende, vielleicht unklare Ergebnisse. Man muss sich ihnen stellen. Es bleiben, vor dem Hintergrund der Geschichte, meines Erachtens zwei durchgreifende Argumente gegen die Todesstrafe:

Das erste ist, dass der Rechtsstaat, wie wir ihn verstehen, eine auf Vernichtung des Feindes gestützte Rache-Motivation gegen Staatsbürger nicht ‚repräsentieren', sondern eine solche Repräsentation allenfalls kommunikativ simulieren kann. Indem er dies tut, untergräbt er aber gerade diejenigen Strukturen, welche die Repräsentation und seine eigene Existenz legitimieren.

Das zweite ist eines der Moral und der Ethik, aber wie diese sozial begründet. Wie das Motiv der vernichtenden Rache ist auch das der Empathie, der Solidarität und des Mitleids tief in der menschlichen Natur verwurzelt. Diese Motivation gilt grundsätzlich jedem Mitmenschen, so wie der einzelne sie auch grundsätzlich von jedem seiner Artgenossen erwartet.

Kaum einer der zahlreichen Befürworter der Vernichtungsstrafe wäre bereit, sich selbst, seinen Körper und sein Leben einem Verfahren der Tötung und Vernichtung zu unterwerfen, wenn und weil irgendeine formell legitimierte Institution entschieden hat, dies sei richtig. Selbst Befürworter der grausamsten Todesstrafenvollstreckung wären kaum jemals bereit und in der Lage, als beamtete Henker zu arbeiten und aus purer ‚Pflicht' im Schichtdienst Menschen zu töten, deren ‚Schuld' ihnen unbekannt und ihrer Beurteilung nicht anheimgegeben ist. Es bedarf, wie uns das 20. Jahrhundert gelehrt hat, tiefgreifender entpersönlichender Mechanismen, um dies möglich zu machen.

Die Todesstrafe als staatliche Sanktion für Straftaten stellt sich somit dar als ein Heraustreten des Staates aus einer Sphäre des rational definierten Gemeinwesens und ein scheinbares Zurücktreten in eine Sphäre der Rache, also eines im Kern irrationalen, unermesslichen, nicht aus sich selbst begrenzten Bedürfnisses. Dies kann natürlich nur im Wege der Simulation geschehen: Eines dramatischen Stücks auf dem Theater der Leidenschaften oder ihrer Fantasien. Indem der Staat dieses Stück von seinem Personal aufführen lässt um der Würde des Opfer-Menschen und der Verpflichtung für die Menschenwürde des zu Tötenden willen, begibt er selbst sich jeder Ernsthaftigkeit.

IX.

Das Buch von Helmut Ortner ist besonders. Es lässt die Ebene der expliziten Analyse beiseite und beschränkt sich, oberflächlich gesehen, auf Fakten. Indem es diese so genau nimmt, dass sie in jederzeit schmerzhafter Weise die Frage ihrer Bewertung aufwerfen, entwickelt es eine immanente Kraft der Analytik, die bemerkenswert und beeindruckend ist.

Prof. Dr. Thomas Fischer,
im Juli 2020

Anhang

Vom Erdrosseln bis zur Giftspritze – Ein Dossier

Früher gebräuchliche Tötungsmethoden

Auseinanderreißen des Körpers (Vierteilung)
Ausweiden
Einflößen geschmolzenen Metalls (meist Blei, aber etwa auch Gold; in der jüdischen Antike und anderen altorientalischen Kulturen)
Erdolchen oder *Erstechen*
Erdrosseln (zum Beispiel bis 1974 in Spanien mit der Garrotte; Hinrichtung mit der Garrotte im Bilibid-Gefängnis in Manila auf den Philippinen 1901)
Erfrieren lassen
Erschlagen (Rädern, Fustuarium)
Ertränken
Häuten oder *Schinden*
Herabstürzen (aus großer Höhe, zum Beispiel von Türmen, Brücken)
Kochen bei lebendigem Leib
Körperliche Auszehrung (Verhungern und Verdursten)
Kreuzigung
Lebendig begraben
Mazzolata, auch *Mazzatello* (in Italien bis Anfang des 19. Jahrhunderts: Der Verurteilte wurde mit dem Gesicht zur Zuschauermenge gestellt, manchmal auch an ein Andreaskreuz gefesselt. Dann wurde ihm mit einer Keule der Kopf eingeschlagen.)
Öffentliches Sezieren
Säcken als Variante des Ertränkens (nach Einnähen des Delinquenten in einen Sack, gemeinsam mit einem lebenden Tier)
Verbluten (Pfählen sowie Zerstückeln und Vierteilen)
Verbrennen (Scheiterhaufen)
Vergiftung durch Verabreichung giftiger Mittel (Der möglicherweise bekannteste historische Fall war die Hinrichtung des Sokrates mit Hilfe des Schierlingsbechers.)
Zerquetschen (mit Steinen oder Geräten ähnlich der Garotte)

Im 21. Jahrhundert übliche Tötungsmethoden

Elektrischer Stuhl (seit 1889 in den USA)
Enthauptung (mit dem Schwert)
Erhängen (Galgen; Todeseintritt durch Genickbruch, Unterbrechung des Blutstromes zum Gehirn oder Ersticken)
Erschießung (Herz- oder Kopfschuss; Genickschussanlage), im militärischen Bereich wird die Bezeichnung Füsilieren verwendet
Steinigung (in der Scharia des Islams)
Vergiftung (Gaskammer)

Staaten, die seit 1976 die Todesstrafe abgeschafft haben

1976 Portugal; Kanada (in Friedenszeiten)
1978 Dänemark; Spanien (in Friedenszeiten)
1979 Luxemburg, Nicaragua, Norwegen; Brasilien, Fidschi, Peru (in Friedenszeiten)
1981 Frankreich, Kap Verde
1982 Niederlande
1983 Zypern, El Salvador (in Friedenszeiten)
1984 Argentinien (in Friedenszeiten)
1985 Australien
1987 Haiti, Liechtenstein, Deutsche Demokratische Republik
1989 Kambodscha, Neuseeland, Rumänien, Slowenien
1990 Andorra, Kroatien, Slowenien, Irland, Mosambik, Namibia, Ungarn, São Tomé und Príncipe, Tschechische u. Slowakische Republik; Nepal (in Friedenszeiten)
1991 Mazedonien
1992 Angola, Paraguay, Schweiz
1993 Guinea-Bissau, Hongkong, Seychellen; Griechenland (in Friedenszeiten)
1994 Italien
1995 Dschibuti, Mauritius, Moldawien, Spanien; Südafrika (in Friedenszeiten)
1996 Belgien
1997 Georgien, Polen, Nepal, Südafrika; Bolivien, Bosnien-Herzegowina (in Friedenszeiten)
1998 Aserbaidschan, Bulgarien, Estland, Großbritannien, Kanada, Litauen
1999 Osttimor, Turkmenistan, Ukraine, Bermudas; Lettland (in Friedenszeiten)
2000 Malta, Côte d'Ivoire; Albanien (in Friedenszeiten)
2001 Bosnien-Herzegowina; Chile (in Friedenszeiten)
2002 Zypern, Jugoslawien; Türkei (in Friedenszeiten)
2003 Armenien (in Friedenszeiten)
2004 Bhutan, Griechenland, Samoa, Senegal, Türkei
2005 Mexiko
2006 Philippinen
2007 Albanien, Kirgisistan, Ruanda, Cookinseln, Kasachstan
2008 Argentinien, Usbekistan
2009 Bolivien, Burundi, Togo
2010 Gabun
2012 Lettland
2015 Fidschi, Kongo (Rep.), Madagaskar, Suriname
2016 Benin, Nauru, Guinea

Quelle: Amnesty International, Stand 11. April 2017

Zu den Quellen

Ein Buch wie das vorliegende ist das Ergebnis von Lesen, Recherchieren und Zuhören. Es ist keine wissenschaftliche Studie. Ich nehme mir die Freiheit eines Autors, der sich allein der Aufklärung verpflichtet fühlt. Die vielfältigen Quellen habe ich in den nachfolgenden Anmerkungen angegeben, aber einige verdienen zusätzliche Aufmerksamkeit. Zum einen deshalb, weil sie mich motiviert haben, dieses Buch zu schreiben; zum andern, weil ich meine Begeisterung darüber unbedingt anderen mitteilen möchte. Hier also Bücher zum Thema, die zu lesen für jeden Interessierten ein Gewinn ist. Lesestoff mit Erkenntniswert.

Über die Geschichte staatlichen Strafens und Tötens existiert selbstverständlich eine Vielzahl von Büchern und Studien. Zur ersten Orientierung in den Epochen der Geschichte helfen die renommierten Standardwerke. Eine besonders hervorragende, brillante Einführung in das Thema findet sich bei Jürgen Martuschkat, *Inszeniertes Töten – Eine Geschichte der Todesstrafe vom 17. bis zum 19. Jahrhundert*, Köln/Weimar/Wien 2000.

Das Buch, das mich in besonderer Weise inspirierte, war die Arbeit von Richard J. Evans, *Rituale der Vergeltung. Die Todesstrafe in der deutschen Geschichte 1532–1972*, Berlin/Hamburg 2001.

Zu interdisziplinären und globalen Fragestellungen und Perspektiven informiert in beeindruckender Weise der Sammelband *Zur Aktualität der Todesstrafe. Interdisziplinäre und globale Perspektiven*, herausgegeben von Christian Boulanger, Vera Heyes und Philip Hanfling, Berlin 2002.

Auch die Lektüre älterer Werke lohnt noch immer, etwa das erstmals 1764 (damals noch ohne den Namen des Verfassers) herausgegebene Buch von Cesare Beccaria, *Über Verbrechen und Strafe* (1966 in Frankfurt erschienen), aber auch die erhellende Übersicht über die archaischen Strafen in der hervorragenden Dokumentation *Justiz in alter Zeit*, herausgegeben von Christoph Hinckeldey. Sie ist 1989 in der Schriftenreihe des Mittelalterlichen Kriminalmuseums Rothenburg o. d. T. erschienen.

Verweisen möchte ich auch auf die herausragende Arbeit des Historikers Richard van Dülmen, *Theater des Schreckens. Gerichtsrituale und Strafrituale in der frühen Neuzeit*, in der er die Gerichtspraxis und die Strafrituale in der frühen Neuzeit erhellend beschreibt. Erschienen 1988 in München.

Zu verschiedenen Teilaspekten liegen interessante Arbeiten vor, auf die ich unbedingt verweisen möchte. Zur Geschichte der Guillotine etwa auf Daniel Arasses großartige Studie *Die Guillotine. Die Macht der Maschine und das Schauspiel der Gerechtigkeit*, Reinbek bei Hamburg 1988, sowie auf das lesenswerte Buch von Andreas Schlieper, *Das aufgeklärte Töten. Die Geschichte der Guillotine*, Berlin 2008.

Persönliche, eindringliche Reportagen, Aufzeichnungen und Dokumente haben mich berührt und verwirrt, so das Tagebuch des Charles-Henri Sanson aus der Zeit des Schreckens 1793–1794, das unter dem Titel *Der Scharfrichter*, herausgegeben von Chris E. Paschold und Albert Gier, 1989 in Frankfurt a. M. erschien. Auch die Arbeit von Johann Dachs über Johann Reichhart, einen der letzten deutschen Scharfrichter, erstveröffentlicht in Regensburg 1996 unter dem Titel *Tod durch das Fallbeil*, möchte ich hier nennen.

Genauere Einsichten in die Gebräuche und Sitten der Henkersmahlzeit liefert die großartige Arbeit *Vom Ursprung der Henkersmahlzeit* von Hans von Hentig, die erstmals 1958 erschien und in Nördlingen 1987 einen Nachdruck erhielt.

Da ich Fotografie als autonome, visuelle „Sprache" schätze, verweise ich gerne auf den außergewöhnlichen Fotoband *The Omega Suites* der US-Fotografin Lucinda Devlin, die durch ihre nüchtern-dokumentarischen Bilder amerikanischer Hinrichtungsräume den Betrachter gleichermaßen berührt und verstört. Der Band, herausgegeben von Susanne Breidenbach und mit einer lesenswerten Einführung von Barbara Rose, ist 2001 in Göttingen erschienen.

Nüchterne Statistikbücher sind stumme Zeugen, die es verdienen, beachtet zu werden. Der jährlich erscheinende *Report zur weltweiten Lage der Menschenrechte*, herausgegeben von Amnesty International in Frankfurt a. M., ist eine verlässliche Sammlung von Quellen, Zahlen und Statistiken, die besondere Erwähnung verdient. Ebenso wie der Bericht *Hinrichtungen und Todesurteile*, der ebenfalls jährlich erscheint und von Amnesty International publiziert wird.

Anmerkungen

Im Einzelnen habe ich – chronologisch geordnet nach den Kapiteln dieses Buches und nach Verwendung in meinen Text – auf folgende Quellen zurückgegriffen und mich deren Vorarbeiten bedient:

Prolog

Die Geschichte des Artikel 102 rekonstruiert eindrucksvoll Alard von Kittlitz in seinem Dossier, „Die Todesstrafe ist abgeschafft", in: DIE ZEIT vom 16. Mai 2019, S. 15 ff.

Eine Zusammenfassung über die letzte Hinrichtung in der Bundesrepublik Deutschland, vgl. „Letzte zivile Hinrichtung in der BRD", 18. Februar 2009,
URL.http://www.initiative-gegen-die-todesstrafe.de/nc/aktuelles/nachrichten/details/article/18-februar-1949-letzte-zivile-hinrichtung-in-der-brd.html

Daraus: „Am 28. Januar 1948 erschoss Richard Schuh einen Mann, der ihn mit seinem Laster mitgenommen hatte. Schuh wollte die Reifen des Lasters auf dem Schwarzmarkt verkaufen. Er wurde jedoch schnell gefasst und am Landgericht Tübingen zum Tode verurteilt.
Der damalige Justizminister von Württemberg-Hohenzollern war Carlo Schmid. Dieser hatte das Thema Todesstrafe in einer Kabinettssitzung angesprochen, weil im Land fünf Todesurteile zur Vollstreckung anstanden. Im Protokoll der Sitzung ist hierzu vermerkt: ‚Er (Schmid) vertritt den Standpunkt, dass man in allen Fällen begnadigen solle. Die Vollstreckung der Todesstrafe sei nicht mehr zeitgemäß und stelle eine Degradierung der menschlichen Gesellschaft dar.'
Unglücklicherweise für Schuh behandelte das Kabinett Schuhs Gnadengesuch ohne Carlo Schmid, da dieser sich zu diesem Zeitpunkt in Bonn aufhielt und mit an dem neuen Grundgesetz der Bundesrepublik arbeitete.
Gebhard Müller, damaliger Regierungschef des Landes und späterer Bundesverfassungspräsident, war grundsätzlich Todesstrafen-Befürworter. Er lehnte das Gnadengesuch Schuhs ab. Am Morgen des 18. Februar 1949 wurde Richard Schuh als letzter Mensch in der Bundesrepublik Deutschland hingerichtet."

Zur Todesstrafe in der DDR: „Dunkles Geheimnis der DDR", veröffentlicht am 26. Juni 2011, URL.htttp://www.mdr/damals/archiv/artikel184574.html.

Auszug: „Die Todesstrafe in der DDR hatte es von Anbeginn gegeben. In den 1950er Jahren waren Schauprozesse mit Todesurteilen an der Tagesordnung. Hingerichtet wurden nationalsozialistische Kriegsverbrecher, aber auch sogenannte ‚Saboteure' oder ‚Agenten'. Traurige Berühmtheit erlangten etwa die Prozesse im sächsischen Waldheim, in denen 1950 Dutzende Menschen zum Tode verurteilt worden waren.
Hingerichtet wurden bis zum Ende der 1960er Jahre aber auch Mörder und Sexualstraftäter. Nachweislich bis 1974 wurden sämtliche Todesurteile politisch abgesegnet. Sie mussten dem Politbüro der SED vorgelegt und von ihm bestätigt werden. Walter Ulbricht und Erich Honecker vermerkten auf dem Urteil ‚Einverstanden' oder ‚In Ordnung'. Manchmal gaben sie aber auch Anweisungen an die Richter: ‚Urteil muss anders formuliert werden.'
Die zentrale Hinrichtungsstätte war ab 1960 die Leipziger Strafvollzugseinrichtung in der Alfred-Kästner-Straße. Hier stand bis 1968 eine alte Guillotine. Nachdem sie mehrfach ihren Dienst versagt hatte und es zwei oder drei Anläufe brauchte, ehe der Delinquent tatsächlich tot war, ging man dazu über, die sowjetische Methode des ‚unerwarteten Nahschusses in das Hinterhaupt' anzuwenden. Der zum Tode Verurteilte wurde in einen Raum geführt, von hinten trat leise der Henker an ihn heran und erschoss ihn mit einer schallgedämpften Armeepistole. Insgesamt haben DDR-

Gerichte 221 Todesurteile ausgesprochen, davon wurden mutmaßlich 164 vollzogen, genaue Opferzahlen gibt es bis heute nicht."

Vgl. dazu auch: Peter Maxwill, „Erich Mielkes ganz kurze Prozesse", http://www.spiegel.de/einestages/todesstrafe-in-der-ddr-abschaffung-durch-erich-honecker-1987-a-947648.html, vom 17. Juli 2012.

Eine umfangreiche Gesamtdarstellung über die Justiz in der DDR findet sich in den Begleitbänden zur Ausstellung des Bundesministeriums der Justiz *Im Namen des Volkes?*, Leipzig 1994.

Die Zahlen zur Situation der Todesstrafe basieren auf dem Bericht *Hinrichtungen und Todesurteile 2019*, herausgegeben von Amnesty International, Berlin 2020

Das Zitat von Barbara Rose findet sich im einführenden Aufsatz zu: *Lucinda Devlin: The Omega Suites*, a. a. O.

Zu den Entwicklungen in den USA vgl. Alan Cassidy, Die Vollstrecker, in: Süddeutsche Zeitung vom 27./28. Juli 2019 sowie das Interview mit Dale Baich, »Eines Tages wird die Todesstrafe abgeschafft«, in: *Amnesty Journal*, Ausgabe 6/7 2018

Zur Rezeption des vorliegendes Buches vgl. Christian Hillgruber, Hingerichtet, in: *Frankfurter Allgemeine Zeitung* vom 26.10.2017 sowie Michael Pawlik, Todesstrafe: Bei Galgenwürstchen und Armsünderbier, in: *Frankfurter Allgemeine Zeitung* vom 25.11.2017. Ebenso: Annette Wilmes, Eine Geschichte der Todesstrafe, Deutschlandfunk, Andruck – Magazin für Politische Literatur, Gesendet am 16.08.2017 sowie Berthold Seewald, Was die Henkersmahlzeit mit Ehrenmorden zu tun hat, in: DIE WELT vom 22. Juni 2018 und Volkmar Schöneburg, Plädoyer gegen die Barbarei, in: Neues Deutschland vom 11. Oktober 2017

Vgl. dazu auch die Editorische Anmerkung am Ende dieses Buches

Einleitung

Die Ereignisse der Hinrichtung des Troy Davis sowie die Zitate des Richters Moore siehe den Beitrag von Daniel Kreuz, Im Zweifel für den Angeklagten, in: Amnesty Journal, Ausgabe 1/2012.

Zur Situation der Todesstrafe in den USA vgl. *Wenn der Staat tötet*, herausgeben von Amnesty International, Berlin 2016. Dazu auch: Tina Kaiser, „Das Todesurteil", in: Welt am Sonntag vom 4. Oktober 2015, ein beeindruckendes Dossier über das US-Justizwesen und den Fall des Häftlings Glenn Ford, der fast sein halbes Leben im Hochsicherheitsgefängnis saß – unschuldig.

Die letzten Minuten des Ronald Smith schildert Stefan Schulz in seinem Beitrag *Die verpfuschte Hinrichtung des Ronald Smith* auf spiegel-online.de vom 10. Dezember 2016.
URL:http://www.spiegel.de/panorama/justiz/todesstrafe-qualvolle-hinrichtung-loest-streit-ueber-todesstrafe-aus-a-1125340.html

Rituale

Katalog des Tötens – Macht, Ehre und Tod

Die Schilderungen und Beschreibungen der archaischen Strafen sind dieser hervorragenden Dokumentation entnommen: *Justiz in alter Zeit*, a. a. O., 1989, S. 333 ff.

Die Ausführungen über das Steinigen finden sich in: Ingo Wirth, *Todesstrafen*, Augsburg 1998, S. 204 f.

Die Geschichte der Soraya Manoutchehri schildert Freidoune Sahebjam in seinem Buch *Die gesteinigte Frau*, aus dem Französischen von Renate Heimbucher, Reinbek bei Hamburg 1992 (Originalausgabe: *La femme lapidée*, Paris 1990).

Töten mit Gottes Hand – Vergeltung und Versöhnung

Sigfried Birkner (Hrsg.), *Leben und Sterben der Kindsmörderin Susanne Margaretha Brandt*, Frankfurt a. M. 1973, nachzulesen bei Richard van Dülmen, *Theater des Schreckens*, a. a. O., S. 103 f.

Die Schilderungen der „peinlichen Schleiff-Rituale" in: J. H. Rothern: *Der peinlichen Processe rechtsgelehrter Kunst*, 1752, S. 538 f., zitiert nach van Dülmen, *Theater des Schreckens*, a. a. O., S. 108.

Das Zahlenmaterial über die Hinrichtungsarten am Beispiel der Städte Nürnberg und Frankfurt finden sich detailliert bei van Dülmen, *Theater des Schreckens*, a. a. O., S. 117 ff.

Das letzte Mahl – Ein Friedensangebot

Die Speisenfolge anlässlich der Hinrichtung der Frankfurter Kindsmörderin sowie weitere Rituale der Henkermahlzeit finden sich in Hans von Hentig, *Vom Ursprung der Henkersmahlzeit*, Tübingen 1958.

Zu Gefängnissystemen und deren Disziplinierungsmacht vgl. Michel Foucault, *Überwachen und Strafen. Die Geburt des Gefängnisses*, Frankfurt a. M. 1994. Eine Studie über die polymorphe Macht, ihre Techniken und Wirkungsweisen am Beispiel des Gefängnisses.

Über die letzten Essenswünsche von 224 Todeskandidaten im US-Gefängnis Huntsville, die in einer Liste des „Texas Departement of Criminal Justice" veröffentlicht wurden, berichtet Andreas Bernard im Artikel „Das letzte Gericht", in: Süddeutsche Zeitung vom 31.5.2001. Die zitierten Speisenwünsche sind daraus entnommen.

Die Zitate von Wolfram Eilenberger finden sich in seinem Aufsatz „Das letzte Mahl", in: Cicero, Juli 2006.

Informativ auch die Dokumenten-Sammlung *Henkers-Mahlzeiten* von H. A. Mehler und Waki Zöllner, Frankfurt 1986.

Instrumente

Alle Macht der Maschine – Die Guillotine

Das Zitat zur Einweihung der ersten Guillotine findet sich in Daniel Arasses großartiger Studie *Die Guillotine. Die Macht der Maschine und das Schauspiel der Gerechtigkeit*, a. a. O., S. 37.

Zur Geschichte der Guillotine vgl. das lesenswerte Buch von Andreas Schlieper *Das aufgeklärte Töten – Die Geschichte der Guillotine*, Berlin 2008.

Die Tagebuchaufzeichnungen von Charles-Henri Sanson, Eintrag vom 17. Juni 1794, finden sich in: *Der Scharfrichter. Das Tagebuch des Charles-Henri Sanson aus der Zeit des Schreckens 1793–1794*, herausgegeben von Chris E. Paschold und Albert Gier, Frankfurt a. M. 1989, S. 208 ff.

Zur Henker-Dynastie Sanson vgl auch das Vorwort in: *Der Henker von Paris*, herausgegeben und eingeleitet von Karl Bruno Leder, Hamburg 1970.

Die Ausführungen über die Guillotine sind detailliert auch nachzulesen bei Johann Dachs, *Tod durch das Fallbeil. Der deutsche Scharfrichter Johann Reichhart (1893–1972)*, a. a. O., S. 14 ff. Ebenfalls bei Ingo Wirth, *Exekution – Das Buch vom Hinrichten*, Berlin 1993, S. 104 ff.

Tod durch die Kugel – Das Erschießen

Zur Geschichte des Erschießens vgl. Bruno Leder, *Todesstrafe. Ursprung, Geschichte, Opfer*, München 1986, Neuauflage, Erftstadt 2006, S. 291 ff. sowie Ingo Wirth, *Exekution*, a. a. O., S. 176 f. Hieraus wurde auch das Zitat von Georg Wilhelm Böhmer übernommen, S. 177 f.

Über Hinrichtungen durch einen „Nahschuss" sowie die Todesstrafe in der DDR, vgl. auch den Beitrag von Hans Michael Koth, *Der Henker kam von hinten*, in spiegel.de, vom 13.7.2007. URL:http://www.spiegel.de/panorama/zeitgeschichte/todesstrafe-in-der-ddr-der-henker-kam-von-hinten-a-494202.html

Strom im Körper – Der elektrische Stuhl

Die Ausführungen und Beschreibungen zum technologischen Wandel in der zweiten Hälfte des 20. Jahrhunderts sowie über die Elektrisierung der Todesstrafe basieren auf der kenntnisreichen Arbeit von Jürgen Martschukat, *Die Geschichte der Todesstrafe in Nordamerika*, München 2002. Die Zitate aus der North American Review und der New York Times sind dieser herausragenden Analyse entnommen, S. 87 ff.

Die Schilderung des Gefängnisarztes Carlos F. Mac Donalds findet sich in dem lesenswerten Buch *Exekution* von Ingo Wirth, a. a. O., S. 19 f. Ebenfalls der Augenzeugenbericht von Bertold Freudenthal, S. 21 f.

Die missglückten Hinrichtungen von Henry White und Mary Farmer sind zitiert nach Bruno Leder, *Todesstrafe*, a. a. O., S. 247 f. Darin finden sich auch ausführliche Beschreibungen über die Entwicklung der sogenannten modernen Strafen, u. a. auf S. 245 f.

Sterben im „Aquarium" – Die Gaskammer

Die Ausführungen und Schilderungen zur Entwicklung der Gaskammer basieren auf Ingo Wirth, *Exekution*, a. a. O., S. 216 f. Hieraus wurden auszugsweise auch die Protokolle übernommen, S. 219 f. Der Originaltitel des Buches von Caryl Chessman lautet *Cell 2455. Death Row: A Condemned Man's Own Story*, New York 1954.

Das Hinrichtungsprotokoll von Caryl Chessman stammt aus dem Buch von Bruno Leder, *Todesstrafe*, a. a. O., S. 250.

Tod durch die Vene – Die Giftspritze

Das Zitat ist dem Artikel *Hinrichtung von US-Mörder gefilmt* entnommen, spiegel.online vom 22.7.2011. US-Anwälte eines zum Tode Verurteilten hatten gegen die Hinrichtungsmethoden geklagt und setzten durch, dass eine Exekution als Beweismittel gefilmt wurde.
URL: http://www.spiegel.de/panorama/justiz/todesstrafe-hinrichtung-von-us-moerder-gefilmt-a-775928.html.

Zur Debatte über die Lieferung von Medikamenten deutscher Pharmafirmen, die bei Hinrichtungen in den USA verwendet werden können, bzw. die Aufforderung des Gesundheitsministers kein Hinrichtungsgift mehr an die USA zu liefern, vgl. *Deutsche Firmen wollen kein tödliches Gift liefern,* fr.de vom 12.12.2011.
URL:http://www.fr.de/politik/hinrichtungen-in-den-usa-deutsche-firmen-wollen-kein-toedliches-gift-liefern-a-899090 sowie
URL:http://www.spiegel.de/politik/deutschland/protest-gegen-us-todesstrafe-aerzte-draengen-pharmafirmen-zu-gift-lieferboykott-a-741152.html

Informativ und erhellend zum Thema ist der Artikel *Richtig töten* von Andreas Frey, in: Die Zeit vom 27. Februar 2014. Ebenso der Bericht von Kathrin Werner *Das Gift wird schlecht*, in: Süddeutsche Zeitung vom 6.3.2017 sowie Michael Remke, *Todeskandidaten sollen Gift kaufen und mitbringen*, in: Welt N24 vom 20. Februar 2017.
http://www.welt.de/vermischtes/article162166556/Todeskandidaten-sollen-Gift-selbst-kaufen-und-mitbringen.html

Zur Wiedereinführung der Todesstrafe im Bundesstaat Utah, vgl. *Hinrichtungen durch Erschießen wieder erlaubt*, faz.de vom 24.03.2015.
URL:http://www.faz.net/aktuell/politik/ausland/amerika/todesstrafe-in-amerika-hinrichtungen-durch-erschiessen-wieder-erlaubt-13502453.html

Die Ausführungen zum Missouri-Protokoll finden sich in: Stephen Trombley, *Die Hinrichtungsindustrie. Die Todesstrafe in den USA*, Hamburg 1993, S. 140 f. Die Zitate von Don Pelo ebenda, S. 257–269.

Vollstrecker

Das Amt des Henkers – Der Verfemte

Zur Geschichte des Henkerberufs und der Henkerdynastien vgl. Karl Bruno Leder, *Todesstrafe*, a. a. O., S. 299 ff.
Der Titel der Familienchronik der Henkerdynastie Sanson lautet: Henri-Clément Sanson: Geheimnisse des Schaffots. Memoiren von sieben Scharfrichter-Generationen (1685–1847). Aus dem Französischen des H. Sanson, letztem Vollstrecker der Todesurtheile des Hohen Gerichtshofes von Paris. 6 Bände, Berlin 1862/63. (Frz. Original: Sept générations d'exécuteurs, 1688-1847: mémoires des Sanson, Paris 1862.)

Die Tagebuchaufzeichnungen von Charles-Henri Sanson erschienen außerdem unter dem Titel *Der Scharfrichter*, a. a. O.

Interviews mit ehemaligen Henkern finden sich in: Jens Becker, Gunnar Dedio, *Die letzten Henker*, Berlin 2002.

Der Carnifex – Ein Dossier

Das Dossier wurde von Markus Gansel übernommen, Beitrag „Der Henker“ auf seiner Internetseite. URL:http://www.unmoralische.de/henker.htm

„Ich war ein guter Henker“ – Ein Scharfrichter erzählt

Bei den Schilderungen von Fernand Meyssonnier handelt es sich um ein Gesprächsprotokoll aus dem Film *Henker – Der Tod hat ein Gesicht* von Jens Becker und Gunnar Dedio (82 Min., Produktionsjahr 2001). Abgedruckt ist es in deren Buch *Die letzten Henker*, Berlin 2002. Das Gesprächsprotokoll erscheint hier mit freundlicher Genehmigung der Autoren in gekürzter Form.

Der Mann am Fallbeil – Johann Reichhart

Die Schilderungen zum Leben und Wirken des Scharfrichters Johann Reichhart basieren vor allem auf den Recherchen von Johann Dachs, nachzulesen in seinem eindrucksvollen Buch *Tod durch das Fallbeil*, a. a. O., insbesondere S. 32 ff. sowie S. 97 ff. Der Wortlaut des Arbeitsvertrags findet sich ebenfalls bei Dachs, S. 36 f.

Zur Person Roland Freisler sowie zur Struktur der NS-Justiz, insbesondere zur Verurteilungspraxis des Volksgerichthofs, vgl. Helmut Ortner, *Der Hinrichter: Roland Freisler – Mörder im Dienste Hitlers*, Rastatt 1992 sowie Zeitschrift für Rechtspolitik, 5/1994, S. 169.
Dort finden sich auch die Ausführungen und Zitate über Hinrichtungsstätten und Anatomische Institute sowie das Protokoll zu Professor Stieve (zitiert nach Bundesarchiv R22 / Informationsdienst des Reichsministers der Justiz), beides S. 221.

Die auferlegten Sühnemaßnahmen der Münchner Spruchkammer sind entnommen aus: Dachs, *Tod durch das Fallbeil*, a. a. O., S. 132.

Zur Integration von Nazi-Juristen und anderen Exponenten des NS-Regimes in den Nachkriegsjahren vgl. den Beitrag von Henryk M. Broder „Knechte des Gesetzes – Wie der Rechtsstaat seine Richter fand“, in: Der Spiegel, Sonderheft, 50 Jahre Bundesrepublik, vom 17.05.1999. Ebenso: Beste/Bönisch/Darmstädt/Friedmann/Fröhlinghaus/Wiegrefe, „Welle der Wahrheiten“, in: Der Spiegel, 1/2012, S. 32 ff.

Die Ergebnisse einer wissenschaftlichen Kommission zur Frage, wie hoch die NS-Belastung im Justizministerium der frühen Bonner Republik war, sind nachzulesen in der hervorragenden Studie *Die Akte Rosenberg*, von Manfred Görtemaker und Christoph Safferling, München 2016.

Vermarkter

Amerikas Kampf gegen das Böse

Über das amerikanische Straf- und Gefängnissystem berichtet Ansgar Graw in: „Das absurd-drakonische Strafsystem Amerikas“, in: Die Welt vom 17. Oktober 2014.
URL: https://www.welt.de/politik/ausland/article133356384/Das-absurd-drakonische-Strafsystem-Amerikas.html.

Vgl. auch „Amerika hinter Gittern – Wie die USA zum Gefängnisspitzenreiter wurden" von John Suroco, veröffentlicht am 7. 12. 2015.
URL: https://www.vice.com/de/article/amerika-hinter-gittern-0001167-v11n10

Zu den Kosten der Todesstrafe: Simon Book/Gregor Peter Schmitz, „Der Preis des Tötens", in: Der Spiegel 29/2011, S.86. Veröffentlicht am 18.7.2011.
URL: http://www.spiegel.de/spiegel/print/d-79572336.html

Zur Entwicklung des Gefängnissystems in den USA vgl. Jörg Häntzschel, „Die Wende", in: Süddeutsche Zeitung, 2. Mai 2012. Siehe dazu auch Christiane Heil, „Weniger Todesurteile, weniger Hinrichtungen", in: Frankfurter Allgemeine Zeitung vom 21. Dezember 2011.

Das Zitat des republikansichen Politikers Newt Gingrich u.a. findet sich in: Los Angeles Times, Newt Gingrich und N. Wayne Hughes Jr., „What California can learn from the red states on crime and punishment" vom 16. September 2014.
URL: http://www.latimes.com/opinion/op-ed/la-oe-0917-gingrich-prop-47-criminal-justice-20140917-story.html

Zu den Zahlen der beiden Wissenschaftler Arthur Alarcon und Paula Mitchell, vgl. „Death penalty costs California $184 million a year, study says", von Carol J. Williams, in: Los Angeles Times vom 20. Juni 2011.
URL: http://articles.latimes.com/2011/jun/20/local/la-me-adv-death-penalty-costs-20110620
sowie URL: https://deathpenaltyinfo.org/YearEnd2016

Verkünder

Theater des Schreckens – Volkskultur und Todesstrafe

Zur Inszenierung der Hinrichtungen in Paris vgl. Andreas Schlieper, *Das aufgeklärte Töten – Die Geschichte der Guillotine*, a. a. O., S. 220 ff.
Ebenso Jürgen Martschukat, „Das Justiz-Lustschauspiel und die Lust an der Gewalt" in seinem Buch *Geschichte der Todesstrafe in Nordamerika*, a. a. O., S. 44 ff. sowie die Beschreibungen und Ausführungen von Richard J. Evans im Kapitel „*Volkskultur und Todesstrafe*", dem auch der Text des Bänkellieds entstammt, in seinem Buch *Rituale der Vergeltung*, a. a. O., S. 229. Das Zitat von Paul Anselm Feuerbach findet sich dort auf S. 118. Zu öffentlichen Hinrichtungen und deren Abschaffung vgl. ebenfalls Evans, a. a. O., S. 317 ff. Dort auf S. 393 auch das resümierende Zitat zur Abschaffung öffentlicher Hinrichtungen.

Last Statement – Die letzten Worte Hingerichteter

Das Gespräch erschien unter dem Titel „Das häufigste Wort ist Liebe" in der Frankfurter Allgemeinen Zeitung vom 19. August 2012. Die Fragen stellte Christiane Heil.

Epilog

Nachdenken über die Todesstrafe – Ein Plädoyer

Beccaria wird hier sinngemäß wiedergegeben nach Wolfgang Prieser, *Die Geschichte der Todesstrafe seit der Aufklärung*, München 1966, S. 44 ff.

Das Zitat von Paul Bockelmann, „Die rationalen Gründe gegen die Todesstrafe", in: „Die Frage der Todesstrafe – 12 Antworten", aus der Reihe „Das Heidelberger Studio" – Eine Sendereihe des Süddeutschen Rundfunks, München 1962, S. 139.
Die grundlegenden Ausführungen von Richard J. Evans finden sich in: *Rituale der Vergeltung*, a. a. O., S. 1083 ff.

Vgl. dazu Roger Hood, Argumente für die Abschaffung der Todesstrafe finden sich in seinem Beitrag „Die Todesstrafe: Globale Perspektiven", in: Christian Boulanger, Vera Heyes, Philip Hanfling (Hrsg.), *Zur Aktualität der Todesstrafe*, a. a. O., S. 447 ff.

Eine Dokumentation der *Charta der Grundrechte der Europäischen Union* findet sich in: *Menschenrechte – Dokumente und Deklarationen*, herausgegeben von der Bundeszentrale für politische Bildung, Bonn 2004.

Ausblick

Zeit der Hoffnung? – Todesstrafe, die globale Realität

Alle Angaben basieren auf dem Bericht »*Weltweite Bilanz zur Todesstrafe 2019*«, herausgegeben von Amnesty International, Berlin 2020

Vgl. dazu die informative Zusammenfang in *spiegel online*, »Zahl der Hinrichtungen auf dem niedrigsten Stand seit zehn Jahren«, vom 21. April 2020
https://www.spiegel.de/panorama/gesellschaft/amnesty-international-zahl-der-hinrichtungen-auf-niedrigstem-stand-seit-zehn-jahren-a-067a1d79-be83-4eff-ace8-345025c578eb

Vgl. »Saudi Arabien schafft Todesstrafe für Minderjährige ab«, *spiegel online* vom 27.4, 2020
https://www.spiegel.de/politik/ausland/saudi-arabien-schafft-die-todesstrafe-fuer-minderjaehrige-ab-a-1c1a7085-c8a5-4302-a574-66cdd742493a

Zu den Beziehungen der Bundesrepublik zu Saudi-Arabien vgl. den Beitrag von Nico Fried: „Golfstaat in der Krise – Merkel muss auf Distanz zu Saudi-Arabien gehen", in: *Süddeutsche Zeitung* vom 5.1.2016

Literatur

Amnesty International (Hg.), *Hinrichtungen und Todesurteile. Ein Bericht*, Berlin 2017.
Amnesty International (Hg.), *Amnesty International Report 2016/2017 zur weltweiten Lage der Menschenrechte*, Frankfurt a. M. 2017.
Arasse, Daniel, *Die Guillotine. Die Macht der Maschine und das Schauspiel der Gerechtigkeit*, Reinbek bei Hamburg 1988.
Beccaria, Cesare, *Über Verbrechen und Strafen*, Frankfurt 1966
Becker, Jens / Dedio, Gunnar, *Die letzten Henker*, Berlin 2002.
Blazek, Matthias, *Scharfrichter in Preußen und im Deutschen Reich 1866–1945*, Stuttgart 2010.
Boulanger, Christian / Heyes, Vera/ Hanfling, Philip, *Zur Aktualität der Todesstrafe. Interdisziplinäre und globale Perspektiven*, Berlin 2002.
Breidenbach, Susanne (Hg.), Lucinda Devlin: *The Omega Suites*, Göttingen 2001.
Chesman, Caryl, *Cell 2455, Death Row: A Condemned Man's Own Story*, New York 1954.
Dachs, Josef, *Tod durch das Fallbeil. Der deutsche Scharfrichter Johann Reichhart (1893–1972)*, Regensburg 1996.
Dülmen, Richard van, *Theater des Schreckens. Gerichtsrituale und Strafrituale in der frühen Neuzeit*, München 1988.
Evans, Richard J., *Rituale der Vergeltung. Die Todesstrafe in der deutschen Geschichte 1532–1972*, Berlin/Hamburg 2001.
Foucault, Michel, *Überwachen und Strafen. Die Geburt des Gefängnisses*, Frankfurt a. M. 1994.
Friedrich, Jörg, *Die kalte Amnestie – NS-Täter in der Bundesrepublik*, Frankfurt 1988
Gendolla, P. / Zelle, C. (Hg.), *Schönheit und Schrecken*, Heidelberg 1990.
Görtemaker, Manfred / Safferling, Christoph, *Die Akte Rosenberg*, Das Bundesministerium der Justiz und die NS-Zeit, München 2016.
Hentig, Hans von, *Die Strafe – I. Frühformen und kulturgeschichtliche Zusammenhänge*, Berlin-Göttingen-Heidelberg 1954.
Hentig, Hans von, *Die Strafe – II. Die modernen Erscheinungsformen*, Berlin-Göttingen-Heidelberg 1954.
Hentig, Hans von, *Vom Ursprung der Henkersmahlzeit*, Tübingen 1958.
Hinckeldey, Christoph (Hg.), *Justiz in alter Zeit*, Mittelalterliches Kriminalmuseum Rothenburg o. d. T., 1989.
Kershaw, Alister, *A History of the Guillotine*, London 1958.
Koch, Tankred, *Die Geschichte der Henker. Scharfrichter-Schicksale aus acht Jahrhunderten*, Heidelberg 1988.
Leder, Karl Bruno, *Todesstrafe. Ursprung, Geschichte, Opfer*, München 1986, Neuauflage Erftstadt 2006.
Martuschkat, Jürgen, *Inszeniertes Töten. Eine Geschichte der Todesstrafe vom 17. bis zum 19. Jahrhundert*, Köln/Weimar/Wien 2000.
Martuschkat, Jürgen, *Die Geschichte der Todesstrafe in Nordamerika*, München 2002.
Müller, Ingo, *Fürchterliche Juristen – Die unbewältigte Vergangenheit unserer Justiz*, München 1987, Neuauflage Berlin 2014.
Ortner, Helmut, *Der Hinrichter: Roland Freisler – Mörder im Dienste Hitlers*, Neuausgabe, Frankfurt a. M. 2014.
Ortner, Helmut, *Gnadenlos Deutsch*, Frankfurt a. M. 2016.
Paschold, Chris E. / Gier, Albert, *Der Scharfrichter. Das Tagebuch des Charles-Henri Sanson aus der Zeit des Schreckens 1793–1794*, Frankfurt a. M. 1989.
Prieser, Wolfgang, *Die Geschichte der Todesstrafe seit der Aufklärung*, München 1962.
Rossa, Kurt, *Todesstrafen. Von den Anfängen bis heute*, Bergisch Gladbach 1979.
Sanson, Henri, *Der Henker von Paris*, herausgegeben und eingeleitet von Karl Bruno Leder, Hamburg 1970.

Schlieper, Andreas, *Das aufgeklärte Töten. Die Geschichte der Guillotine*, Berlin 2008.
Sofsky, Wolfgang, *Traktat über die Gewalt.* Frankfurt a. M. 1996.
Trombley, Stephen, *Die Hinrichtungsindustrie. Die Todesstrafe in den USA*, Hamburg 1993.
Waltenbacher, Thomas, *Zentrale Hinrichtungsstätten. Der Vollzug der Todesstrafe in Deutschland von 1937 bis 1945 – Scharfrichter im Dritten Reich*, Berlin 2008.
Wirth, Ingo, *Exekution. Das Buch vom Hinrichten*, Berlin 1993.
Wirth, Ingo, *Todesstrafen*, Augsburg 1998.

Editorische Anmerkung

Das vorliegende Buch ist eine überarbeitete und aktualisierte Neuauflage des 2017 im Theiss Verlag (Imprint der WBG, Wissenschaftliche Buchgesellschaft Darmstadt) erschienenen Titels „Wenn der Staat tötet – Eine Geschichte der Todesstrafe". Nach Erscheinen löste es ein im Sachbuch-Segment außergewöhnliches, kontroverses Echo aus.

Christian Hillgruber, Dekan der Rechts- und Staatswissenschaftlichen Fakultät der Universität Bonn, lobte in der *Frankfurter Allgemeinen Zeitung*, das Buch beleuchte „verschiedene Aspekte der geschichtlichen Entwicklung der Todesstrafe und die tatsächliche Praxis ihres Vollzugs im Wandel der Zeiten mit kühler Nüchternheit" und liefere deshalb „besonders handfeste Argumente gegen die Todesstrafe". Dem widersprach sein Freiburger Kollege Michael Pawlik nur wenige Wochen später – ironischerweise in der gleichen Zeitung – heftig. Er sei geradezu „entsetzt" über die Leichtfertigkeit, „mit der der Autor sein Thema dem Voyeurismus preisgibt und in erster Linie auf Gruseleffekte und die Sensationsgier seiner Leser setzt ... ", so Pawlik. Sein Fazit. „Wer dem Autor bis zum Ende des Buchs gefolgt ist, wird sich zwar in seiner intuitiven Ablehnung der Todesstrafe bestätigt fühlen, ob er allerdings nach der Lektüre über die Gründe für seine Haltung überzeugender Rechenschaft geben kann als zuvor, muss bezweifelt werden."

Die Tageszeitung *DIE WELT* konstatierte „ein hintergründiges Plädoyer für den universellen Kampf gegen dieses atavistische Rechtsinstrument", der *Deutschlandfunk* wiederum lobte „die Fülle von Fakten, die allesamt gründlich belegt sind", weshalb es dem Autor gelänge, „eindringlich gegen die Todesstrafe zu argumentieren". Die linke *tageszeitung* (taz) urteilte, das Buch zeige „die historischen Legitimationsstrategien und widmet sich breit den heutigen Debatten – bedeutsam auch angesichts der aktuellen Diskussion um die Wiedereinführung der Todesstrafe in der Türkei. Damit ist es historisch und aktuell zugleich." Kurzum: Kontroverse Ansichten, unterschiedliche Bewertungen. Einigkeit war und ist nicht herzustellen.

Auch übersetzt wurde das Buch: in den Niederlanden, in Italien, der Türkei (wo die Wiedereinführung der Todesstrafe von der AKP-Partei Erdogans noch immer diskutiert wird), schließlich in Japan, wo der Autor im Februar 2019 als Gastreferent der *ERCJ – Education and Research Center of Criminal Justice and Juvenile Justice* – mehrere Vorträge in Tokyo und Kyoto hielt.

Japan, immerhin die drittgrößte Wirtschaftsnation der Welt, gehört zu den wenigen Industrieländern, die noch an der Todesstrafe festhalten. Seit Amtsantritt des rechtskonservativen Ministerpräsidenten Shinzo Abe im Dezember 2012 sind 39 Menschen hingerichtet worden (Stand Dezember 2019). Zwar haben sich vereinzelte Richter, Rechtsanwälte und Strafrechtler in den letzten Jahren immer wieder für die Abschaffung der Todesstrafe, die in Japan mit dem Strang vollstreckt wird, ausgesprochen, aber nicht mit durchschlagender öffentlicher Resonanz. Die Mehrheit der japanischen Bevölkerung befürwortet nach wie vor die Todesstrafe. Änderungen sind nicht in Sicht. Von Seiten der Politik gibt es bislang keinerlei Signale, an der bisherigen Hinrichtungspraxis etwas zu ändern.

Der japanischen Ausgabe – ausgestattet mit dem Untertitel „Über die Todesstrafe und warum eine Debatte darüber notwendig ist“ – wurde eine enorme Aufmerksamkeit zuteil. Das Plädoyer des Buches: „Weg von einer Kultur der Vergeltung hin zu einer humanen Zivilgesellschaft“ traf freilich beim japanischen Fachpublikum (Richterschaft, Strafrechts-Wissenschaftlern, Staatsanwälten und Rechtsanwälten), aber auch beim breiten Buchhandels-Publikum, keineswegs auf ungeteilte Zustimmung.

Ob Japan oder hierzulande: was kann einem Buch Besseres widerfahren, als dass darüber gesprochen wird? Und sind – nach dem Diktum Voltaires – nicht „die nützlichstes Bücher jene, die den Leser anregen, sie zu ergänzen“?

Dank

Ich danke den Mitarbeitern des Stadt-Archivs Frankfurt am Main sowie des Mittelalterlichen Kriminalmuseums Rothenburg o.d.T. für ihre jederzeit freundliche und engagierte Unterstützung. Dem Medienteam und der Pressestelle von Amnesty International, Berlin, für die Hilfe bei der Materialrecherche und der Beschaffung aktueller Berichte.

Für Hinweise, notwendige Korrekturen und sinnvolle Ergänzungen gilt mein Dank Daniel Zimmermann.

Und nicht zuletzt danke ich Thomas Fischer für das inspirierende Gespräch und sein erhellendes Nachwort.

Helmut Ortner,
im Juli 2020

Abbildungsnachweis

akg images: S. 89 bis 96 und 129, 130, 132;
akg images / picture-alliance / dpa: 131;
picture-alliance / dpa: 133-136

Umschlaggestaltung: Oliver Weiss, Berlin
Gestaltung und Satz: Anja Harms, Oberursel
Gedruckt auf säurefreiem und alterungsbeständigem Papier
Printed in Germany

Besuchen Sie uns im Internet: **www.nomen-verlag.de**

ISBN 978-3-939816-72-0

Elektronisch sind folgende Ausgaben erhältlich:
eBook (epub): 978-3-939816-73-7